JN111301

あなたの予想と馬券を変える
革命競馬

馬券億り人の勝負手！

真田理

まえがき

この本を書くキッカケになったのは、編集者からの何気ないひと言でした。

「どうやって勝負レースを絞っているのですか?」

私、真田理(さなだおさむ)はJRAの全競走・全出走馬のレース映像を確認して、競走馬の個性や不利を見つけ出し、レースを厳選して競馬に投資をしています。しかし、大金を賭けたレースを、「なぜ大勝負できたのか」を細かく言語化したことは、あまりありませんでした。

文章や言葉で説明しなくても、すでにチームのスタッフとは勝負の理由は共有できています。記事を書く機会もありますが、『競馬の天才!』の連載はGIレースの予想が中心で、『netkeiba.com』や『ウマニティ』はその日のレースの予想を素早く伝えるのがメインです。紙数や時間の制約があるので、レース回顧を伝えることはあまりできません。

そこで本腰を入れて、この本を書くことに決めました。2022年にチーム真田が大勝負を仕掛けたレースを〝言語化〟したのが本書です。私は毎週馬券を買っていますが、普段の投資金額の数十倍、場合によっては数百倍を投じた16レースを取り上げました。

とかく「勝負の呼吸」など曖昧な表現は聞きますが、本書では「適性に合ったコース」「適性に合った枠順」「近走の敗因の解消が期待できる」など、チーム真田の勝負条件を明確にしています。

私は四半世紀近くにわたってギャンブルで生活をしています。1990年代末には20代でパチプロ・

スロプロになり、最大で30人のグループを率いて荒稼ぎをしました。

プロの卵だったときに、徹底的に行なったのは、勝っている人の立ち回りを学びマネすることです。発行されているパチンコ・パチスロ雑誌を読み漁って情報を仕入れ、それを自分なりに咀嚼・消化することにより、常勝できるようになりました。

2000年代半ばにスロプログループを解散した後は競馬のプロに転身しました。パチンコやパチスロと競馬はまったく違う種目に思うかもしれませんが、ギャンブルで勝つためにやることは、じつはほぼ同じだと私は確信していました。

競馬に足を踏み入れたときも、最初の1年間は、出版されている書籍や雑誌、手に入れることができるものすべてを読破して、検証に明け暮れました。パチンコやパチスロとは異なり、競馬の情報は玉石混交、ほとんどが石であることに辟易としたのですが、それでも〝玉〟――学ぶべき人や情報もたくさんありました。

それらが血肉となり、競馬でも確実に利益を上げられるようになっていきます。

13年4月28日には1億3372万2760円のWIN5を当てて億馬券を的中、それから1年後の14年5月18日にも1億4613万6380円のWIN5を的中、WIN5以外の馬券でも稼いでいたので、プロに転身してから4億円近い利益を上げることができました。

ところが、好事魔多し。15年8月に税務署員が私の下にやってきました。確定申告の準備はしていたものの、まったく聞く耳は持ってもらえず、1億2774万600円の追徴課税を支払うハメになりました。

税務署員が来たときも、私はやはり税金に関する本をたくさん読み、税理士や弁護士の先生たちに納税についての相談をして対策を考えました。

第26代アメリカ合衆国大統領のセオドア・ルーズベルトは「私は自分がこれまでに読んだあらゆるものの一部である」という言葉を遺したといいますが、私、真田理もたったひとりだけでギャンブルを勝てるようになったわけではありません。先人たちの経験や学びが、私の思考を支えています。

あまり考えずに本書を読み進めていくと、単なる私の馬券自慢に感じるかもしれません。しかし、ここには、どういう考え方で大金を張る大勝負に至ったかを詳細に説明しています。

本書には14の勝負条件を挙げていますが、「○○を買えば儲かる」といった単純な内容ではないので、すぐに馬券に活かせないケースもあると思います。しかし、手前味噌になりますが、勝ち続けている私の勝負パターンを知っておけば、あなたの馬券の血肉になると思います。私が先人から学んだように。

馬券師としては手の内を明かしたくはないのですが、私は一度国税に目をつけられた身であり、現在は常に納税を考えながら馬券勝負をしているので、10年前に比べると1レースに賭ける金額も減っています（それでも、通常のファンの方からしてみると、目を丸くするような額を賭けていますが……）。

それに、今の私にとっては、読者や真田ファンの方々の喜ぶ姿が、競馬のモチベーションになっています。皆さんが今よりも馬券で儲けられるようになることを祈っております。

2023年1月　真田 理

まえがき　2

第1章　馬券億り人の勝負手！・実践編

第2章　カネになるジョッキー評価

第3章　カネになる真田印推奨馬

真田印・競馬の流儀〜あとがきにかえて

装丁●橋元浩明（sowhat.Inc.）　本文DTP●オフィスモコナ　写真●武田明彦
馬柱●優馬　資料作成●キッカワ（チーム真田）　編集協力●キューブリック

※名称、所属は一部を除いて2023年1月9日終了時点のものです。

※成績、配当、日程は必ず主催者発行のものと照合してください。

馬券は必ず自己責任において購入お願いいたします。

第1章

馬券億り人の勝負手! 実践編

大物を仕留める手順とタイミング

●2022年10月2日・中山11RスプリンターズS(GⅠ、芝1200m良)

◎ジャンダルム　8番人気1着

チーム真田では、JRAの全レース、全出走馬のレース内容をリプレイ映像でチェックして、その内容を事細かく記録しています。その理由は、年に数十レースしかない大勝負ができるレースを見つけるためです。

ひとたび勝負レースが見つかると、まわりの人がドン引くくらいのお金を賭けます。netkeiba.comなどで公開している予想に「総合評価」という項目をつくり、A~Eで自信度を示していますが、これはチーム真田の勝負度合いに比例しています。

自信度Dのレースに賭ける金額が1だとすれば、自信度Cの場合は10、自信度A~Bの場合は100……といった具合に、自信度が上がるたびに投資金額を10倍に増やしていくイメージです。

以前はもっと傾斜をつけていた(勝負レースの賭け金の割合をさらに大きくしていた)こともあったのですが、WIN5の億馬券を二度的中させ、1億2000万円もの税金を払うハメになって以降は、税金のことなども考えながら、この程度の割合に落ち着いています。

当然、自信度Aのレースが見つかれば、投資金額は「100以上」になります。しかし、そこまで自信のある大勝負レースは、数年に何度あることか。自信度D~Cのレースでコンスタントに稼ぎながら、自信度Bや自信度Aのレースで大きな利益を確保しているというのが、現在のチームの立ち回り方法になっています。

どういったレースが自信度の高い勝負レースになるかというと、**勝負できる条件がいくつも重なり、オッズも確保できているレース**です。２０２２年のＧＩレースで、最も自信があったのは、スプリンターズＳのジャンダルムでした。


ジャンダルムは５００キロを超える大型馬のわりに、歩幅が狭めで脚の回転に速さがあります。一般的にいうピッチ走法の馬です。

この走法の馬は、小脚が使えるのでコーナリングが上手であることが多く、小回りコースになると好走率が上がり、長い直線コースでは好走率が下がる傾向があります。また、使える脚がそこまで長くないので、ハイペースにつき合わされたり、距離ロスのある競馬で道中で脚を消耗すると凡走率が高くなります。

走法の話になると「自分には映像を見ても走法がわからない」と耳をシャットアウトされる競馬ファンも多くいますが、ジャンダルムに関しては、走法がわからなくても、この特性は推測できます。

●20年1月・ニューイヤーS　1着
中山芝１６００m　Mペース（35秒８－36秒４）
●20年3月・東風S　10着（1番人気）
中山芝１６００m　Hペース（34秒１－36秒７）

中山 11R

WIN5⑤

発馬 15.40

第56回 スプリンターズステークス (GI)

(指)三才上オープン・定量

枠・馬番	1 1	2 2 白	2 3	黒 4	3 5	赤 6	4 7	青 8	5 9
父	レッドスパーダ(マ)	キトゥンズジョイ(輸)	ハーツクライ(輸)	ロードカナロア(マ)	ヨハネスブルグ(マ)	ゴールドアリュール(中)	アイルハヴアナザー(中)	ロードカナロア(マ)	ミッキーアイル(マ)
馬名	テイエムスパーダ	(外)ジャンダルム	メイショウミモザ	ダイアトニック	エイティーンガール	ナランフレグ	ウインマーベル	(地)ファストフォース	ナムラクレア
母・母の実績・距離	トシザコジーン 3勝(短)	ビリーヴ 10勝(短)	メイショウベルーガ 7勝(長)	トゥハーモニー 未勝(中)	センターグランタス 1勝(中)	ケリーズビューティ 公(マ)	コスモマーベラス 7勝(中)	ラッシュライフ 2勝(短)	サンクイーンII 米(マ)
毛色・斤量	芦 53 牝3	黒鹿 57 牡7	芦 55-牝5	鹿 57 牡7	青鹿 55 牝6	栗 57 牡6	栗 55 牡3	黒鹿 57 牡6	青鹿 53 牝3
騎手	国分恭	荻野極	丹内	岩田康	(替)秋山真	丸田	松山	団野	浜中
厩舎	五十嵐	池江寿	池添兼	安田隆	飯田祐	宗像	深山	西村	長谷川
賞金	3550	10,050	5150	11,650	8000	12,950	5050	5250	5900
総賞金	7980	23,960	13,084	30,170	17,490	32,454	10,992	11,902	17,230
馬主名	竹園正繼	前田幸治	松本好雄	シルクR	中山泰志	村木克成	ウイン	安原浩司	奈村睦弘
牧場名	浦河小林牧場	アメリカ	三嶋牧場	酒井牧場	庄野牧場	坂戸節子	コスモヴューF	三嶋牧場	谷川牧場
佐藤直	△	…	…	…	…	△	△	△	○
小野智	…	…	…	…	…	…	△	…	○
久光	…	…	…	…	…	…	注	…	◎
西田	△	…	…	…	…	注	△	…	▲
中田	…	…	…	△	…	注	△	…	▲
本紙武井	△ 西	B … 西	B … 西	… 西	… 西	△	B 注	B … 西	○ 西
芝1000・1200・1400・1600	小 1058① 阪 1218⑬	2013③ 中 [illegible]3① 阪 [illegible]6③ 中 [illegible]9③	1293⑤ 小 1073① 阪 1220④ 阪 1328①	函 1075① 京 1196① 中 1319④	京 1078③ 阪 1209⑩	新 54.5⑤ [illegible]② [illegible]⑦ [illegible]⑨	ダ 1548⑤ [illegible]① [illegible]① [illegible]⑤	天 1473④ 小 1060① 阪 1210⑦ 1369②	小 1071③ 阪 1199② 阪 1330③
上り最高	三 34.0①	三 3[illegible].6④	天 33.7①	天 32.3②	三 32.4③	[illegible]⑤	[illegible]①	三 33.7①	三 33.6③
騎乗成績	2 0 0 3	3 0 1 4	1 0 0 1	1 0 0 3	1 0 0 4	4 5 3 10	1 1 0 0	0 1 0 0	2 2 2 1
クラス実績	1 1 0 3	5 1 3 18	1 0 0 4	4 1 2 8	2 2 1 13	2-4 2 10	3 2 0 1	1 2 1 6	3 2 2 1
当該条件	初コース	2 0 0 1	初コース	0 0 0 1	0 0 0 3	0 1 0 3	初コース	0 0 0 2	初コース
前走4	3中京 5月28日 ⑦ 葵 11 GIII 2ト17頭 三 1090 54 国分恭 M③⑤⑤ 480 人気7 S後開く 5¼ 337内353 ウインマーベル 1082 0.8	1中京 1月30日 ⑩ シルクロ 13 GIII 17ト18頭 三 1091 575 荻野極 M⑤②② 514B 人気5 先行一杯 6¼ 338中353 メイケイエール 1081 1.0	2阪 4月9日 ⑤ 阪神牝馬 1 牝GII 4ト11頭 芝外 1328 54 鮫島駿 S④⑥⑥ 456B 人気9 中位差切 ½身 361内337 アンドヴァラナ 1329 0.1	1阪 2月27日 ⑥ 阪急 1 GIII 10ト14頭 芝内 1199 56 岩田康 S①③③ 478 人気1 好位抜出 クビ 343内342 トウラヴェスー 1200 0.1	5阪 11月28日 ⑧ 京阪 1 GIII 2ト16頭 芝内 1088 55 秋山真 S⑯⑯⑬ 454 人気10 後方一気 1身 353外335 タイセイビジョ 1089 0.1	2中 3月5日 ③ オーシャ 2 GIII 10ト15頭 芝外 1080 56 丸田 M⑭⑬⑬ 498 人気4 外強襲 ¾身 345外335 ジャンダルム 1079 0.1	2中京 3月19日 3 ファルコ 15 GIII 15ト18頭 西 1232 56 松岡 H⑦⑤7 466B 人気10 直線不利 13¾ 336中383 ブルバレイ 1209 2.3	2中京 3月27日 ⑥ 高松 9 GI 15ト18頭 三 1086 57 柴山雄 M④⑤⑤ 522B 人気16 好位一杯 2身 339外347 ナランフレグ 1083 0.3	1阪 3月13日 ⑩ フィリー 2 牝GII 2ト15頭 芝内 1199 54 浜中 M⑩⑨⑨ 466 人気1 中位伸 アタマ 344中344 サプライムアン 1199 0.0
前走3	3阪 6月18日 ① 皇 1 2勝 1ト11頭 芝内 1079 52 国分恭 M②②② 488 人気2 先行抜出 2½ 337中342 テイエムトッキ 1083 0.4	2中 3月5日 ③ オーシャ 1 GIII 7ト15頭 芝外 1079 56 荻野極 M⑤③② 510B 人気2 先行抜出 ¾身 337中342 ナランフレグ 1080 0.1	2東 5月15日 ⑧ ヴィクト 18 牝GI 3ト18頭 天 1337 55 鮫島駿 S⑯⑮⑮ 458B 人気10 後方まま 9身 364内339 ソダシ 1322 1.5	2中京 3月27日 ⑥ 高松 14 GI 14ト18頭 三 1089 57 岩田康 M⑱⑱⑱ 474 人気6 出遅る 3½ 349内340 ナランフレグ 1083 0.6	1阪 2月27日 ⑥ 阪急 10 GIII 5ト14頭 芝内 1209 54 秋山真 S⑬⑭⑭ 456 人気10 後方まま 6身 350外345 ダイアトニック 1199 1.0	2中京 3月27日 ⑥ 高松 1 GI 2ト18頭 三 1083 57 丸田 M⑭⑮⑭ 486 人気8 内一気 クビ 344内339 ロータスランド 1083 0.0	3中京 5月8日 ② 橘 1 L 10ト10頭 西 1193 56 和田竜 S③③③ 466B 人気5 好位抜出 1¾ 341中339 ジャスパークロ 1196 0.3	3小 7月3日 ② CBC賞 12 GIII 17ト17頭 三 1074 56 松山 H⑤③④ 508B 人気4 好位一杯 9¼ 321中353 テイエムスパー 1058 R 1.6	2阪 4月10日 ⑥ 桜花 3 牝GI 1ト18頭 芝外 1330 55 浜中 S③④④ 462 人気6 好位伸 ½身 351内339 スターズオンア 1329 0.1
前走2	3小 7月3日 ② CBC賞 1 GIII 5ト17頭 三 1058 48 今村 H①①① 486 人気2 逃切る 3½ 318内340 タイセイビジョ 1064 0.6	2中京 3月27日 ⑥ 高松 11 GI 8ト18頭 三 1087 57 荻野極 M①②② 514B 人気13 先行一杯 2¼ 334中353 ナランフレグ 1083 0.4	1札 7月31日 ④ クイーンS 12 牝GIII 6ト14頭 天 1486 56 鮫島駿 S②②② 452B 人気5 先行一杯 5身 375中357 テルツェット 1478 0.8	3東 6月5日 ② 安田 14 GI 12ト18頭 天 1330 58 岩田康 S③③③ 478 人気17 好位一杯 4身 350中341 ソングライン 1323 0.7	2中京 3月27日 ⑥ 高松 8 GI 12ト18頭 三 1086 55 秋山真 M⑰⑰⑰ 456 人気15 後方差詰 1¾ 348外338 ナランフレグ 1083 0.3	3東 6月5日 ② 安田 9 GI 18ト18頭 天 1327 58 丸田 S⑮⑮⑬ 490 人気12 後直だけ 2¼ 360中331 ソングライン 1323 0.4	3中京 5月28日 ⑦ 葵 1 GIII 7ト17頭 三 1082 57 松山 M⑥⑧⑧ 464B 人気1 中位抜出 2½ 338中344 コムストックロ 1086 0.4	4小 8月21日 ④ 北九記念 10 GIII 13ト18頭 三 1075 56 松山 M⑤④⑤ 510B 人気8 好位一息 3½ 332中343 ボンボヤージ 1069 0.6	1函 6月12日 ② 函館SS 1 GIII 7ト16頭 三 1072 50 浜中 M③③③ 462 人気1 好位楽抜 2½ 331中341 ジュビリーヘッ 1076 0.4
前走	4小 8月21日 ④ 北九記念 7 GIII 4ト18頭 三 1074 51 国分恭 M①①① 488 人気2 逃一息 3身 328中346 ボンボヤージ 1069 0.5	4小 8月21日 ④ 北九記念 17 GIII 17ト18頭 三 1089 58 荻野極 M⑥⑦⑧ 510B 人気9 外々回る 11¾ 333外356 ボンボヤージ 1069 2.0	2札 8月28日 ⑥ キーンラ 12 GIII 13ト15頭 三 1102 55 丹内 S⑬⑩⑫ 454B 人気7 後方まま 6¼ 351外351 ヴェントヴォー 1091 1.1	4ヵ月休 放牧 乗込み4週間 仕上り○ 連対体重 468～484 3ヵ月以上休 ①②③外 3 0 0 2	2札 8月28日 ⑥ キーンラ 6 GIII 14ト15頭 三 1096 55 武豊 S⑮⑮⑮ 454 人気5 後方差詰 3身 353外343 ヴェントヴォー 1091 0.5	4ヵ月休 放牧 乗込み6週間 仕上り◎ 連対体重 462～498 3ヵ月以上休 ①②③外 1 0 0 1	2札 8月28日 ⑥ キーンラ 2 GIII 5ト15頭 三 1092 54 松山 S⑤⑤② 468B 人気2 好位伸 ½身 347中345 ヴェントヴォー 1091 0.1	5中京 9月11日 ② セントウ 2 GII 12ト13頭 三 1066 56 団野 M②②② 522B 人気6 先行粘る 2½ 326中340 メイケイエール 1062 R 0.4	4小 8月21日 ④ 北九記念 3 GIII 16ト18頭 三 1071 53 浜中 M⑥⑩8 470 人気1 脚余す 1½ 335中336 ボンボヤージ 1069 0.2

2,600 カナロア
1,700 57岩田康

記号の説明

厩舎左側の㊤園は
㊤＝関東・美浦所属
園＝関西・栗東所属
賞金左の記号は重の巧拙を表します
◎…得意△…苦手

馬場表示

■ ❶ □ ① 開催日の馬場状態
↓ ↓ ↓ ↓
不良 重 稍重 良 馬場

乗替り記号

(替)…ベスト10外の騎手からベスト10への乗替り
(替)…それ以外

開催場所・月日
開催日・着順
条件・枠・頭数
距離・タイム
斤量・騎手名
ペース・通過順
馬体重・人気
戦評・馬身差
前半・上り③F
①②着時計・秒

●2022年10月2日・中山11R（ＧⅠ、芝1200m・良）

1着②ジャンダルム

（8番人気）

2着⑦ウインマーベル

（7番人気）

3着⑥ナランフレグ

（5番人気）

単②2030円

複②470円

⑦510円

⑥560円

馬連②－⑦15340円

馬単②→⑦36640円

3連複②⑥⑦50590円

3連単②→⑦→⑥468950円

16 桃8	15	14 橙7	13	12 緑6	11	10 黄
シャンハイボビー㋮	キングマン㋮	ダイワメジャー㋹	ミッキーアイル㋮	タートルボウル㋮	ドリームジャーニー㊥	タートルボウル㋮
㊋マリアズハート	㊋シュネルマイスター	ラヴィングアンサー	メイケイエール	ヴェントヴォーチェ	トゥラヴェスーラ	タイセイビジョン
マリアズダンス米㋮	セリエンホルデ独㊥	ラブレター1勝㊗	シロインジャー未勝㊗	ランウェイスナップ公㋮	ジャジャマーチャン未出㋮	ソムニア1勝㊗
鹿 55 牝6	鹿 57 牡4	鹿 57 牡8	鹿 55 牝4	鹿 57 牡5	鹿 57 牡7	栗 57 牡5
菊沢	替横山武	菱田	池添	替西村淳	鮫島駿	替福永
㊫菊沢	㊫手塚	栗石坂公	栗武英	栗牧浦	栗高橋康	栗西村
5000	16,800	6050	14,150	5950	6300	8600
12,740	36,810	17,102	30,930	13,190	18,425	22,500
ノルマンディーTR	サンデーR	江口博美	名古屋競馬	エデンA	吉田照哉	田中成奉
アメリカ	ドイツ	新笠松牧場	安ノーザンF	日下河辺牧場	千社台F	安ノーザンF
……… ……… ……… ……… ……… ………	…注… …▲… …△… …◎… …◎… …▲…	……… …△… ……… ……… ……… ……西	…◎… …◎… …○… …○… …○… …◎西	…▲… …注… …△… …△… …△… …△西	……… …△… …△… ……… ……… …△西	…△… …△… …▲… …△… …△… …△西
新54.8① 中1077① 阪1210⑫ ダ千二1121⑬	芝千四1305① 芝千八1448① 芝二千2022② 東1316①	小1070① 東1195① 阪1349⑤	[illegible]1062 阪120[illegible] 阪13[illegible] 14	新55.1① 中1068①	芝千八1480⑦ 京1077② 東1198② 阪1342⑤	小1063④ 東1205⑫ 東1328④
千32.4① 2 0 0 1	芝千六32.9② 1 1 1 0	芝千四32.4④ 0 0 0 1	芝千二[illegible]2.9[illegible] 3 0 0 2	千32.7① 2 1 0 1	芝千四32.5② 0 2 0 3	芝千二32.7⑦ 初騎乗
2 3 0 11 3 3 0 2	2 3 1 1 初コース	3 0 0 20 1 0 0 5	6 0 0 5 0 0 0 1	2 0 0 4 1 0 0 0	2 4 0 12 0 0 0 1	2 6 0 10 0 1 0 1
2中 3月5日 ③オーシャ 7 GⅢ 1ト15頭 芝千二外 1083 54 大野 M⑧⑧⑨ 502 人気6 脚余す 2¼ 341内342 ジャンダルム 1079 0.4	5阪 11月21日 ⑥マイルCS 2 GⅠ 3ト16頭 芝千六外 1327 56 横山武 S⑦⑧⑧ 480 人気2 中位伸 ¾身 364中329 グランアレグリ 1326 0.1	1中 1月15日 ⑤カーバン 6 オープン 7ト16頭 芝千二外 1091 57 石橋脩 H⑯⑯⑯ 512 人気7 S後不利 2身 350外341 サンライズオネ 1087 0.4	1中京 1月30日 ⑩シルクロ 1 GⅢ 3ト18頭 芝千二 1081 55 池添 M①④③ 472 人気2 好位抜出 1身 339内342 シャインガーネ 1082 0.1	3中 4月10日 ⑥春雷 1 L 9ト16頭 芝千二外 1068 55 西村淳 S⑥④⑤ 518 人気1 好位抜出 3身 337中331 タイセイビジョ 1073 0.5	2東 21年5月 ⑦京王SC 2 GⅡ 12ト17頭 芝千四 1198 56 鮫島駿 S⑭⑬⑭ 470 人気10 後方一気 クビ 361中325 ラウダシオン 1198 0.0	1阪 2月27日 ⑥阪急 8 GⅢ 9ト14頭 芝千四内 1208 56 幸 S⑬⑨⑧ 482 人気3 中位一杯 5½ 347外348 ダイアトニック 1199 0.9
3中 4月17日 ⑧京葉 13 L 2ト16頭 ダ千二 1121 55 三浦 H⑫⑭⑭ 496 人気9 後方まま 8¾ 351中370 レシプロケイト 1105 1.6	3月26日 ドバイターフ 8 GⅠ 良14頭 芝千八左 1465 57 ルメール ⑦⑦⑦ メイダン アラブ首長国 中位まま 5¼ ロード・バンサ 1457 0.8	2小 2月13日 ②北九短距 6 オープン 16ト18頭 芝千二 1090 59 勝浦 M⑬⑭⑮ 504 人気10 後方差詰 2¼ 346外344 ビオグラフィー 1087 0.3	2中京 3月27日 ⑥高松 5 GⅠ 17ト18頭 芝千二 1084 55 池添 M⑧⑦⑧ 468 人気2 中位差詰 ¾身 340外344 ナランフレグ 1083 0.1	1函 6月12日 ②函館SS 7 GⅢ 8ト16頭 芝千二 1077 56 西村淳 M⑪⑩⑨ 518 人気2 中位まま 3¾ 336中341 ナムラクレア 1072 0.5	1阪 2月27日 ⑥阪急 2 GⅢ 1ト14頭 芝千四内 1200 56 鮫島駿 S⑩⑫⑫ 492 人気9 内つき伸 クビ 348内338 ダイアトニック 1199 0.1	3中 4月10日 ⑥春雷 2 L 13ト16頭 芝千二外 1073 57 菅原明 S⑪⑪⑪ 476 人気2 中位伸 3身 345外328 ヴェントヴォー 1068 0.5
1新 5月22日 ⑥韋駄天 1 オープン 16ト16頭 千直 54.8 54 菊沢 H ⑥⑥ 500 人気2 中位一気 ¾身 224－324 ロードベイリー 549 0.1	3東 6月5日 ②安田 2 GⅠ 9ト18頭 芝千六 1323 58 ルメール S⑫⑬⑩ 490 人気2 漸進伸 クビ 356中329 ソングライン 1323 0.0	3中 4月10日 ⑥春雷 10 L 3ト16頭 芝千二外 1077 57 石橋脩 S⑫⑫⑫ 506 人気10 脚余す 5½ 346中331 ヴェントヴォー 1068 0.9	2東 5月14日 ⑦京王SC 1 GⅡ 12ト12頭 芝千四 1202 54 池添 S④⑥⑤ 470 人気1 好位差切 ½身 350中336 スカイグルーヴ 1203 0.1	2新 7月31日 ②アイビス 9 GⅢ 13ト18頭 千直 55.2 56 福永 H ⑦⑧ 516 人気1 不利有 4½ 221－331 ビリーバー 544 0.8	2中京 3月27日 ⑥高松 4 GⅠ 13ト18頭 芝千二 1084 57 鮫島駿 M⑬⑫⑪ 490 人気7 鼻出血 ½身 342内342 ナランフレグ 1083 0.1	3小 7月3日 ②CBC賞 2 GⅢ 8ト17頭 芝千二 1064 57 川田 H⑬⑭⑫ 478 人気3 内つき伸 3½ 329内335 テイエムスパー 1058R0.6
2新 7月31日 ②アイビス 7 GⅢ 6ト18頭 千直 55.0 55 菊沢 H ⑮⑩ 514 人気5 後方追上 3¾ 224－326 ビリーバー 544 0.6	4ヵ月休 放牧 乗込み4週間 仕上り○ 連対体重 460～490 3ヵ月以上休 ①②③外 3 0 0 1	5中京 9月11日 ②セントウ 9 GⅡ 13ト13頭 芝千二 1074 56 菱田 M⑬⑫⑫ 504 人気10 後直だけ 7½ 343外331 メイケイエール 1062R1.2	5中京 9月11日 ②セントウ 1 GⅡ 5ト13頭 芝千二 1062 55 池添 M⑤⑤⑤ 484 人気1 好位抜出 2½ 333外329 ファストフォー 1066 0.4	2札 8月28日 ⑥キーンラ 1 GⅢ 8ト15頭 芝千二 1091 56 ルメール S⑬⑩⑦ 518 人気6 中位差切 ½身 351中340 ウインマーベル 1092 0.1	6ヵ月余 鼻出血放牧 乗込み6週間 仕上り○ 連対体重 466～492 3ヵ月以上休 ①②③外 1 1 0 2	4小 8月21日 ④北九記念 2 GⅢ 3ト18頭 芝千二 1071 57 川田 M⑮⑬⑬ 476 人気3 内つき伸 1¼ 338内333 ボンボヤージ 1069 0.2

●20年10月・信越S　1着
新潟芝内1400m　Mペース（34秒2－34秒7）
●21年4月・春雷S　1着
中山芝1200m　Mペース（33秒2－34秒1）
●21年8月・北九州記念　7着（1番人気）
小倉芝1200m　Hペース（33秒2－35秒0）
●22年3月・オーシャンS　1着
中山芝1200m　Mペース（33秒4－34秒5）

右に記したのは、古馬になってからのジャンダルムの勝ったレースと1番人気で敗れたレースです。勝ったのは、すべて中山や新潟内回りといった小回りコース。そして1番人気で負けたレースは、前後半で2秒近い差のあるハイペースのレースでした。

ジャンダルムには小回りの適性があり、ハイペースになると大敗のリスクがあることはわかると思います。

3月のオーシャンSを見ていた方なら、そのレースぶりからも想像できるでしょう。同レースでは中枠からジワリと位置を上げて2番手を確保し、距離ロスの少ない競馬で重賞勝利を飾っています。

負かしたのは、後に高松宮記念を勝つナランフレグ。小回りコースで距離ロスなく道中を運べれば力を出せる馬なのです。

【ジャンダルムの特性】
・小回りコースが得意（直線の長いコースは苦手）
・ハイペースや距離ロスのある競馬が苦手
・内目の枠が得意（外目の枠が苦手）

勝負条件①適性に合ったコース
勝負条件②馬場状態に合った位置取り
勝負条件③適性に合った枠順

スプリンターズSはジャンダルムが得意とする小回りの中山競馬場で行なわれます。

中山芝1200mは、スタートから4コーナーまで緩やかな下り坂のコーナーが続くような特殊コースで直線も310mと短いので、コーナーが得意なジャンダルムにはピッタリのコースです。それは21年に春雷S、22年にオーシャンSを制していることからも明らかだと思います。

しかも当日は、先行馬やインを通った馬が上位に来ることの多い内有利の馬場状態でした。1枠②番に入ったジャンダルムは、内ラチ沿いを距離ロスなくレースできる確率が高いと予想できます。

まずは『適性に合ったコース』、『馬場状態に合った位置取り』、『適性に合った枠順』の3つの勝負条件が重なっていることがわかります（馬場状態の確認などはP28〜29参照）。

勝負条件④近走の敗因の解消が期待できる

ジャンダルムは前走で北九州記念17着、前々走で高松宮記念11着と二桁着順に惨敗しており、21年のスプリンターズSでも11着に敗れていました。上積みが考えづらい7歳馬。ファンの多くは急にパフォーマンスを上げるのは難しいと考えたと思います。しかしジャンダルムの敗因は明確でした。

北九州記念は8枠⑰番からの発走が災いしました。コーナーでかなり外を回す距離ロスがあり、しかもハイペースにも巻き込まれたので、参考外のレースです。

高松宮記念は苦手とする直線の長い中京コースでした。前半は抑えながら追走したものの、ハイペース（33秒4－34秒9）に巻き込まれ、4コーナー手前から早めに仕掛けたことが災いして11着に敗れました。しかし11着といっても、苦手な条件で勝ち馬とコンマ4秒差なら、むしろ好内容だったといえます。

前年のスプリンターズSは勝負条件に合った小回りコースでした。しかし⑪番ゲートから外を回す競馬になり、内の利く馬場と先行有利の展開で後手を踏んだため、力を出せませんでした。

ジャンダルムの特性を踏まえると、近2走や前年の敗因が説明できます。要は特性に合っていなかっただけなのです。7歳といえども、「終わった馬」と捨ててしまうのは早計です。その半年前にはオーシャンSを勝っており、力が衰えたということはないでしょう。

前年とは違って、22年のスプリンターズSは内枠に入ったのでコースロスの心配はありません。過去の敗因が解消できれば、好走の確率は上がります（距離ロスの早見表はP32参照）。

勝負条件⑤過去に実力馬と遜色のないレースをしている

ここまでの3つはジャンダルムの特性による勝負条件でしたが、他馬との対戦比較を調べていても勝

●2021年10月3日・中山11RスプリンターズS（GⅠ、芝1200m良）。1着④ピクシーナイトの勝ちタイムは1分7秒1。4着⑥メイケイエールは1分7秒8、11着⑪ジャンダルムは1分8秒1で、両者の差は0秒3。

メイケイエール	ジャンダルム
6 赤	6 11
ミッキーアイル（マ）	キトゥンズジョイ
メイケイエール	（外）ジャンダルム
シロインジャー	ビリーヴ
鹿毛	黒鹿
53 牝3	57 牡6
池添	浜中
武英	池江寿
6200	7900
11,330	19,660
名古屋競馬	前田幸治
ノーザンF	アメリカ
…△…	…注…
……………	…注…
……………	…▲…
…△…	…注…
…△…	…◎…
…△ 西	…注 西
4	11
小①　阪①　阪④	2012③　0①　19③　30③
34.0④ 初騎乗	32.6④ 0 0 0 1
3 0 0 3 初コース	4 1 3 14 1 0 0 0
6阪 12月13日 ④ 阪神JF 4 GⅠ 18ｹ18頭 芝外1600 1333 54 武豊 S ⑬⑫⑧ 458 人気3 G前詰欠 3/4身 356外340 ソダシ 1331 0.2	1阪 2月28日 ⑥ 阪急 3 GⅢ 13ｹ17頭 芝内1400 1196 56 荻野極 M ③②② 510 B 人気4 先行粘る 2½ 342中341 レシステンシア 1192 R 0.4
1阪 3月6日 7 チューリ 1 GⅡ 1ｹ12頭 芝外1600 1338 54 武豊 S ⑤④① 462 人気1 4角先頭 同着 365内348 エリザベスタワ 1338 0.0	3中 4月11日 ⑥ 春雷 1 L 11ｹ16頭 芝外1200 1073 57 荻野極 M ⑥④④ 502 B 人気1 好位抜出 2½ 335中338 マリアズハート 1077 0.4
2阪 4月11日 ⑥ 桜花 18 GⅠ 8ｹ18頭 芝外1600 1340 55 横山典 M ⑪③① 458 人気3 引掛る 17身 351内372 ソダシ 1311 R 2.9	4小 8月22日 4 北九記念 7 GⅢ 7ｹ18頭 芝1200 1086 57.5 福永 M ⑬⑫⑬ 510 B 人気1 出遅る 2¼ 345外341 ヨカヨカ 1082 0.4
2札 8月29日 ⑥ キーンラ 7 GⅢ 5ｹ16頭 芝1200 1094 52 武豊 M ③①① 478 人気1 逃一息 1¾ 340内354 レイハリア 1091 0.3	5中京 9月12日 ② セントウ 4 GⅡ 10ｹ17頭 芝1200 1074 56 浜中 M ⑰⑮⑬ 508 B 人気6 後方追上 1½ 348外326 レシステンシア 1072 0.2

負できる条件が見つかりました。

22年のスプリンターズSで1番人気に支持されていたのはメイケイエールです。ジャンダルムとメイケイエールは前年のスプリンターズSでも対戦していました（右の馬柱）。

前年は3〜4コーナーの中間地点で⑥番ゲートから発走したメイケイエールが7番手、そこから1馬身後ろに⑪番ゲートから発走したジャンダルムという隊列になりました。4コーナーではメイケイエールの1頭分外を回してジャンダルムが追い出しています。

結果はメイケイエールが4着、ジャンダルムが11着だったのですが、その着差はコンマ3秒。コーナーで1頭分外を回す距離ロスを加味すると、ほとんど差はありません。JRAホームページなどでレースVTRをご覧いただければ、より理解できると思います。

しかも今回は、ジャンダルムが②番ゲートで、メイケイエールが⑭番ゲート。位置関係が逆になるので、1番人気のメイケイエールに先着できる率が見込めます。

馬場状態や距離ロスなどの道中の不利を加味した対戦比較レースがあることを、チーム真田では「モノサシ対象レース」があると呼んでいます。

前年のスプリンターズSをモノサシにすれば、メイケイエールとジャンダルムに力の差はほとんどないといえます。

勝負条件⑥上位人気馬に死角がある

1番人気のメイケイエールには死角もありました。これまでに重賞を5勝していますが、そのうち4つが直線の長い東京や中京や阪神外回りコースで挙げたものです。

道中で制御が利かなくなるような激しい気性で、出遅れ癖もあり、外枠からの発走には距離ロスも含めてさまざまな不安がありました。しかも当日の中山は前残り傾向の強い馬場。3歳時に比べて気性面が成長したとはいえ、単勝2・5倍の1番人気は過剰人気です。

また、3番人気のシュネルマイスターは今回が初の1200m戦。先行力が物足りず中団から後方のレースが多い馬で、これまでの好成績は直線の長いコースに集まっています。小回りの中山芝1200m戦、しかも前残り傾向のある馬場では、後手を踏むと何もできずに終わってしまうリスクがあります。

このように上位人気馬が死角にハマって凡走すると、相対的に中位人気や下位人気の馬が浮上しやすくなります。人気馬、特に1～3番人気が敗れる可能性のあるレースは、勝負に値するレースになります。

勝負条件⑦展開利が見込める

さらに今回のスプリンターズSはメンバーにも恵まれていました。前年は快速馬のモズスーパーフレアを筆頭に、テンの脚が速い快速馬がひしめき合っていました。ジャンダルムは先行してこそ力を発揮できる馬ですが、他に速い馬がいると、前に行けずに惨敗するリスクがあります。

しかし今回は、モズスーパーフレアだけでなく、前年に2～6番手を追走していた逃げ・先行馬がすべて不在になっていました。しかも、過去に重賞を逃げ切った経験があるのはテイエムスパーダとファストフォースの2頭だけ。逃げにこだわる馬がここまで少なければ、ジャンダルムが②番ゲートを生かして、スムーズに先行できる確率が高まります。

前有利・内有利の馬場で、今まではさせてもらえなかった自分の型にハマったレースが見込めるのだから、好走率は高くなります。

勝負条件⑧期待値が高い

ジャンダルムのオッズは単勝20・3倍、8番人気の低評価でした。

上位人気馬であっても、勝負条件がいくつも重なることは少ないのですが、ノーマークの馬にこれだけ勝負条件が重なるのは相当なレアケースです。短距離界の実力馬が引退して混戦模様だったスプリント戦線に、複数の3歳馬やマイル・中距離組が乱入したために、このようなオッズになったのでしょう。

配信記事には書かなかったので、この部分だけは後出しジャンケンになってしまいますが、私の体感では「スプリンターズSは5割前後の確率でジャンダルムが勝つ」と考えており、『競馬の天才！』や本書の編集者には事前に伝えておりました。

2分の1の確率で勝つと思う馬の単勝が20倍つくことは、年に数度しかありません。好走できる条件がいくつも重なり、さらに期待値が高かったことも大勝負を仕掛けた大きな理由です。

もちろん、勝負条件が複数重なっても、出遅れや道中の不利でパーになってしまう恐ろしさがあるのが競馬です。しかし今回のスプリンターズSは理想の展開になりました。
①番ゲートに入ったテイエムスパーダがゲートで後手を踏み、ジャンダルムはすぐに好位を確保。向正面では外からハナを奪おうとするファストフォース、出遅れに泡を食って巻き増してきたテイエムスパーダを先に行かせて、3番手の内ラチ沿いにハマります。
激しい先行争いを繰り広げた前2頭は4コーナーを回って失速。3番手のジャンダルムが自然と先頭に立つと、残り100mではリードを広げます。

切れでは他馬に劣るジャンダルムですが、中山の直線は短く、しかも前有利・内有利の馬場。差し馬の猛追を封じ込めて、先頭でゴールイン。GI初制覇を成し遂げました。

払戻金は、単勝2030円、複勝470円、馬連1万5340円の高配当。チーム真田でもこの1レースだけでかなりの収益を上げられただけでなく、「競馬の天才!」やnetkeiba.comのファンや、周囲の友人・知人からも大きな反響をいただきました。

その際に「よく8番人気の7歳馬を本命にできましたね」と称賛されたのですが、私にいわせてみれば、8番人気の評価自体が大きく間違っていたのです。

競走馬の特性と勝負条件の重なりを意識しながら予想をしていると、スプリンターズSのような**高設定レース**を見つけることができるようになります。

チーム真田の【馬場読み】解説

ここでは、私が的中した2022年スプリンターズSを例に取って、【馬場読み・展開読み・コースロスのチェック】などを解説していきます。なお、これは「競馬の天才！」誌（23年1月発売号）の私の連載で掲載したものの再掲となる部分もあります。何とぞご了承ください。

まずは【馬場読み】（馬場状態の確認）から始めましょう。

馬場状態はレース結果を大きく左右します。馬場読みさえできていれば、的中できるレースもたくさんあります。

私は馬場を毎週確認していますが、スプリンターズSの日を軸に考えた場合、Cコースに替わった22年9月24日から振り返るのがわかりやすいと思います。

馬場を読む際にチェックすべき項目は、次の2つです。

①上位入線馬の枠順
②上位入線馬の通過順

時間に余裕があるならば、次の2点も確認してください。

③直線で伸びる場所、傷み具合
④馬場が読めている騎手（関東なら、戸崎騎手や田辺騎手など）がどこを通っているか

厳密にいうと、さらに走破タイムや上がりタイムも見て馬場の「速い・遅い」を確認し、走法的に合うタイプの照合作業も行ないますが、これは一般の方では難しいと思います。

①と②だけでもプラスになりやすいファクターなので、ぜひ実践してください。

左の表1は9月24日、25日、10月1日の中山芝レースの結果をまとめたものです。

Cコース替わりの初日にあたる9月24日は重・不良馬場でのレースでした。

①上位入線馬の枠順をチェックすると、1～3着に入線した馬の枠順は次のような結果でした。

『1枠0回、2枠2回、3枠2回、4枠0回、5枠2回、6枠2回、7枠3回、8枠1回』

1枠の入線が0回なので、そこまで内枠が強いようには見えないかもしれません。

しかし、②上位入線馬の通過順のチェックをすると、6～8枠で上位に来た6頭のうち4頭が、4コーナーの通過順位が3番手以内だった馬が多いことがわかります。

そして③ですが、VTR映像を確認しても、芝の痛みは感じられず、ジョッキーはラチ沿いを中心にレースをしており、外が伸びるという気配は感じられません。

①②③を総合すると、**内有利・先行有利の馬場**だと推測できます。

実際、良馬場に回復した翌日の9月25日は、1～3着に入線した9頭のうち8頭が1～4枠の馬で、先行・好位の馬が馬券によく絡んでいます。やはり内有利・先行有利です。

1週間後の10月1日もその傾向に大きな変化はなく、7枠と8枠の上位入線はゼロ。11Rはハイペースの前崩れになり、後方からの追込が決まっていますが、レース映像を確認してみると、1着馬のフィ

表１●Cコース替わりでの結果

日付	クラス	R	距離	馬場	枠番	馬番	馬名	人気	着順	通過順位	単勝	複勝
9月24日	1勝	4	芝1200	不	3	5	ミッキーハーモニー	2	1	1- 1	430	220
					2	3	デフィデリ	10	2	3- 3		710
					2	4	アクアマリンブルー	12	3	2- 2		2040
	1勝	6	芝2000	不	7	8	ヒットザシーン	5	1	3- 2- 2	870	230
					6	6	ラニュイエトワール	7	2	1- 1- 1		470
					6	7	カヨウネンカ	1	3	10-10-10		140
	OP	9	芝1200	重	7	7	ウメムスビ	6	1	2- 2	1430	310
					8	9	レイカットスルー	4	2	9- 7		280
					3	3	レイフォール	5	3	3- 3		300
	2勝	10	芝2500	重	5	5	ウォルフズハウル	10	1	11-10-9	2830	500
					7	10	キャルレイ	2	2	1- 1- 1		180
					5	6	モーソンピーク	3	3	5- 3- 2		210
9月25日	1勝	7	芝1600	良	4	7	ディープリッチ	3	1	8- 4- 5	580	220
					2	4	デコラシオン	2	2	14-14-13		230
					1	1	ララサンスフル	10	3	2- 4- 2		770
	2勝	9	芝1600	良	4	5	トーセンヴァンノ	5	1	5- 5- 5	1950	690
					8	13	アオイカツマ	7	2	3- 3- 3		1040
					4	4	サヴァイヴ	3	3	3- 3- 3		380
	G2	11	芝2200	良	2	2	ジェラルディーナ	5	1	5- 5- 6	1950	550
					1	1	ロバートソンキー	6	2	9- 8- 8		570
					3	3	ウインキートス	7	3	3- 3- 3		560
10月1日	OP	9	芝2000	良	4	4	シーウィザード	1	1	3- 3- 3	180	130
					1	1	ゴールデンハインド	5	2	1- 1- 1		390
					3	3	オンザブロッサム	4	3	2- 2- 2		
	2勝	10	芝1200	良	5	8	サトノレーヴ	1	1	2- 2	270	160
					6	9	モリノドリーム	6	2	4- 3		310
					5	7	カンティーユ	10	3	1- 1		970
	3勝	11	芝1600	良	3	6	フィアスプライド	7	1	15-13-13	1200	370
					6	11	ゾンニッヒ	5	2	7- 8- 9		310
					2	3	リトルクレバー	11	3	7- 6- 5		930

※ハイペース前崩れ

表２●枠順による成績集計

枠番	着別度数	勝率	連対率	複勝率	単回値	複回値
1	0- 2- 1-10/13	0.0%	15.4%	23.1%	0	133
2	1- 2- 2 - 8/13	7.7%	23.1%	38.5%	150	343
3	2- 0- 3 - 9/14	14.3%	14.3%	35.7%	116	103
4	3- 0- 1-11/15	20.0%	20.0%	26.7%	180	94
5	2- 0- 2-13/17	11.8%	11.8%	23.5%	182	108
6	0- 3- 1-14/18	0.0%	16.7%	22.2%	0	68
7	2- 1- 0-16/19	10.5%	15.8%	15.8%	121	37
8	0- 2- 0-16/18	0.0%	11.1%	11.1%	0	73

※ 2022 年 9 月 24 日～ 10 月 1 日までの枠順集計

アスプライドは直線でインコースを通っており、3着馬も終始インを走っていました。

たとえ差しや追込が決まっていても、レース映像を確認すると、馬場的には前有利・内有利だと判断できることがあります。

前ページの表2は、その3日間の成績を枠順別に集計したものです。

1～3枠の複勝率が30％を超えるほど高く、4～6枠が25％前後、7～8枠が20％を大きく割り込んでいます。10月2日のスプリンターズSは、**【内枠の先行馬が有利な馬場】**である率が高く見込めます。

よってスプリンターズSは、内枠から先行できそうな馬を見つければ的中に近づくことができます。

次は【展開読み】に移行します。

勝負条件⑦展開利が見込める……チーム真田の【展開読み】解説

展開を読むときに、私は次の7項目を確認しています。こちらもスプリンターズSを例に説明しましょう。

①テン1ハロン（1F）確認
②枠順
③馬の気性（抑えが効かない、包まれたくない）
④騎手（この騎手は行かない、など）

⑤**近走の内容（通過順位）**
⑥**陣営のコメント**
⑦**馬具（付ける、外す）**

特に短距離戦では①の「テン1ハロン確認」が必須になります。

通過順位だけを見ると、連続して逃げているが実はスタートが遅いというタイプもけっこういます。競馬新聞の「逃げ」の印を鵜呑みにしているようでは負けてしまうのでご注意ください。

テン1ハロンの測り方は、逃げた馬の1ハロン目のタイムをメモして、2番手の馬の馬身差（チーム真田では1馬身＝0・16秒で算出）を補正して算出します。

私はだいたい先頭から4～5番手くらいのテン1ハロンを計測しています。

このときに重要なのは、騎手の追い方を確認すること。同タイムであっても、押しに押してようやく出たテン1ハロンと、うながす程度でスッと出したテン1ハロンでは、価値はまったく違います。

また、初速の速い馬、遅い馬もいます。大型馬で跳びの大きな馬は、テン1ハロンが速くても、初速の足りない馬が多い傾向があります。このタイプの場合、行けないリスクもあるので、逃げだと信じて裏切られる率を警戒する必要があります。

余談になりますが、テン1ハロンを確認していくと、先行―好位差し馬の中に、じつはテン1ハロンの速いタイムを出した馬がいることがあります。

こんな馬は、取りたいポジションを取れる確率の高い馬なので、条件が合えば精度の高い狙い馬にな

表3●2022年10月2日・中山11Rスプリンターズ S（GⅠ、芝1200m）

	枠番	馬番	馬名	オッズ	テン1F　1位	厩舎コメント
	1	1	テイエムスパーダ	16.7	②11.4秒余力あり	また内枠、行く馬を見ながら行きたいが
1着	1	2	ジャンダルム	20.3	②12.1秒余力あり	位置取りに関するコメントなし
	2	3	メイショウミモザ	106.7		
	2	4	ダイアトニック	41.7	①12.2秒余力あり	スタート決め、流れに乗れれば
	3	5	エイティーンガール	110.3		
3着	3	6	ナランフレグ	18.6		
2着	4	7	ウインマーベル	20.0	④12.1秒余力あり	戦法は騎手に任せる
	4	8	ファストフォース	59.4	③12.1秒余力なし	スッと好位につけれれば
	5	9	ナムラクレア	2.9	②11.7秒余力あり	前有利なのでポジション重要
	5	10	タイセイビジョン	19.8		
	6	11	トゥラヴェスーラ	51.8		
	6	12	ヴェントヴォーチェ	20.5		
	7	13	メイケイエール	2.5	⑤12.2秒余力あり	位置取りに関するコメントなし
	7	14	ラヴィングアンサー	322.5		
	8	15	シュネルマイスター	8.5	⑦12.8秒余力あり	自分のリズムで
	8	16	マリアズハート	159.7		

※テン1F　○内は○走前

ります。もしも見つかった場合は、ぜひチェックしておいてください。

この作業を1頭ずつ確認して、まとめたのが上の表3です。

テン1ハロンが最も速かったのは、余力ありで11秒4のタイムを出しているテイエムスパーダ。有利な1枠にも入っています。しかし同馬は外からジワリと行きたいタイプで、厩舎コメントは「今回も内枠。行く馬を見ながら、自分のリズムで運ばせたいんですけどね……」（競馬ブックより抜粋）というものでした。

次に速いのはナムラクレアですが、デビューから一度も逃げたことがない馬です。単勝2倍台の人気を背負っている今回、いきなり逃げることはなさそうです。

ファストフォースはテン1ハロン＝12秒1と速いものの、跳びが大きめな馬で、初速が遅いので行ける確率は低い。3頭ともに行く馬としては物足りず、前半が緩む率がかなり高く見積もれることになります。つまり展開は**先行**

表４●2021年10月３日・中山11Ｒスプリンターズ S（ＧⅠ、芝1200m）

	枠番	馬番	馬名	オッズ	テン1F 1位	厩舎コメント
3着	1	1	シヴァージ	47.5		
	1	2	ミッキーブリランテ	92.3		
	2	3	ラヴィングアンサー	209.8		
1着	2	4	ピクシーナイト	5.3	②11.8秒余力あり	位置取りに関するコメントなし
	3	5	ファストフォース	27.5	②11.6秒余力なし	位置取りに関するコメントなし
	3	6	メイケイエール	24.9	①12.4秒余力あり	必ずどこかで先頭に立つ
	4	7	タイセイビジョン	59.9		
	4	8	ビアンフェ	43.8	①11.7秒余力あり	この馬のリズムで運んで
	5	9	クリノガウディー	15.6	④12.0秒余力あり	位置取りに関するコメントなし
	5	10	エイティーンガール	106.8		
	6	11	ジャンダルム	11.1	④12.3秒余力あり	流れに乗って運べれば
2着	6	12	レシステンシア	3.4	①11.9秒余力あり	位置取りに関するコメントなし
	7	13	アウィルアウェイ	62.0		
	7	14	ダノンスマッシュ	2.6	⑥12.1秒余力あり	
	8	15	ロードアクア	309.8		
	8	16	モズスーパーフレア	15.3	①11.7秒余力あり	自分の競馬をするだけ

モズは※1年以上前になるが「⑬11.4秒余力あり」をマーク

有利と見ることができました。

内枠に入っており、テン１ハロンが速く、先行位からレースができる馬となると、ジャンダルムに白羽の矢が立ちます。

先述したように、ジャンダルムは21年のスプリンターズSで11着に大敗していますが、このときは内有利・先行有利の馬場で⑪番ゲートに入ってしまいました。しかもこの年は、テン１ハロン＝11秒台後半の馬が5頭もいる先行激化メンバー。これでは大敗も致し方ない（上の表４）。

21年とは違って、展開を味方につけられそうなジャンダルムは、好走する率が高いと読めます。

ウイニングポジション・ウイニングゲート

馬場読みを行なうと、好走する枠と好走する脚質が見えてきます。

チーム真田では好走する枠のことを【ウイニングゲー

ウイニングゲート】の関係と、イメージ図

馬場A■内有利、前有利の開幕週に多い良好な馬場

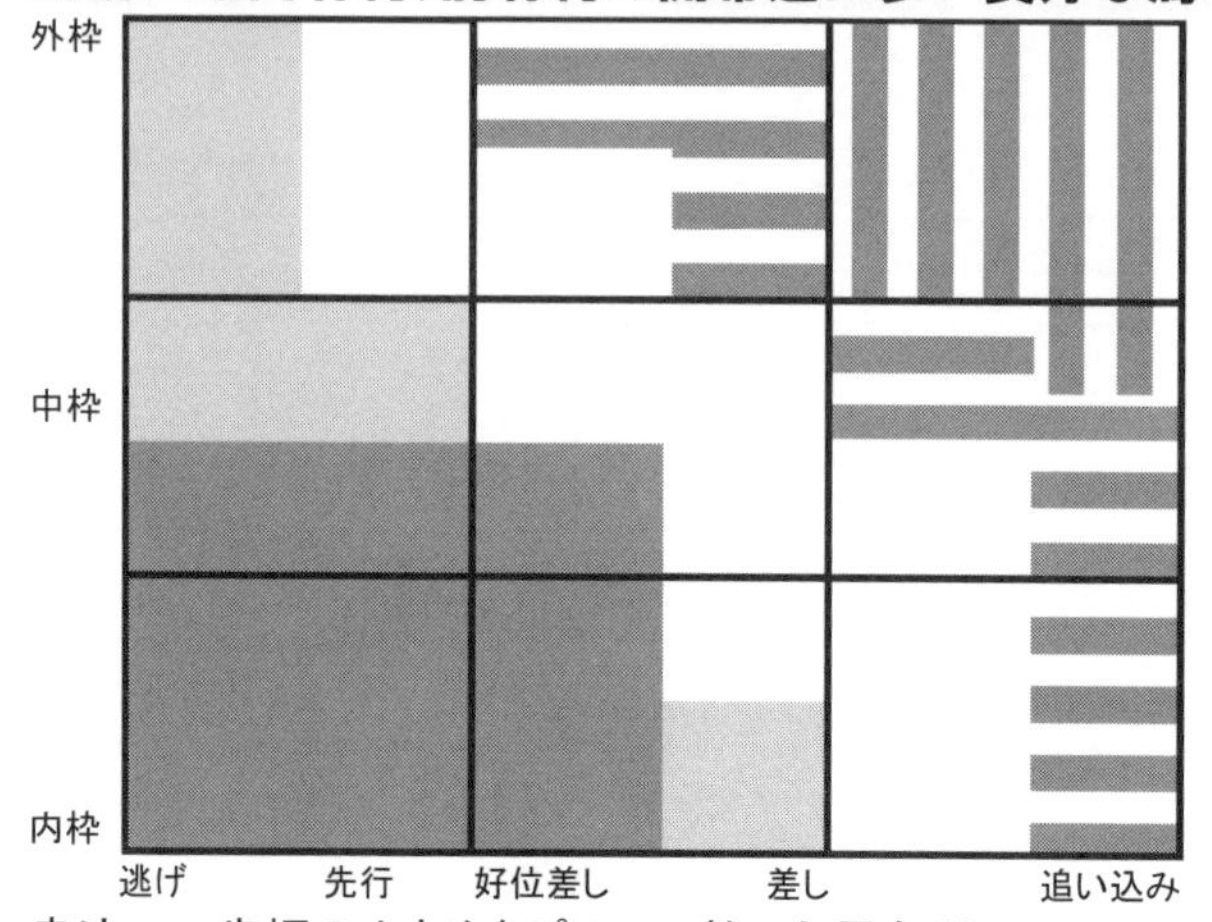

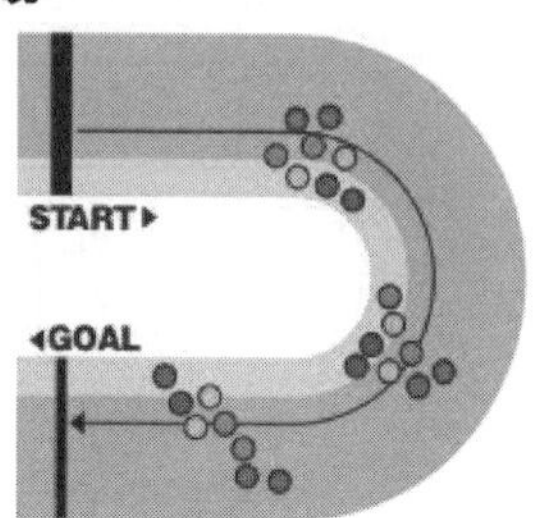

このイラストでは、内側のアミ部分を通れる内枠の先行馬が有利

走法……歩幅の小さめなピッチの効いた馬有利
歩幅の大きな跳びが大きめの馬不利

※上の図では、左下の濃いアミ部分が有利（ウイニングポジション×ウイニングゲート）

- 有利な枠と有利なポジションが重なり、非常に有利（濃いアミ）
- 有利な枠か、有利なポジションがあり有利（薄いアミ）
- どちらとも、いえない
- 不利な枠か、不利なポジションがあり不利（ヨコ線）
- 不利な枠と不利なポジションが重なり、非常に不利（タテ線）

馬場B■開催が進み、内がやや荒れてきた馬場

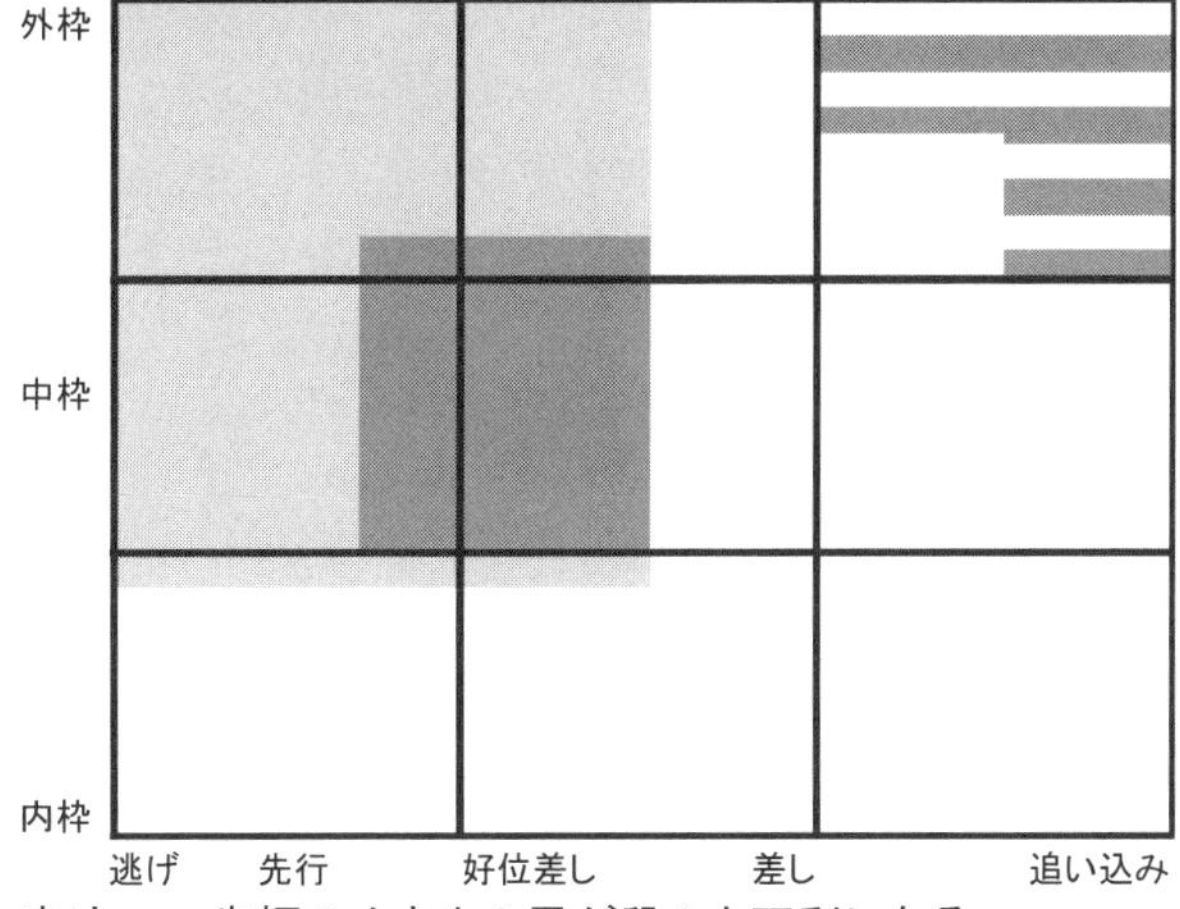

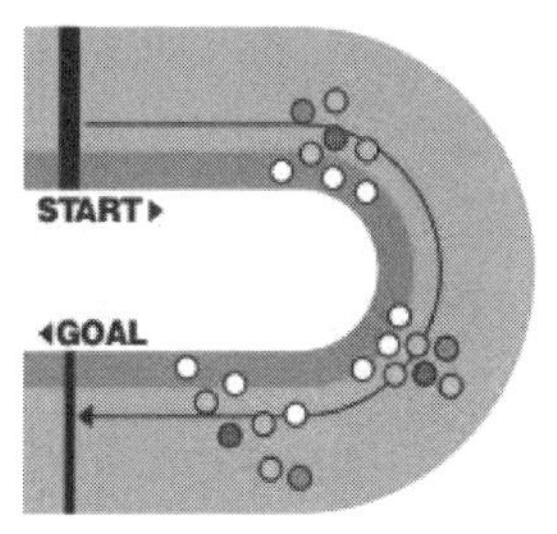

このイラストでは、矢印の線部分を通れる中枠の先行～好位差しの馬が有利

走法……歩幅の小さめの馬が段々と不利になる
歩幅の大きな馬が段々と有利になる

※上の図では、真ん中左の濃いアミ部分が有利（ウイニングポジション×ウイニングゲート）

馬場C■さらに開催が進み、内がかなり荒れた馬場

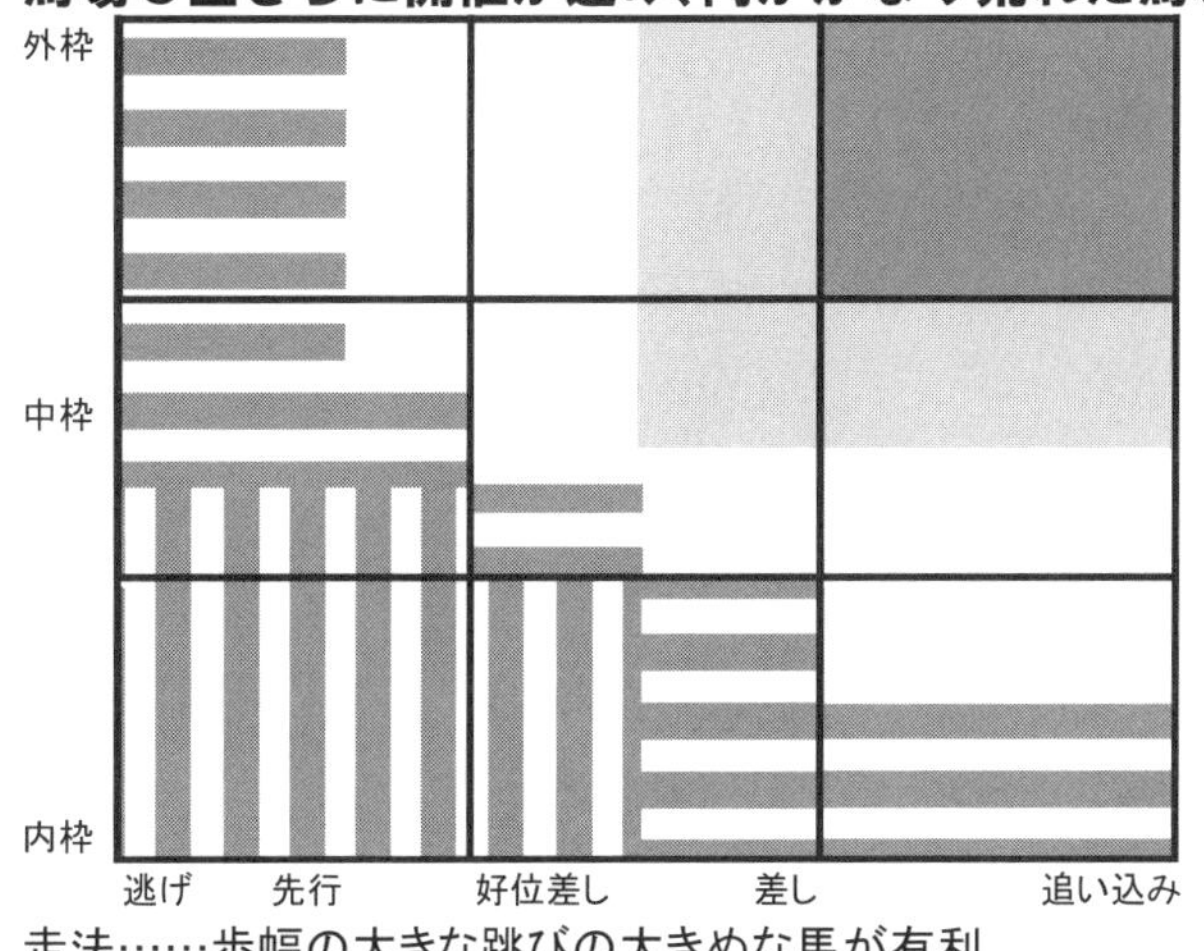

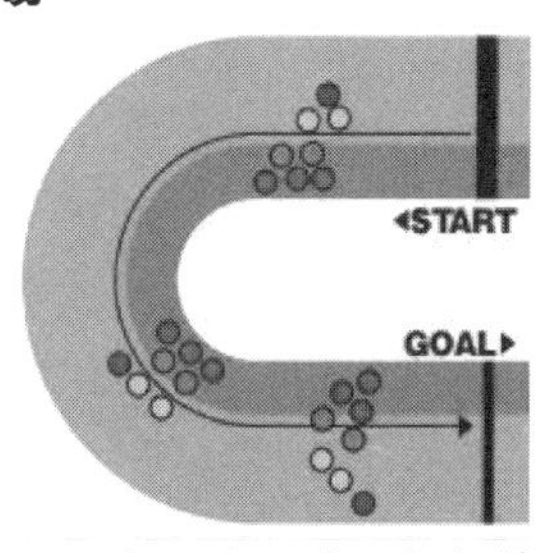

このイラストでは、矢印線から外目を通れる外枠の差し～追込馬が有利

走法……歩幅の大きな跳びの大きめな馬が有利
歩幅の小さな馬に不利

※上の図では、右上の濃いアミ部分が有利（ウイニングポジション×ウイニングゲート）

ト】、好走する脚質のことを【ウイニングポジション】と呼んでいます。

芝の短距離戦、特にコーナー2回で直線の短いコースほど、ウイニングゲートとウイニングポジションにいる馬が好走する例が増えます。

芝中距離でも、メカニズム自体は同じです。またダート戦では、雨が降ってしまった馬場の場合、極端な前有利、内有利の馬場になりやすいので頭に入れておいて下さい。


馬場A●内有利、前有利の開幕週に多い良好な馬場

スプリンターズSが行なわれたような、内有利・先行有利のトラックは馬場A（P28上）になります。

開幕週に近い時期や、芝が育成しやすい春から秋に多い馬場です。

内枠に入った先行馬が、コースロスなくレースを進めることができるので、上位に入る確率が高まります。購入すべき馬は、ウイニングゲートとウイニングポジションが重なった濃いアミ部分の馬です。

逆に、タテ線の部分に該当する外枠の差し・追込馬は、距離ロスを強いられるうえに、直線では前が止まらないので、よほど展開に恵まれないと上位に来ることはありません。走法的にはピッチ走法が有利で、跳びの大きな馬は不利です。


馬場B●開催が進み、内がやや荒れてきた馬場

開催が進んでラチ沿いの芝が痛んでくると、トラックは馬場B（P29上）のようになります。図のヨコ線部分が、芝が荒れて伸びにくくなっている場所です。

内枠の先行馬は、馬場のいい外に持ち出すのが難しく、脚を消費しやすくなります。一方、中枠に入った先行〜好位差しの馬は、内を見ながら馬場の痛んでいない部分を走れるので好走率が上がります。

馬場C●さらに開催が進み、内がかなり荒れてきた馬場

さらに開催が進み、雨などの影響もあると、内ラチ沿いがひどく荒れるケースもあります。そのトラック図が馬場C（P29上）です。

（P29上）

こうなると、内枠に入った馬はかなり厳しい戦いを強いられます。狙うべきは、外枠に入った差し〜追込馬。馬場のいい場所を通る≒実質的に走る距離が長くなるので、長い距離を走れる馬、タフな馬が好走することも増えます。跳びの大きな馬が有利で、歩幅の小さい馬は不利になります。

このウイニングゲートとウイニングポジションの考え方は不変です。

馬場読みを終えた後、今日のウイニングゲートとウイニングポジションがどこなのかを頭に入れて予想をすれば、有力馬は数頭に絞り込むことができます。

22年のスプリンターズSで、上位人気馬で死角がある対象馬のメイケイエールとシュネルマイスターは跳びや歩幅が大きく、基本的にはコーナーのきつい小回りコースは向いていませんでした。

それに加えて、馬場Aだと不利が重なるタテ線の部分に該当しています。

シュネルマイスターはテンのスピードも物足りないため、枠順と脚質の不利が重なり非常に不利になるヨコ線のゾーンに該当するため危険視することができます。

話は少し脱線しますが、もしもスプリンターズSの馬場がCのような状態になっていれば、ジャンダルムなんて一枚も買っていません。真っ先にバッサリと切っていたと思います。

その場合は、ウイニングゲートとウイニングポジションが一致し、マイルで実績を残しているシュネルマイスターを本命にしたと思います。このように、馬場と枠は本命馬が無印になったり、無印馬が本命になるくらい、強いファクターなのです。

ジャンダルムの前走・北九州記念17着＝距離ロスの考察

表5●【距離ロス】早見表

半周	距離ロス	馬身	ロスタイム
1m外	3.14m	1.3馬身	0.21秒
2m外	6.28m	2.6馬身	0.41秒
4m外	12.5m	5.2馬身	0.83秒
6m外	18.8m	7.8馬身	1.25秒

1周	距離ロス	馬身	ロスタイム
1m外	6.28m	2.6馬身	0.41秒
2m外	12.5m	5.2馬身	0.83秒
4m外	25.1m	10.4馬身	1.67秒
6m外	37.6m	15.7馬身	2.51秒

■距離ロスの計算
内ラチから1m外を半周走った場合の計算
【2m（直径に換算するため1m＋1mになる）×3.14（円周率）】÷2＝3.14m
■馬身に換算すると……
1馬身＝2.4mとする（※チーム真田では）
3.14m÷2.4m＝1.3馬身
■タイムに換算すると
1馬身＝0.16秒（※チーム真田では）
1.3馬身×0.16秒＝0.21秒
約0.2秒のロスがあったと見ることができる。

ジャンダルムの前走、北九州記念17着は、8枠⑰番からの発走でした。

3角では内ラチから5・5頭目を走り、4角では内ラチから6・5頭目を走る大きな距離ロスがありました。

チーム真田では、1頭分外を走ると1・5～2・0mの幅でザックリ見ており、各馬のレースごとの

表6●前走の距離ロスの計算

＜ジャンダルム・前走の北九州記念の距離ロスのタイム換算＞

馬名	3角	4角	ロスタイム	着差
ジャンダルム	5.5 頭目	6.5 頭目	1.2 秒	2.0 秒

隣の馬との間隔で調整しています（表5【距離ロス】早見表）。

北九州記念のジャンダルムは最大の2mで考えて、距離ロスをタイム換算して見るとロスタイムは1秒2（約7馬身）あったことになります（表6）。

結果、同馬は2秒0差の17着に敗れたわけですが、もし同馬が内ラチをロスなく回って来られた場合、1着馬①ボンボヤージ（ビリ人気ながら内をロスなく回って大金星！）と0秒8差の競馬だったことになります。

単に数字だけで見ると、「2秒0差の着差」だったので、スプリンターズSでは、おおよそ「2秒差で逆転はさすがに厳しい」という見方が一般的でした。しかし、チーム真田の「距離ロス早見表」をベースに、換算した場合は0秒8差になり、いわれるほどの差がないことがわかります。

また北九州記念は前有利、有利の馬場の率が高く、「ウイニングゲート・ウイニングポジション」からすれば、ジャンダルムはP28の図Aの不利が重なるタテ線の部分で競馬をしたことになり、0秒8差の着差以上に厳しい競馬をしたことになります（次ページに掲載しているチーム真田のオリジナル馬柱でもそのことを指摘しています）。

つまりは、負けて仕方のない参考外のレースと見ることができます。このパターンで負けた馬は、力差で負けたわけではないので、単なる数字だけで見限ることのないように注意してください。

02番ジャンダルム……同馬は大型馬の割に歩幅が狭めで回転の速さがある馬です。このタイプはコーナリングが上手く器用さがあるので、小回りコースで好走率が上がる傾向にあります。弱点は、使える脚がそこまで長くないので、距離ロスがある競馬では凡走率が高くなるタイプです。簡単にいえば小回りの内枠が得意で、外枠が苦手な馬です。（後略……馬柱に添付している真田の【注目馬解説】より）

1部	100円	1全会場	500円	全会場	800円

時40分	芝・右外	1200m
1)	サラ系3歳以上オープン 定量(国際)(指定)	賞金 ① 17000万円 ② 6800万円 ③ 4300万円 ④ 2600万円 ⑤ 1700万円

3走前	4走前	5走前
2022.06.18 3阪神1 2勝クラス 1 芝1200 良 1枠 ②② 1.07.9 1番 84 M 34.2 11ト2人 488 着差 -0.4 国分恭介 52.0 速い 前残 0.2 テイエムトッキュウ 前有 内伸 前残りの展開が向いた	2022.05.28 3中京7 オープン(G3) 11 芝1200 良 1枠 ⑤⑤ 1.09.0 2番 77 H 35.3 17ト7人 480 着差 0.8 国分恭介 54.0 速い 前崩 × 0.5 ウインマーベル 前有 内伸 直線前壁かなり追い出し遅れる	2022.03.13 1阪神10 オープン(G2) 13 芝1400 良 5枠 ②② 1.21.8 8番 71 H 36.8 15ト6人 494 着差 1.9 国分恭介 54.0 速い 前崩 × 0.2 サプライムアンセム 前有 内伸 ハイペース先行撃沈
2022.03.05 2中山3 オープン(G3) 1 芝1200 良 4枠 ③② 1.07.9 7番 86 M 34.2 15ト2人 510 着差 -0.1 荻野極 56.0 速い 前残 0.2 ナランフレグ 前有 内伸 前残りの展開が向いた	2022.01.30 1中京10 オープン(G3) 13 芝1200 良 8枠 ②② 1.09.1 17番 73 M 35.3 18ト5人 514 着差 1 荻野極 57.5 速い 前崩 0.2 メイケイエール 前有 内伸	2021.10.03 4中山9 オープン(G1) 11 芝1200 良 6枠 ⑦⑪ 1.08.1 11番 82 M 33.8 16ト4人 506 着差 1 浜中俊 57.0 速い 前残 0.5 ピクシーナイト 前有 内伸 前残りの展開向かず、距離ロスあり
2022.05.15 2東京8 オープン(G1) 18 芝1600 良 2枠 ⑮⑮ 1.33.7 3番 74 S 33.9 18ト10人 458 着差 1.5 鮫島克駿 55.0 速い 前残 × 0.3 ソダシ フラ フラ やや出遅れ、位置取りが後ろ過ぎた	2022.04.09 2阪神5 オープン(G2) 1 芝1600 良 4枠 ⑥⑥ 1.32.8 4番 82 M 33.7 11ト9人 456 着差 -0.1 鮫島克駿 54.0 速い 前崩 0.1 アンドヴァラナウト 前有 内伸 直線進路を外に切り替える	2022.02.13 2小倉2 オープン 13 芝1200 稍 6枠 ⑨⑪ 1.09.3 12番 83 M 35.1 18ト3人 456 着差 0.6 田中健 54.0 遅い 前残 0.7 ビオグラフィー 前有 内伸 前残りの展開向かず、距離ロスあり
2022.02.27 1阪神6 オープン(G3) 1 芝1400 良 6枠 ③③ 1.19.9 10番 87 M 34.2 14ト1人 478 着差 -0.1 岩田康誠 56.0 速い 前残 トゥラヴェスーラ 前有 内伸 直線やや窮屈	2022.01.05 1中京1 オープン(G3) 4 芝1600 良 2枠 ⑦⑨⑨ 1.33.0 4番 86 H 34.4 16ト12人 480 着差 0.1 岩田康誠 57.5 速い 前崩 ザダル 前有 内伸 やや前崩れの展開が向いた	2021.08.29 2札幌6 オープン(G3) 14 芝1200 良 7枠 ④⑤ 1.10.0 13番 67 M 35.5 16ト4人 472 着差 0.9 池添謙一 57.0 速い 前残 レイハリア 前有 内伸 長欠明け
2022.02.27 1阪神6 オープン(G3) 10 芝1400 良 4枠 ⑭⑭ 1.20.9 5番 83 M 34.5 14ト10人 456 着差 1 秋山真一 54.0 速い 前残 0.6 ダイアトニック 前有 内伸 出遅れ、掛かり気味、やや距離ロス	2021.11.28 5阪神8 オープン(G3) 1 芝1200 良 1枠 ⑯⑬ 1.08.8 2番 87 M 33.5 16ト10人 454 着差 -0.1 秋山真一 55.0 速い 前残 注 1.0 タイセイビジョン 前有 内伸 出遅れ、距離ロス大	2021.10.03 4中山9 オープン(G1) 13 芝1200 良 5枠 ⑮⑮ 1.08.3 10番 81 M 33.4 16ト14人 452 着差 1.2 横山和生 55.0 速い 前残 注 0.6 ピクシーナイト 前有 内伸 出遅れ、やや距離ロスあり
2022.03.05 2中山3 オープン(G3) 2 芝1200 良 6枠 ⑬⑬ 1.08.0 10番 89 M 33.5 15ト4人 498 着差 0.1 丸田恭介 56.0 速い 前残 △ 0.6 ジャンダルム 前有 内伸 やや出遅れ、やや距離ロスあり	2022.01.30 1中京10 オープン(G3) 3 芝1200 良 5枠 ⑮⑮ 1.08.3 10番 84 M 33.3 18ト3人 494 着差 0.2 丸田恭介 56.0 速い 前崩 注 0.5 メイケイエール 前有 内伸 前崩れの展開は向いたがやや距離ロス	2021.12.18 6阪神5 オープン 1 芝1200 良 2枠 ⑫⑪ 1.08.5 2番 83 M 33.2 15ト2人 482 着差 0 丸田恭介 55.0 速い 前崩 注 0.2 レジェーロ 前有 内伸 出遅れ、やや前崩れの展開が向いた
2022.05.08 3中京2 オープン 1 芝1400 良 8枠 ③③ 1.19.3 10番 81 M 33.9 10ト5人 466 着差 -0.3 和田竜二 56.0 速い 前残 0.2 ジャスパークローネ 前有 内伸 前残りの展開が向いた	2022.03.19 2中京3 オープン(G3) 15 芝1400 稍 7枠 ⑤⑦ 1.23.2 15番 68 H 38.3 18ト10人 466 着差 2.3 松岡正海 56.0 フラ 前崩 × 0.9 プルパレイ 前有 内伸 やや距離ロス、直線挟まれ失速	2021.12.18 6中京5 オープン 2 芝1200 良 3枠 ⑤⑤ 1.09.0 3番 77 M 34.8 9ト1人 468 着差 0.6 松岡正海 56.0 速い 前残 × 0.3 ジャングロ 前有 内伸 位置取りが後ろ過ぎた
2022.07.03 3小倉2 オープン(G3) 12 芝1200 良 8枠 ③④ 1.07.4 17番 78 H 35.3 17ト4人 508 着差 1.6 松山弘平 56.0 速い 前残 × 0.6 テイエムスパーダ 前有 内伸 ハイペース先行撃沈、距離ロスあり	2022.03.27 2中京6 オープン(G1) 9 芝1200 重 7枠 ⑤⑤ 1.08.6 15番 88 H 34.7 18ト16人 522 着差 0.3 柴山雄一 57.0 フラ 前崩 △ 0.6 ナランフレグ 前有 内伸 スタート若干体勢崩す、距離ロスあり	2022.03.05 2中山3 オープン(G3) 9 芝1200 良 2枠 ⑤⑥ 1.08.5 3番 83 M 34.7 15ト3人 518 着差 0.6 鮫島克駿 56.0 速い 前残 △ 0.5 ジャンダルム 前有 内伸 前に行けず包まれる
2022.04.10 2阪神6 オープン(G1) 3 芝1600 良 1枠 ④④ 1.33.0 1番 81 S 33.9 18ト6人 462 着差 0.1 浜中俊 55.0 速い 前残 0.2 スターズオンアース 前有 内伸 直線はうまく前が開いた	2022.03.13 1阪神10 オープン(G2) 2 芝1400 良 2枠 ⑨⑨ 1.19.9 2番 93 H 34.4 15ト1人 466 着差 0 浜中俊 54.0 速い 前崩 0.5 サプライムアンセム 前有 内伸 出遅れ、前崩れの展開は向いた	2021.12.12 6阪神4 オープン(G1) 5 芝1600 良 1枠 ⑪⑬ 1.34.3 1番 70 S 34.1 18ト6人 454 着差 0.5 浜中俊 54.0 速い 前残 サークルオブライフ 前有 内伸 一旦先団に付けたが控えた
2022.04.10 3中山6 オープン 2 芝1200 良 7枠 ⑪⑪ 1.07.3 13番 91 M 32.8 16ト2人 476 着差 0.5 菅原明良 57.0 速い 前崩 注 0.5 ヴェントヴォーチェ 前有 内伸 やや距離ロスあり	2022.02.27 1阪神6 オープン(G3) 8 芝1400 良 6枠 ⑨⑧ 1.20.8 9番 87 M 34.8 14ト3人 482 着差 0.9 幸英明 56.0 速い 前残 × 0.9 ダイアトニック 前有 内伸 出遅れ、掛かり気味、距離ロス大	2021.12.25 6阪神7 オープン(G2) 4 芝1400 良 1枠 ⑮⑮ 1.20.7 1番 86 M 34.1 18ト10人 478 着差 0.4 三浦皇成 57.0 速い 前崩 × 0.1 グレナディアガーズ 差有 外伸 前崩れの展開が向いた

ジャンダルムの前走・北九州記念の短評で「距離ロス大」と表記。

8走前	6走前	2022.08.21 4小倉4 オープン(G3) 17			
95	91	芝1200 良 8枠 1.08.9 17番 18ト9人 510	74	⑦⑧ M 35.6 着差 2	
④④ 速い 前崩 H 内伸	⑮⑬ 速い 前残 H 内伸	荻野極 58.0 ボンボヤージ 距離ロス大	速い 前残 前有 内伸	×	1.2

Team真田.タイム偏差出馬表

2022年	10月2日	4回	中山9日目	11R	発走 15

第56回 スプリンターズステークス(G

馬番	父 性齢 馬名 母 毛色 (母父) 生産牧場 当レース着度数 平地獲得賞金	騎手名 騎手着度 斤量 調教師名 所属 馬主名 間隔	基準偏差 90 順位	最高	2位	前走	2走前
1 白	レッドスパーダ 牝3 テイエムスパーダ トシザコジーン 芦毛 (アドマイヤコジーン) 浦河小林牧場 0-0-0-0 3550万	国分恭介 2-0-0-3 53.0 五十嵐忠 栗東 竹園正繼 中6週	8	2走前 88 ①① 速い 前残 H 内伸	3走前 84 ②② 速い 前残 M 内伸	2022.08.21 4小倉4 オープン(G3) 7 芝1200 良 2枠 79 ①① 1.07.4 4番 M 34.6 18ト2人 488 着差 0.5 国分恭介 51.0 速い 前残 注 0.2 ボンボヤージ 前有 内伸 やや出遅れ、前崩れの展開向かず	2022.07.03 3小倉2 オープン(G3) 1 芝1200 良 3枠 88 ①① 1.05.8 5番 H 34 17ト2人 486 着差 −0.6 今村聖奈 48.0 速い 前残 タイセイビジョン 前有 内伸 ハイペース逃げ切る、前有利の馬場向く
2 白	Kitten's Joy 牡7 ジャンダルム Believe 黒鹿毛 (Sunday Silence) North Hills Co. 2-0-0-1 10050万	荻野極 3-0-1-4 57.0 池江泰寿 栗東 前田幸治 中6週	2	8走前 95 ④④ 速い 前崩 H 内伸	6走前 91 ⑮⑬ 速い 前残 H 内伸	2022.08.21 4小倉4 オープン(G3) 17 芝1200 良 8枠 74 ⑦⑧ 1.08.9 17番 M 35.6 18ト9人 510 着差 2 荻野極 58.0 速い 前残 × 1.2 ボンボヤージ 前有 内伸 距離ロス大	2022.03.27 2中京6 オープン(G1) 11 芝1200 重 4枠 83 ②② 1.08.7 8番 H 35.3 18ト13人 514 着差 0.4 荻野極 57.0 フラ 前崩 △ 0.2 ナランフレグ 前有 内伸 ハイペース先行粘る
3 黒	ハーツクライ 牝5 メイショウミモザ メイショウベルーガ 芦毛 (フレンチデピュティ) 三嶋牧場 0-0-0-0 5150万	丹内祐次 1-0-0-1 55.0 池添兼雄 栗東 松本好雄 中5週	13	6走前 86 ⑧⑧ フラ 前崩 H 外伸	1走前 84 ⑩⑫ フラ 上り S 内伸	2022.08.28 2札幌6 オープン(G3) 12 芝1200 良 7枠 84 ⑩⑫ 1.10.2 13番 S 35.1 15ト7人 454 着差 1.1 丹内祐次 55.0 フラ 上り × 1.1 ヴェントヴォーチェ 前有 内伸 やや出遅れ、距離ロス大	2022.07.31 1札幌4 オープン(G3) 12 芝1800 良 4枠 77 ②②②② 1.48.6 6番 S 35.7 14ト5人 452 着差 0.8 鮫島克駿 56.0 速い 上り 0.9 テルツェット 前有 内伸
4 黒	ロードカナロア 牡7 ダイアトニック トゥハーモニー 鹿毛 (サンデーサイレンス) 酒井牧場 0-0-0-1 11650万	岩田康誠 1-0-0-3 57.0 安田隆行 栗東 シルクレー 中17週	13	3走前 86 ③③ 速い 前残 M 内伸	4走前 86 ⑦⑨⑨ 速い 前崩 H 内伸	2022.06.05 3東京2 オープン(G1) 14 芝1600 良 6枠 82 ③③ 1.33.0 12番 S 34.1 18ト17人 478 着差 0.7 岩田康誠 58.0 速い 上り 注 0.8 ソングライン 前有 内伸 道中掛かり気味、やや距離ロスあり	2022.03.27 2中京6 オープン(G1) 14 芝1200 重 7枠 81 ⑱⑱ 1.08.9 14番 H 34 18ト6人 474 着差 0.6 岩田康誠 57.0 フラ 前崩 0.2 ナランフレグ 前有 内伸 出遅れ
5 赤	ヨハネスブルグ 牝6 エイティーンガール センターグランタス 青鹿毛 (アグネスタキオン) 庄野牧場 0-0-0-3 8000万	秋山真一 1-0-0-4 55.0 飯田祐史 栗東 中山泰志 中5週	8	2走前 88 ⑰⑰ フラ 前崩 H 内伸	8走前 88 ⑯⑰ 遅い 前残 H 内伸	2022.08.28 2札幌6 オープン(G3) 6 芝1200 良 7枠 85 ⑮⑮ 1.09.6 14番 S 34.3 15ト5人 454 着差 0.5 武豊 55.0 フラ 上り △ 0.6 ヴェントヴォーチェ 前有 内伸 出遅れ、距離ロス、直線前壁	2022.03.27 2中京6 オープン(G1) 8 芝1200 重 6枠 88 ⑰⑰ 1.08.6 12番 H 33.8 18ト15人 456 着差 0.3 秋山真一 55.0 フラ 前崩 注 0.6 ナランフレグ 前有 内伸 やや出遅れ、直線前壁
6 赤	ゴールドアリュール 牡6 ナランフレグ ケリーズビューティ 栗毛 (ブライアンズタイム) 坂戸節子 0-1-0-3 12950万	丸田恭介 4-5-3-10 57.0 宗像義忠 美浦 村木克成 中17週	8	3走前 88 ⑬⑬ 速い 前残 M 内伸	2走前 88 ⑮⑭ フラ 前崩 H 内伸	2022.06.05 3東京2 オープン(G1) 9 芝1600 良 8枠 85 ⑮⑬ 1.32.7 18番 S 33.1 18ト12人 490 着差 0.4 丸田恭介 58.0 速い 上り 注 0.8 ソングライン 前有 内伸 やや出遅れ、直線キレ負け	2022.03.27 2中京6 オープン(G1) 1 芝1200 重 1枠 88 ⑮⑭ 1.08.3 2番 H 33.9 18ト8人 486 着差 0 丸田恭介 57.0 フラ 前崩 0.3 ロータスランド 前有 内伸 やや出遅れ、直線やや進路狭くなる
7 青	アイルハヴアナザー 牡3 ウインマーベル コスモマーベラス 栗毛 (フジキセキ) コスモヴューファーム 0-0-0-0 5050万	松山弘平 1-1-0-0 55.0 深山雅史 美浦 ウイン 中5週	13	2走前 86 ⑧⑧ 速い 前崩 H 内伸	1走前 83 ⑤② フラ 上り S 内伸	2022.08.28 2札幌6 オープン(G3) 2 芝1200 良 3枠 84 ⑤② 1.09.2 5番 S 34.5 15ト2人 468 着差 0.1 松山弘平 54.0 フラ 上り 注 0.1 ヴェントヴォーチェ 前有 内伸 直線やや斜行する	2022.05.28 3中京7 オープン(G3) 1 芝1200 良 4枠 84 ⑧⑧ 1.08.2 7番 H 34.4 17ト1人 464 着差 −0.4 松山弘平 57.0 速い 前崩 0.4 コムストックロード 前有 内伸 前崩れの展開向いた、やや距離ロス
8 青	ロードカナロア 牡6 ファストフォース ラッシュライフ 黒鹿毛 (サクラバクシンオー) 三嶋牧場 0-0-0-2 5250万	団野大成 0-1-0-0 57.0 西村真幸 栗東 安原浩司 中3週	8	4走前 88 ⑤⑤ フラ 前崩 H 内伸	1走前 87 ②② 速い 前残 H 内伸	2022.09.11 5中京2 オープン(G2) 2 芝1200 良 8枠 88 ②② 1.06.6 12番 H 34 13ト6人 522 着差 0.4 団野大成 56.0 速い 前残 △ 0.2 メイケイエール 前有 内伸 ハイペース先行粘る	2022.08.21 4小倉4 オープン(G3) 10 芝1200 良 7枠 76 ④⑤ 1.07.5 13番 M 34.3 18ト8人 510 着差 0.6 松山弘平 56.0 速い 前残 注 ボンボヤージ 前有 内伸 距離ロスあり
9 黄	ミッキーアイル 牝3 ナムラクレア サンクイーン2 青鹿毛 (Storm Cat) 谷川牧場 0-0-0-0 5900万	浜中俊 2-2-2-1 53.0 長谷川浩 栗東 奈村睦弘 中6週	3	4走前 94 ⑨⑨ 速い 前崩 H 内伸	2走前 89 ③③ 速い 前崩 H 内伸	2022.08.21 4小倉4 オープン(G3) 3 芝1200 良 8枠 89 ⑩⑧ 1.07.1 16番 M 33.6 18ト1人 470 着差 0.2 浜中俊 53.0 速い 前残 ▲ 0.9 ボンボヤージ 前有 内伸 直線前壁、進路狭い、やや脚余す	2022.06.12 1函館2 オープン(G3) 1 芝1200 良 4枠 92 ③③ 1.07.2 7番 H 34.1 16ト1人 462 着差 −0.4 浜中俊 50.0 速い 前崩 0.4 ジュビリーヘッド 前有 内伸 ハイペース先行押し切る、やや距離ロス
10 黄	タートルボウル 牡5 タイセイビジョン ソムニア 栗毛 (スペシャルウィーク) ノーザンファーム 0-1-0-1 8600万	福永祐一 0-0-0-0 57.0 西村真幸 栗東 田中成奉 中6週	6	3走前 91 ⑪⑪ 速い 前崩 M 内伸	11走前 88 ③③③ 速い 前残 S 内伸	2022.08.21 4小倉4 オープン(G3) 2 芝1200 良 2枠 82 ⑬⑬ 1.07.1 3番 M 33.3 18ト3人 476 着差 0.2 川田将雅 57.0 速い 前残 0.2 ボンボヤージ 前有 内伸 出遅れ、直線うまく前が開いた	2022.07.03 3小倉2 オープン(G3) 2 芝1200 良 4枠 84 ⑭⑫ 1.06.4 8番 H 33.5 17ト3人 478 着差 0.6 川田将雅 57.0 速い 前残 0.2 テイエムスパーダ 前有 内伸

レースチェックで馬の特性をつかむ!

●2022年9月24日・中京12R(2勝クラス、ダ1800m稍重)

◎キュールエフウジン　2番人気1着

レース映像をチェックすると、競走馬の個性・適性が見えてくることあります。チェックする項目はたくさんあるのですが、誰にでもわかりやすく、しかも馬券につながりやすいのが、**「馬が嫌がる仕草」**です。道中で、口を割る、顔を上げる、急に失速する、折り合いを欠く……といった仕草を見せたとき、馬は何かを嫌がっていることが多い。いったい何に嫌がっていたのかがわかれば、その馬の弱点もわかります。

あとは、弱点を克服できそうなレースで狙い、弱点が露呈しそうなレースで切ればいい。映像をチェックするといっても、何を見ればいいかわからないという方は、まず馬が嫌がる仕草に注目するのもひとつの手です。

まれに、道中で散々嫌がる姿を見せたのに、それでも勝ってしまうような馬がいます。この手の馬は相当に強いことがある。2022年秋に2勝クラスのレースに出走したキュールエフウジンも、過去のレース内容から能力の高さが想像できる馬でした。

キュールエフウジンは22年1月にデビューして2走連続で10着、3走目に金沢の交流レースで未勝利クラスを勝ち上がります。ご存知の通り、地方交流戦は出走馬のレベルが低いので、ここを勝っても1勝クラスではまったく通用しない馬がたくさんいます。実際、同馬が出走した6月19日の函館1勝クラスでも6番人気の低評価でした。

しかし、キュールエフウジンはここで驚異的なレースを見せます。ダート1700mのレースで、スタートを決めて楽に2番手につけ、そのまま外目を先行する形で1コーナーに突入していきます。小回り函館のセオリー通りの競馬です。

ところが、向正面で他馬に外をマクられた後、突如として口を割って、走るのを嫌がる仕草を見せます。他馬に被せられたり、砂を被るのが苦手なようです。

3コーナー手前から鞍上の斎藤新騎手は追い通し。しかし馬はまったく伸びていきません。4コーナーの出口でも前の馬を気にしてブレーキをして、位置をさらに下げました。通常なら、馬がこんな状態になれば大敗します。

しかし斎藤騎手が諦めずに追い続けていると、前にも左横に他馬がいなくなった残り200mで、突如としてエンジンが点火。前にいた6頭を一気に抜き去り1着でゴールイン。

これでもか！　というくらいに道中で他馬を嫌がる仕草を出す、大敗が当たり前のレース内容だったのに、差し切り勝ち。ラスト3ハロンのラップタイムは「12秒5－12秒5－12秒7」なので、前の馬が

黄5	桃10
シニスターミニスター	ホッコータルマエ
ブラッティーキッド	キュールエフウジン
デザートレジーナ	キュールエアリス
栗 57 牡4	黒 54 牡3
水口	斎藤
中尾秀	中尾秀
900	900
2208	855
山上和良	岡本良三
高橋F	木下牧場
1	3
1326	1000
0000	0000
1111	1000
姫路 1月18日 ④ 4歳上 1 C1 ダ1382 56 吉村智 504B 人気1 ラヴィズボイス 1390 0.8	1中京 1月8日 ② 3歳 10 新馬 ダ1155 56 団野 486 人気11 カネトシブルー 1134 2.1
姫路 2月17日 ⑥ 4歳上 1 C1 ダ1377 57 吉村智 503B 人気1 メイショウアカ 1378 0.1	1中京 1月23日 ⑧ 3歳 10 未勝 ダ1291 56 和田竜 482 人気11 パンドールロゼ 1273 1.8
園田 3月16日 ② 4歳上 1 B2 ダ1313 56 吉村智 503B 人気1 フレーヴォ 1317 0.4	金沢 4月5日 ② 1 ダ1351 56 中島龍 488 人気3 タイガークリス 1363 1.2
1函 6月18日 ③ 3歳上 1 1勝 ダ1440 57 水口 502B 人気5 アウグスト 1446 0.6	1函 6月19日 ④ 3歳上 1 1勝 ダ1460 54 斎藤 484 人気6 トミケンベレム 1461 0.1

●2022年7月3日・函館10R竜飛岬特別（2勝クラス、ダ1700m稍重）。1着⑤ブラッティーキッド（1分44秒1）、3着⑩キュールエフウジン（1分44秒2）と、差はコンマ1秒。ブラッティーはその約1カ月後のGⅢエルムSで、勝ち馬から0秒2差4着だった。

バテたのではなく、最後まで伸びた先行馬を差し切っているといえます。

これは相当に能力が高いと想像できます。それと同時に、かなり気性的に難しく、特に包まれると位置を下げる弱点があることもわかりました。このあたりの一連の動きは、JRAのレースVTRで確認してもらうと理解できるはずです。


次走の7月3日函館10R竜飛崎特別（2勝クラス）は、10頭立ての⑩番ゲート。砂や他馬を嫌がって位置を下げたキュールエフウジンにとって、理想的な頭数と枠順だといえます（左の馬柱）。

ところが、3コーナー手前で外から被されて少しブレーキしながらの追走になり、3～4コーナーでも馬群の中を突く展開になりました。最後の直線は鋭く伸びてきたのですが、道中で気の悪さを出したためにコンマ1秒差の3着。

直線での脚色から判断すると、完全に脚を余しており、斎藤騎手の仕掛けが遅かったレースです。3コーナー手前で外から被される前に外目を仕掛けていけば、勝っていたレースだと私は見ました。

この竜飛崎特別を勝ったブラッティーキッドは、7月24日報知杯大雪H（3勝クラス）も連勝。さらに8月3日のエルムS（GⅢ）で、コンマ2秒差の4着に入線します。まともに走ればブラッティーキッドに勝っていたであろうキュールエフウジンには、重賞クラスでも好走できる能力があると予想できます。

さらにキュールエフウジンは8月21日札幌10Rの大通公園特別でも、終始包まれて他馬と砂を嫌がり、力を出せずに6着に敗れます。包まれるリスクがある③番ゲートだったので、大きく勝負はしていませんでしたが、チーム真田の馬券は外れました。

馬の特徴を考えて、スタートからいったん下げるなどの工夫をすれば勝てるのに、3走連続でまたがっていた斎藤騎手はいったい何を考えて乗っていたのか、聞いてみたい気分でした。

【キュールエフウジンの特性】
・外から被せられたり、砂を被る競馬は苦手
・能力自体はダートの重賞級

勝負条件①適性に合ったコース
勝負条件③適性に合った枠順
勝負条件⑤過去に実力馬と遜色のないレースをしている

高い能力を持ちながらも、乗り難しさが出て2勝クラスの特別戦で2連敗したキュールエフウジンが次に出走したのが、9月24日中京12R2勝クラスの平場戦です。

他馬を嫌がるキュールエフウジンにとって、小回りの北海道よりも、広々として直線が長い中京へのコース替わりはプラスです。枠番も13頭立ての⑫番ゲートなので、ジョッキーが意識すれば包まれないレースが可能です。

「勝負条件①適性に合ったコース」や「勝負条件③適性に合った枠順」の両方を満たしています。

重賞4着のブラッティーキッドと勝ち負けをしているので「勝負条件⑤過去に実力馬と遜色のないレースをしている」にも合致します。過去のレース内容を精査すれば、まともに走れば2勝クラスは勝て

ることも想像できます。

勝負条件⑨能力上位

勝負条件⑩鞍上強化

先にふれているように、キュールエフウジンの「能力上位」は明らかでしょう。

問題はジョッキーですが、斎藤騎手から吉田隼人騎手へ乗り替わりました。

吉田隼騎手にも道中で脚をためることにやや無頓着なところがありますが、2走連続でポカをしている斎藤騎手よりはキャリアもあるのでマシです。この乗り替わりが勝負を後押ししてくれます。

一般的に鞍上強化というと、勝利数が少ない騎手から勝利数が多い騎手への乗り替わりのことをいい

中京 12R 発馬 16.10 三歳以上2勝クラス (混)(指)・定量

	白1 ①	黒2 ②	赤3 ③	青4 ④	青4 ⑤
馬名	ダンツチョイス	オノリス	デルマラピスラズリ	(地)フェブタイズ	ラフリッグフェル
父	ヘニーヒューズ	トーセンホマレボシ(中)	ストロングリターン	カジノドライヴ(中)	ゴールドアリュール(中)
母	アンティークカラー 3勝(マ)	フェリスタス 未勝	デルマアマノジャク 未勝	ヒシマンハッタン 公(マ)	アンプルサイド 公
毛色・斤量	栗 52 牝7	黒鹿 57 牡7	鹿 54 牡5	鹿 57 牡6	栗 55 牝5
騎手	替▲角田河	鮫島駿	替▲鷲頭	替中井	替藤岡佑
厩舎	本田	吉田	小野次	川村	寺島
賞金	900	900	900	960	900
総賞金	6900	7122	2630	2278	4079
馬主名	山元哲二	キャロットF	浅沼廣幸	釘田義広	社台RH
牧場名	天羽牧場	ノーザンF	ファニーヒルF	中村雅明	社台F
持木	◎	注	…	…	△
広田	△	◎	…	…	△
加茂	…	▲	…	…	△
市場	注	▲	…	…	◎
田崎	…	○	△	△	…
本紙須藤	△	○	東	B	△
ダ1400	新ダ1259⑤	京ダ1572❸	東ダ1268⑩	名ダ1296③	新ダ1243③
ダ1600	東ダ1375④	東ダ1364❸	東ダ1363❼	大ダ1419①	東ダ1370❶
ダ1700	札ダ1454❸	小ダ1446❿	札ダ1463④	小ダ1437❹	函ダ1464②
ダ1800	東ダ1515⑥	京ダ1499❸	新ダ1527❸	京ダ1514❼	京ダ1521②
上り最高	大ダ35.9②	大ダ35.8③	千ダ35.7⑪	大ダ36.5⑤	大ダ36.8①
騎乗成績	初騎乗	0 1 0 0	初騎乗	初騎乗	1 2 0 5
クラス実績	0 5 4 19	0 4 6 15	0 0 1 10	0 1 0 12	0 1 1 8
当該条件	0 3 1 4	0 1 1 1	0 0 0 1	初コース	0 0 1 0
前走4	2中京 3月19日 ③ 9 2勝 8ト16頭 ダ1529 53 横山典 S ⑧⑧⑧ 462 人気6 中位まま 5¾ 384中376 フラーレン 1518 1.1	2阪 4月10日 ⑥ 7 2勝 12ト13頭 ダ1538 57 吉田隼 S ⑫⑬⑪ 524 人気9 前塞る 2½ 398中376 メイショウミカ 1533 0.5	1中 1月15日 ⑤ 9 2勝 8ト15頭 ダ1554 57 菅原隆 M ⑫⑬⑫ 520 人気9 後直だけ 9¾ 387外392 ホウオウルバン 1537 1.7	3小 7月9日 ❸ 4 2勝 5ト12頭 ダ1437 57 松山 S ②②② 522 人気8 先行一息 6¼ 356中376 アラジンバロー 1427 1.0	1阪 2月13日 ② 5 2勝 4ト16頭 ダ1253 51 古川奈 H ⑩⑩⑨ 436 人気9 中位差詰 3½ 357中376 ワンダーイチョ 1247 0.6
前走3	1新 5月8日 ② 2 牛ビ2勝 8ト14頭 ダ1525 55 荻野極 M ⑩⑩⑤ 468 人気3 後方伸 クビ 375外374 カナリキケン 1524 0.1	3中京 5月29日 ⑧ 2 2勝 3ト9頭 ダ1594 57 坂井 S ③③③ 518 人気5 好位伸 2½ 392内361 ゲンパチハマジ 1590 0.4	2中 3月5日 ③ 5 2勝 12ト14頭 ダ1554 57 菊沢 M ④⑦⑤ 526 人気7 中位まま 7¾ 373中393 トラモント 1541 1.3	3小 7月24日 ⑧ 12 2勝 5ト16頭 ダ1465 57 岩田望 M ⑤⑥⑦ 516 人気13 中位一杯 11身 367内393 レガーメペスカ 1445 2.0	2阪 4月3日 ④ 10 2勝 9ト16頭 ダ1263 51 古川奈 S ⑭⑬⑫ 442 人気9 外々回る 11身 368外371 エイシンギアフ 1244 1.9
前走2	3東 6月5日 ② 4 牛ビ2勝 6ト10頭 ダ1375 55 丸山 S ④④④ 462 人気5 中位差詰 5身 371中360 アイリッシュム 1367 0.8	3阪 6月19日 ② 5 2勝 10ト10頭 ダ1538 57 坂井 S ⑧⑦⑦ 514 人気3 S後開く 8¾ 398中379 ピュアジャッジ 1522 1.6	3中 3月26日 ① 13 2勝 6ト16頭 ダ1561 57 横山和 M ⑮⑨⑦ 520 人気10 追上一杯 16½ 393外401 シュルードアイ 1534 2.7	4小 8月14日 ② 13 2勝 3ト15頭 ダ1470 57 松山 M ⑦⑪⑪ 510 人気14 中位一杯 12¾ 363内397 ヴァレーデクル 1448 2.2	1新 5月8日 ② 5 牛ビ2勝 4ト14頭 ダ1534 55 岩田康 M ③⑥⑦ 442 人気5 好位一息 5¾ 365中387 カナリキケン 1524 1.0
前走1	3小 7月17日 ⑥ 3 牛ビ2勝 14ト14頭 ダ1457 55 藤岡康 M ⑩⑨⑩ 464 人気4 中位伸 3¼ 381中374 シゲー 1452 0.5	5中京 9月10日 ❶ 2 2勝 3ト13頭 ダ1507 57 鮫島駿 S ⑦④④ 514 人気3 中位伸 7身 378外369 メイショウユズ 1496 1.1	1札 8月6日 ⑤ 10 2勝 4ト14頭 ダ1471 54 勝浦 M ⑪⑬⑬ 518 人気14 後方まま 8¾ 375外382 ナレスコジョケ 1456 1.5	4小 9月3日 ❼ 2勝 4ト16頭 ダ 落馬 57 松本 S 506B 人気16 スタート直後躓く ヒロノシュン 1440	1札 7月31日 ④ 5 牛ビ2勝 8ト12頭 ダ1465 55 吉田隼 M ⑧⑧⑥ 442 人気4 出遅る 1½ 373中382 クインズバジル 1462 0.3

170 111 56藤岡佑

中京12R 枠番連勝

組番	オッズ
1-1	—
1-2	26.9
1-3	☆
1-4	48.8
1-5	☆
1-6	20.8
1-7	27.9
1-8	32.3
2-2	—
2-3	91.7
2-4	16.8
2-5	46.2
2-6	7.1
2-7	9.6
2-8	11.1
3-3	—
3-4	☆
3-5	☆
3-6	71.1
3-7	95.1
3-8	☆
4-4	☆
4-5	83.7
4-6	13.0
4-7	17.4
4-8	20.2
5-5	☆
5-6	35.7
5-7	47.9
5-8	55.5
6-6	21.2
6-7	7.4
6-8	8.6
7-7	79.4
7-8	11.5
8-8	☆
軸馬	8
単穴	12
連	10 2 1

●2022年９月24日・中京12R（２勝クラス、ダ1800m・稍重）

1着⑫キュールエフウジン
（2番人気）
2着⑪クリノナイスガイ
（4番人気）
3着⑧メイショウジブリ
（1番人気）
単⑫290円
複⑫140円
⑪170円
⑧130円
馬連⑪－⑫1420円
馬単⑫→⑪2210円
3連複⑧⑪⑫1610円
3連単⑫→⑪→⑧9840円

馬番	13	12	11	10	9	8	7	6
枠	8	8	7	7	6	6	5	5
父	[illegible]	ホッコータルマエ	カジノドライヴ	ルーラーシップ	ルーラーシップ	キズナ	トーセンジョーダン	キズナ
馬名	ダイヤレイジング	キュールエフウジン	クリノナイスガイ	ユースフルラヴ	ブラビオ	メイショウジブリ	アヴァニイ	ジロー
母	ハーリカ 2勝	キュールエアリス	[illegible]	ユアメモリー 1勝	ゴールデンブライズ 2勝	メイショウフェーヴ	ヒアーズトウショウ 未勝	オッティマルーチェ 2勝
毛色・斤量・性齢	栗 51 牝6	黒鹿 54 牡3	栗 57 騸5	黒鹿 55 牝5	黒鹿 53 牡4	黒鹿 54 牡3	栗 53 牝5	鹿 57 牡5
騎手	★永島	吉田隼	和田竜	酒井	★今村	武豊	△松本	水口
調教師	小嶋	中尾秀	橋田	辻	寺島	南井	加藤征	岡田
賞金	900	900	900	900	900	900	900	900
総賞金	3893	1235	2080	1962	1657	2000	1826	3558
馬主	三浦勝仁	岡本良三	坂本博晴	吉田晴哉	カナヤマHD	松本好雄	K. S. ヤップ	エムズR
生産者	浜本牧場	木下牧場	ダイヤモンドF	追分F	川越F	富田牧場	ノーザンF	社台F
予想印	△	△ 注 注 △ ◎ 注	○ ○ ◎ ○ ▲ ▲	△ △ B△東	△ △ △ △ △	▲ ▲ ○ △ 注 ◎	東	△ △
持ち時計	京ダ1238 / 大ダ2038 / 小ダ1460 / 中京ダ1546	京ダ1291⑩ / [illegible] / [illegible]③ / [illegible]①	[illegible]	阪ダ1259⑩ / 中芝1361⑤ / 大ダ2020⑦ / 新ダ1523⑬	大ダ1582③ / 函ダ2388⑪ / 小ダ1480① / 新ダ1530⑫	大芝1486③ / [illegible]	新芝2075⑫ / 東ダ1388① / 三ダ2148⑫ / 中京ダ1518⑯	大ダ1599③ / 中ダ2069⑤ / 小ダ1456⑨ / 中京ダ1500⑤
上がり	36.4	36.0③	37.2	35.8④	37.5③	37.0①	36.7⑬	36.8①
騎手成績	初騎乗	初騎乗	0 0 1 0	0 0 0 2	1 0 0 0	2 0 1 0	初騎乗	初騎乗
距離成績	0 0 2 5	0 0 1 1	0 0 1 1	0 0 0 7	0 0 0 0	0 0 0 0	0 0 0 10	0 0 1 8
コース成績	0 0 0 1	初コース	0 0 1 1	0 0 1 4	初コース	初コース	0 0 0 2	0 0 0 5
前走4	3中京 5月8日 ② 4上 9 / 2勝 5ト9頭 / 大ダ2038 / 55 藤懸 / M②②⑤ / 466 人気6 / 先行バテ 15¼ / 376中419 / サステナブル / 2011 2.7	金沢 4月5日 ② 1 / 交流条件 1ト9頭 / 金ダ1351 / 56 中島龍 / H①①① / 488 人気3 / 逃楽勝 6身 / 381中387 / タイガークリス / 1363 1.2	1中京 1月16日 ⑥ 4上 4 / 1勝 3ト10頭 / 大ダ1549 / 57 岩田望 / S②②② / 464 人気4 / 先行一息 4¾ / 378中380 / ステイブルアス / 1541 0.8	1阪 2月13日 ② 4上 10 / 2勝 16ト16頭 / 阪ダ1259 / 55 酒井 / H⑭⑫⑫ / 440 人気15 / 後直だけ 7¼ / 359中379 / ワンダーイチョ / 1247 1.2	5新 10月24日 ⑥ 3上 12 / 1勝 1ト13頭 / 大ダ1530 / 52 松本 / S③③③ / 456 人気2 / 先行一杯 12¼ / 371内388 / アポロミラクル / 1510 2.0	5阪 11月14日 ④ 1 / 未勝 1ト11頭 / 大ダ1542 / 55 武豊 / M①①① / 486 人気1 / 逃楽勝 5身 / 377内389 / ヴァラーメダル / 1551 0.9	1東 1月29日 ① 4上 12 / 2勝 3ト16頭 / 三ダ2148 / 54 亀田 / S⑥⑦⑦ / 504 人気15 / 中位一杯 17¾ / 403外385 / ダノンラスター / 2118 3.0	4中京 6月4日 ① 8 / 2勝 6ト16頭 / 大ダ1532 / 54 松山 / S⑫⑫⑫ / 478 人気7 / 後直だけ 12½ / 391内378 / タイセイドレフ / 1511 2.1
前走3	3中京 5月15日 ④ 4上 5 / 牝2勝 2ト6頭 / 大ダ1546 / 55 藤懸 / S⑤⑤⑤ / 462 人気5 / 後方まま 9 / 398中374 / メガキャット / 1529 1.[illegible]	1函 6月19日 ④ 3上 1 / 1勝 8ト12頭 / 函ダ1460 / 54 斎藤 / S②⑥⑤ / 484 人気6 / 差返す クビ / 368中372 / トミケンベレム / 1461 0.1	1中京 2月5日 ⑪ 4上 1 / 1勝 12ト12頭 / 大ダ1547 / 57 岩田望 / M④②② / 466 人気3 / 好位差切 1身 / 377中393 / アメリカンビー / 1549 0.2	1新 5月15日 ④ 7 / 2勝 1ト15頭 / 大ダ1528 / 51 亀田 / S⑧⑨⑧ / 438B 人気13 / 中位まま 6½ / 368外378 / ショウナンマリ / 1517 1.1	2小 2月19日 ③ 4上 11 / 1勝 8ト11頭 / ダ2388 / 53 松本 / H①②⑦ / 466 人気5 / 逃バテ 大差 / 370内435 / ワセダハーツ / 2350 3.8	6阪 12月28日 ⑨ 7 / 1勝 1ト13頭 / 大ダ1550 / 55 鮫島駿 / S①①① / 488 人気3 / 逃一杯 8¼ / 375内398 / デリカダ / 1536 1.4	1新 5月8日 ② 12 / 牝2勝 14ト14頭 / 大ダ1548 / 55 秋山稔 / M⑭⑭⑬ / 504 人気14 / 後方まま 14½ / 390中388 / カナリキケン / 1524 2.4	3阪 6月25日 ③ 5 / 2勝 9ト16頭 / 中ダ2069 / 57 西村淳 / H⑥⑥⑤ / 480 人気12 / 中位差詰 7¼ / 365中396 / カフジオクタゴ / 2057 1.2
前走2	3小 7月17日 ⑥ 6 / 牝2勝 11ト14頭 / 小ダ1460 / 55 藤懸 / M⑤⑥⑦ / 472 人気1[illegible] / 好位一息 4½ / 369中380 / シゲー / 1452 0.8	1函 7月3日 ⑧ 3 / 2勝 10ト10頭 / 函ダ1442 / 54 斎藤 / S⑥⑥④ / 488 人気4 / G前競い ¾身 / 377中360 / ブラッディーキ / 1441 0.1	2新 8月6日 ③ 3上 13 / 2勝 13ト15頭 / 大ダ1573 / 57 岩田康 / H⑦⑦⑧ / 464 人気8 / 中位バテ 大差 / 363中436 / ソフトディール / 1527 4.6	4中京 6月11日 ③ 3上 4 / 牝2勝 7ト12頭 / 大ダ1530 / 55 酒井 / S③④② / 432B 人気11 / 好位一息 1¾ / 386内358 / ランスオブアー / 1527 0.3	1阪 3月13日 ⑩ 4上 1 / 1勝 10ト12頭 / 大ダ1543 / 53 今村 / M⑤⑤⑤ / 460 人気5 / 中位差切 1¾ / 388外387 / トーホウスザク / 1546 0.3	1小 1月16日 ② 4 / 1勝 10ト12頭 / 小ダ1470 / 55 泉谷 / M③④③ / 484 人気5 / 好位一息 3¼ / 365中389 / タイセイドレフ / 1465 0.5	2新 7月30日 ① 15 / 2勝 10ト15頭 / 大ダ1550 / 55 木幡巧 / M⑪⑬⑬ / 500 人気15 / 後方まま 大差 / 378中402 / ジャスパーグレ / 1514 3.6	3小 7月24日 ⑧ 9 / 2勝 12ト16頭 / 小ダ1456 / 57 西村淳 / M⑯⑮⑫ / 478 人気12 / 後方差詰 6身 / 382中376 / レガーメペスカ / 1445 1.1
前走	4小 9月3日 ❼ 13 / 2勝 1ト16頭 / 小ダ1460 / 55 藤懸 / S⑭⑭⑭ / 478 人気1[illegible] / 出遅響く 11½ / 389内37[illegible] / ヒロノシュン / 1440 2.[illegible]	2札 8月21日 ④ 6 / 2勝 3ト14頭 / 札ダ1455 / 54 斎藤 / M⑧⑦⑦ / 498 人気2 / 中位差詰 3身 / 370中373 / モズマゾク / 1450 0.5	5中京 9月10日 ❶ 3 / 2勝 10ト13頭 / 大ダ1508 / 57 和田竜 / S③③② / 468 人気5 / 先行粘る 7¼ / 374外372 / メイショウエズ / 1496 1.2	3新 9月4日 ⑧ 6 / 2勝 7ト15頭 / 大ダ1526 / 55 内田博 / S⑧⑧⑧ / 444B 人気12 / 中位差詰 4身 / 375中373 / タイセイスラッ / 1519 0.7	6ヵ月余 / 放牧 / 乗込み3週間 / 仕上り○ / 連対体重 / 460キロ / 3ヵ月以上休 / ①②③外 / 0 0 0 2	2札 8月27日 ⑤ 1 / 1勝 5ト14頭 / 札ダ1456 / 54 武豊 / M①①① / 500 人気1 / 逃切る ½身 / 363内376 / サムハンター / 1457 0.1	5中京 9月10日 ❶ 10 / 2勝 4ト13頭 / 大ダ1518 / 55 菅原明 / S⑬⑬⑬ / 488 人気12 / 後方まま 13½ / 390内367 / メイショウエズ / 1496 2.2	4小 9月3日 ❼ 15 / 2勝 2ト16頭 / 小ダ1476 / 57 今村 / S⑮⑮⑮ / 478 人気9 / 後方まま 大差 / 399中378 / ヒロノシュン / 1440 3.6

ますが、その馬の個性・特性に合った騎乗をしてくれるかどうかのほうが大切です。

陣営コメントを見ても、砂を嫌がることを理解しているようなので、乗り替わりの今回は、そのあたりを吉田隼騎手に言い含めてくれるでしょう。外枠から出て、そのまま真っすぐ進み、砂さえ被らなければいいのですから。

朝10時の時点でキュールエフウジンの単勝オッズが4倍あったので、心の中ではバンザイをして喜んでいました。2勝クラスでは間違いなく能力上位で、コースにも枠順にも恵まれて、鞍上も強化された今回は5割以上の確率で勝てるだろうと見込んでいたからです。

時間が進むにつれてオッズは下がっていき、最終的には2.9倍になってしまったのですが、勝率見込みが5割で、約3倍になるなら、十分に利益が獲得できるレースです。チーム真田は大勝負を仕掛けました。

やはり陣営は「砂を被らないレースをしてくれ」と吉田隼騎手にアドバイスをしていたようです。レースでは外枠から中団をキープした後、1コーナーでは砂を被らないようにするため、一番外を回しました。

その後も、外々を意識するレースで、4コーナーで外をマクり上がって3番手に浮上。直線で前を行く2頭をねじ伏せると、坂上からはリードを広げて3馬身半の差をつけて圧勝。力の違いを見せつけました。

レース後の吉田隼騎手のコメントにも、『まだ馬が若くて3角あたりで砂を被ると前から離されてしまいましたが、距離を測りながら運びました』（週刊競馬ブック22年10月2日号）とあり、今回は強く意識をしながらレースをしていたのがわかります。

しっかりと統計をとったわけではありませんが、砂を被ると嫌がる馬は、程度によりますが、約1～2割います。道中の馬の仕草に注目しながらレースをチェックしていれば、キュールエフウジンのような大勝負できる馬が見つかることがあります。

カネになるまで1年待ち…忍んで大勝！

●2022年7月10日・福島10R天の川S（3勝クラス、ダ1700m良）

◎ペイシャキュウ　4番人気2着

競走馬の能力や個性や適性がわかれば、あとは条件がピッタリ合う大勝負できるレースが来るまで、待つことになります。

狙える馬が見つかっても、ピッタリの条件のレースがなかなかやって来ずに、1年以上も待つケースもあります。2022年7月10日、福島10R天の川Sに出走していたペイシャキュウも、ある程度まとまった〝現金化〟に1年以上かかった馬です。

勝負条件⑨能力上位

2勝クラスで善戦を続けていたペイシャキュウに目付けをしたのは、天の川Sから9走前、21年6月

13日の桑園特別（2勝クラス）でした。

ペイシャキュウは、440キロ台の小柄な馬で、歩幅の小さなピッチ走法をしており、小回りコースが得意なタイプ。気性的に乗り難しく、砂を気にする弱点もあり、2勝クラスではなかなか勝ち切れませんでした。

しかし桑園特別では、善戦マンだったのがウソのような、目の覚める競馬をしました。

10頭立て⑨番ゲートに入ったペイシャキュウは、スムーズに中団の外目をキープ。向正面ではやや砂を被り、行き脚が鈍ったものの、3コーナー過ぎで大外に持ち出すと、そこから一気に加速。直線で独走状態に持ち込み、2着に5馬身差、3着に10馬身差をつけて圧勝したのです。

このレースの2着馬フルデプスリーダーは、次走で楽勝して3勝クラスに昇級、11月にはオープン入り。その後はオープン特別の常連として活躍し、この天の川Sより少し後の話ですが、エルムSを制し重賞ウイナーとなりました。

ペイシャキュウが格上挑戦で挑んだ8走前の21年6月27日の大沼Sでも、スワーヴアラミスとコンマ2秒差の3着に入線しました。スワーヴアラミスはマリーンSとエルムSを連勝し、22年には東海Sも

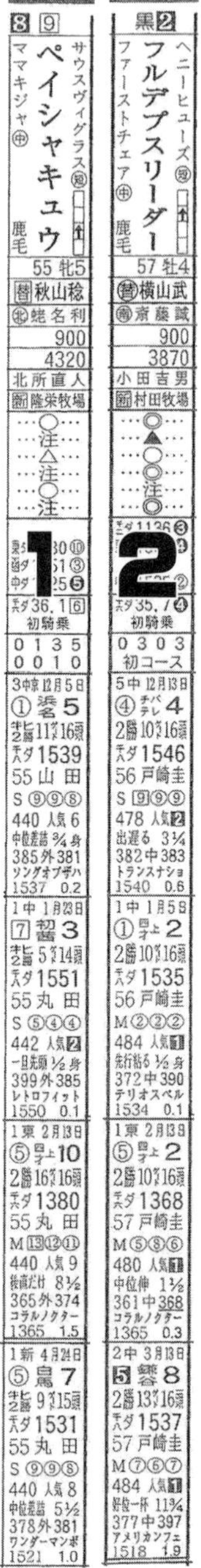

黒2	8 9
ヘニーヒューズ 短 / フルデプスリーダー / ファーストチェア 中 / 鹿毛	サウスヴィグラス 短 / ペイシャキュウ / ママキジャ 中 / 鹿毛
57 牡4	55 牝5
替 横山武	替 秋山稔
南 斎藤誠	北 蛯名利
900	900
3870	4320
小田吉男	北所直人
新 村田牧場	新 隆栄牧場
…◎… …▲… …○… …◎… …注… …◎…	…○… …注… …△… …注… …○… …注…
2	1
初騎乗	初騎乗
0 3 0 3 初コース	0 1 3 5 0 0 1 0
5中 12月13日 ④ チバテレ 4 / 2勝 10ト16頭 / 天ダ1546 / 56 戸崎圭 / S ⑨⑨⑨ / 478 人気2 / 出遅る 3¼ / 382中383 / トランスナショ / 1540 0.6	3中京 12月5日 ① 浜名 5 / 牝2勝 11ト16頭 / 天ダ1539 / 55 山田 / S ⑨⑨⑧ / 440 人気6 / 中位差詰 ¾身 / 385外381 / ソングオブザハ / 1537 0.2
1中 1月5日 ① 四上オ 2 / 2勝 10ト16頭 / 天ダ1535 / 56 戸崎圭 / M ②②② / 484 人気1 / 先行粘る ½身 / 372中390 / テリオスベル / 1534 0.1	1中 1月23日 ⑦ 習志 3 / 牝2勝 5ト14頭 / 天ダ1551 / 55 丸田 / S ⑤④④ / 442 人気2 / 一旦先頭 ½身 / 399外385 / レトロフィット / 1550 0.1
1東 2月13日 ⑤ 四上オ 2 / 2勝 10ト16頭 / 天ダ1368 / 57 戸崎圭 / M ⑤⑧⑥ / 480 人気1 / 中位伸 1½ / 361中368 / コラルノクター / 1365 0.3	1東 2月13日 ⑤ 四上オ 10 / 2勝 16ト16頭 / 天ダ1380 / 55 丸田 / M ⑬⑫⑪ / 440 人気9 / 後直だけ 8½ / 365外374 / コラルノクター / 1365 1.5
2中 3月13日 5 鎌ケ谷 8 / 2勝 13ト16頭 / 天ダ1537 / 57 戸崎圭 / M ⑦⑥⑦ / 484 人気1 / 好位一杯 11¾ / 377中397 / アメリカンフェ / 1518 1.9	1新 4月24日 ⑤ 鳥屋 7 / 牝2勝 9ト15頭 / 天ダ1531 / 55 丸田 / S ⑨⑨⑧ / 440 人気8 / 中位差詰 5½ / 378外381 / ワンダーマンボ / 1521 1.0

●2021年6月13日・札幌12R桑園特別（2勝クラス、ダ1700m良）。1着⑨ペイシャキュウ（3番人気）、②フルデプスリーダー（1番人気）。その着差は5馬身あり、ペイシャキュウは翌夏に重賞エルムSを勝つフルデプスリーダーに圧勝していたことになる。

勝ち重賞2勝目を挙げる馬です。

先のフルデプスリーダーや重賞2勝馬スワーヴアラミスと差のない競馬をしていた点から、ペイシャキュウは条件さえハマれば、3勝クラスでは『勝負条件⑨能力上位』だと考えることができます。

【ペイシャキュウの特性】
・ピッチ走法で小回りコースが得意
・砂を被る競馬が極端に苦手

ところが、ここから勝負レースにたどり着くまでが長かった。レース回顧も長くなりますが、私がどんなことを考えて「勝負・見送り」を決めているかがわかると思うので、少しおつき合いください。

●21年7月5日・函館11R UHB杯（ダ1700m）2番人気6着【見送り】

函館ダートのフルゲート14頭立ての④番ゲートで、砂を被るリスクがあるので見送り。秋山稔樹騎手はスタートから出していったものの、テンが速い外の馬に包まれて道中は中団。馬群の中で砂を被ってポジションを下げ、4コーナーではほぼ最後方。最後は内を伸びてくるものの6着。このメンバーと枠では見送りが正解。

●21年8月14日・札幌11R羊蹄山S（ダ1700m）3番人気4着【小勝負】

14頭立て⑪番ゲートと外枠に入ったので、小さく馬券を購入。道中は砂を被らず2~3番手の外を追走するレースができて直線で先頭に立ったが、騎手が折り合えずに道中で脚を使った分だけ、ゴール前で末脚が鈍って差し馬に屈する。

●21年9月26日・中山10R内房S（ダ1800m）6番人気7着【見送り】

中山の16頭立て⑥番ゲートでは、馬群の中での競馬になる公算が高く買えない。距離も1700mがベストなので狙いづらい。案の定、馬群の中で埋もれる競馬になって6着。

●21年11月13日・福島11R奥羽S（ダ1700m）1番人気5着【小勝負】

15頭立ての④番ゲート。砂を被る公算は高いが、鞍上の秋山稔騎手も、さすがにこの馬の特性を理解し始めたはず。中山ダート1800mから距離が短縮されるのもプラスで、相手関係も楽になったので小さく勝負。しかし4コーナーまで馬群の中での競馬になり、直線でようやく外に出して鋭く伸びるが5着。秋山稔騎手に期待した私が馬鹿だった……。

●22年1月5日・中山11R招福S（ダ1800m）3番人気3着【勝負】

待ちに待った10頭立ての少頭数レース。中枠の⑤番ゲートなので騎手のレース次第だが、鞍上が秋山稔騎手から丸田恭介騎手に乗り替わったのは大きなプラス。1コーナーでは馬群に包まれたが、向正面では前との馬の距離を取って、砂の影響を受けないレースをした。直線で外に持ち出すのに時間がかかった分だけ3着。勝負馬券は複勝200円が的中。

●22年1月23日・小倉11R豊前S（ダ1700m）7番人気12着【見送り】

14頭立て⑥番ゲート。前走よりも相手関係が強化され、しかも鞍上は秋山稔騎手にリターン。砂を被るリスクが高いため見送り。秋山稔騎手は砂を被らないように、スタートで出していき、外目の4番手を先行したのだが、ハイペースが災いして、向正面でマクられた瞬間に包まれたのを嫌がり失速して12

着に大敗。

●22年4月30日・福島11R東北S（ダ1700m）6番人気11着【見送り】

14頭立て③番ゲート。前走よりもさらに内枠に入ってしまったので見送り。秋山稔騎手は前走のハイペース失速を踏まえたのか、控える競馬を選択したのだが、馬群の中にいてはどうしようもない。砂を被って失速して11着に敗れる。

勝負条件③適性に合った枠順
勝負条件⑩鞍上強化
勝負条件⑪手薄なメンバー構成

ペイシャキュウに目付けをしてから7戦。このような感じで、勝負、小勝負、見送りでやり繰りしながら、雌伏していました。そしてついに、大勝負できるレースがやってきました。それが22年7月10日の天の川Sです。

入った枠は13頭立て⑬番ゲート。ペイシャキュウにとっては絶好の大外枠で、砂を被らずに、外目からレースができる公算大です。『勝負条件③適性に合った枠順』を、ついに引き当てたのです。

しかもこれまで下手乗りで敗戦を続けきた秋山稔騎手が降ろされて、鞍上が戸崎圭太騎手に乗り替わりました。実績もさることながら、戸崎騎手は馬の特徴を生かしたレースができるジョッキー。しかも折り合いをつけるのが上手なので、秋山稔騎手のように、外からの追走で引っかかるリスクも少ない。これ以上ないくらいの大幅な『勝負条件⑩鞍上強化』です。

ピッチ走法のペイシャキュウにとって、小回りの福島競馬場は『**勝負条件①適性に合ったコース**』。枠順と鞍上強化により『**勝負条件④近走の敗因の解消**』も期待できます。フルデプスリーダーやスワーヴアラミスとの対戦結果から、3勝クラスで『**勝負条件⑨能力上位**』なのは明らか。ここ2戦の二ケタ着順で『**勝負条件⑧期待値が高い**』も確保できています。

しかも相手関係もこれまでのレースよりもかなり楽でした。夏場の3勝クラスは、斤量利のある3歳馬の出走が少なく、強い4歳馬は過去1年の間にすでにオープン入りしているので、手薄なメンバーになりやすい。

天の川Sも多分に漏れず、前走で3勝クラスの掲示板に載った馬は2頭だけ。あとは昇級初戦が1頭、その他の馬は前走で掲示板を外していました。たくさんの勝負条件が重なっているうえに、『**勝負条件⑪手薄なメンバー構成**』

という勝負条件も加わりました。相手も絞れるのです。

これは大勝負レースです。netkeiba.comでも自信度を示す総合評価を【A】にしました。最大1万円までのシバリがあるnetkeiba.comで推奨したフォーカスは、次の通りです。

【単勝】⑬　2000円
【複勝】⑬　4000円
【馬連】④－⑬　1000円
⑦－⑬　1000円

⑫－⑬　５００円

【３連複】⑬－④⑦⑫－③④⑤⑥⑦⑩⑫　各１００円

単勝系ではなく複勝系に重きを置いた馬券を推奨したのは、ペイシャキュウに絶好の条件が揃ったとはいえ、それでも乗り難しい馬なので2、3着の取りこぼしもありえるから。また、ピッチ走法系の馬は、直線で切れ負けしたり、ペースや展開に左右されることが多いことを考慮してのものです。

レースは戸崎騎手が完璧に乗ってくれました。大外枠からスタートを決め、アメリカンファクトを行かせて、離れた2番手をキープ。この位置なら砂を被って嫌がる心配はありません。これまでは向正面でマクられて嫌気を出すことも多かった馬ですが、外目から他馬が接近してくると、早めに追い出して3～4コーナーの中間地点で先頭に立ちます。

早目に先頭に立った分だけ、ゴール直線で少し脚色が鈍り、エマージングロールの末脚に屈しましたが、しっかりと2着はキープ。公開予想が当たったことに加えて、私自身も複勝と複系の馬券でヘドが出るほど儲けることができました。

ペイシャキュウでの勝利は、**馬の特性を把握して、大勝負レースを待ち続けたこと**にあります。一般的な競馬ファンは、これができる人が少ない。レースを見て馬の特徴をつかんだと思っても、少し時間が経つとそれを忘れてしまう。ペイシャキュウのように二ケタ着順の凡走が続くと、すぐに見切ってしまう。

しかし、多くの競馬ファンがその馬の特性を忘れたときほど、期待値が確保できます。

また、待ちに待ったここ一番の大勝負レースがやってきたときには、通常時よりも文字通りにケタ違いのお金を賭けるのも大切です。

ペイシャキュウには小勝負で泣かされることもありましたが、天の川Sの的中一発で、小勝負の負けなど気にならないくらい、十分な利益を確保できました。

福島 10R WIN5② 発馬 15.10

天の川（あまのがわ）ステークス 混 指 三才上3勝クラス・定量

	白1 (1)	黒2 (2)	赤3 (3)	青4 (4)	4 (5)	5 (6)
馬名	サンライズセナ	グラスブルース	ショウナンマリオ	オンザライン	タマモパッション	ブライトンロック
父	カジノドライヴ(中)	シンボリクリスエス(米)	トビーズコーナー(米)	スクリーンヒーロー(長)	パイロ(米)	ストーミングホーム(英)
母・母実績	ビッグマリーン 1勝(マ)	グラスブロード 未勝(短)	アクアブルーハート 未勝(中)	ステラスターライト 1勝(マ)	チャームドリーム 3勝(短)	クイーンオブナプレス 英(英)
毛色・斤量	栗 57 牡7	鹿 57 牡8	黒 57 牡5	青鹿 57 牡4	鹿 55 牡5	黒 57 牡8
騎手	替 藤田菜	替 木幡巧	替 Mデムーロ	菅原明	津村	替 丸田
厩舎	栗 平田	美 牧	美 加藤士	美 大和田	栗 大橋	美 嘉藤
賞金	1500	1300	1500	1500	1500	1200
総賞金	6482	6777	8130	5110	4645	11,858
馬主名	松岡隆雄	半沢	湘南	久保田定	タマモ	坂巻勝彦
牧場名	日 下河辺牧場	ひ 静内フジカワ牧場	浦 高昭牧場	千 社台F	新 守矢牧場	日 ダーレージャパンF
佐藤直	…	…	△	▲	△	△
小野智	…	…	△	○	△	△
久光	△	△	▲	○	△	…
西田	…	△	△	○	注	△
中田	△	…	…	◎	注	△
本紙武井	B…西	B△	△	◎	△西	注
ダ1400	東ダ1247⑫	東ダ1261②	[illegible]❼	三ダ2116③	京ダ1293⑧	東ダ1249⑧
ダ1600	福ダ1583⑤	東ダ1358❼	[illegible]❷	東ダ1365②	東ダ1368⑪	東ダ1360❻
ダ1700	小ダ1433❿	札ダ1435❾	[illegible]❸	函ダ1461②	小ダ1444❹	中ダ1582⑤
ダ1800	中京ダ1509❶	中ダ1520❸	[illegible]②	中ダ1525②	中京ダ1504❷	京ダ1494❼
上り最高	ダ35.1⑫	ダ35.3❻	ダ36.1❷	ダ35.6②	ダ36.6①	ダ35.1❺
騎乗成績	0 0 0 1	2 1 2 12	初騎乗	0 1 0 0	0 0 0 1	初騎乗
クラス実績	0 1 1 18	0 1 3 12	0 0 0 0	0 2 0 1	0 0 0 1	1 2 7 19
当該条件	初コース	1 0 1 2	0 1 1 1	0 1 0 0	初コース	初コース
前走4	5中 12月26日 ⑧ フェアウ 11 3勝 9ト16頭 千二ダ1116 57 鮫島良 H ⑮⑮⑮ 490B 人気13 後方まま 6¾ 351外365 ショウナンアニ 1106 1.0	5中 12月5日 ② 市川 13 3勝 15ト16頭 千八ダ1539 54 吉田豊 M ⑭⑫⑭ 522B 人気7 出遅る 11¼ 386外391 ブランクチェッ 1519 2.0	2小 2月12日 ① 和布刈 3 2勝 8ト13頭 千七ダ1467 57 横山和 H ⑩⑧④ 496 人気6 漸進伸 ¾身 383内389 ギブミーラブ 1466 0.1	1中 1月5日 ① 四才上 1 2勝 12ト16頭 千八ダ1540 56 横山武 S ④③③ 460 人気3 好位差切 クビ 393中379 トラモント 1540 0.0	5中京 9月18日 ③ 三才上 2 牛七1勝 3ト14頭 千八ダ1504 55 幸 M ⑨⑥⑤ 500 人気5 漸進伸 3½ 369内370 エイカイステラ 1499 0.5	1中 1月5日 ① 招福 5 3勝 9ト10頭 千八ダ1542 57 菅原明 H ⑨⑧⑥ 474 人気7 後方追上 1¼ 390中393 ヴィーダ 1540 0.2
前走3	1阪 3月5日 ⑦ 摂津 10 3勝 6ト16頭 千二ダ1124 57 富田 M ⑮⑯⑯ 494B 人気16 後直だけ 7身 366中358 ボイラーハウス 1112 1.2	5中 12月19日 ⑥ 北総 9 3勝 9ト14頭 千八ダ1531 57 酒井 S ⑪⑪⑪ 520B 人気11 後方差詰 12身 382中384 ホールシバン 1511 2.0	2小 2月26日 ⑤ 早鞆 9 2勝 14ト16頭 千七ダ1460 55 浜中 S ⑦④④ 500 人気4 中位一杯 5身 371中380 リキサントライ 1451 0.9	2中 3月5日 ③ 上総 4 3勝 8ト16頭 千八ダ1529 55 田辺 S ⑬⑥⑥ 462 人気4 伸一息 5身 376外378 ホウオウルバン 1521 0.8	5新 10月9日 ① 三才上 1 牛七1勝 8ト15頭 千八ダ1518 55 吉田隼 S ④④④ 506 人気1 楽抜出 6身 371外366 ジョイフルダン 1528 1.0	1阪 2月26日 ⑤ [illegible] 7 3勝 6ト16頭 千八ダ1539 57 松田 S ⑭⑭⑭ 468 人気10 後方差詰 5身 399内374 メイショウドヒ 1530 0.9
前走2	1福 4月16日 ❶ やまびこ 10 3勝 15ト16頭 ダ1087 53 藤田菜 M ⑯⑯⑯ 490B 人気13 後直だけ 5¾ 365中352 ミラーウォーカ 1076 1.1	3中 4月16日 ⑦ 下総 8 3勝 4ト12頭 千八ダ1539 57 木幡巧 S ⑦⑧⑧ 524B 人気10 中位一杯 11¾ 394中375 テリオスベル 1519 2.0	1福 4月23日 ③ 尾瀬 2 2勝 7ト15頭 千七ダ1458 55 西村淳 S ③⑤④ 492 人気3 好位伸 ¾身 369内371 ペイシャクェー 1457 0.1	3中 4月16日 ⑦ 下総 2 3勝 3ト12頭 千八ダ1525 57 横山武 S ③④④ 454 人気2 好位伸 3½ 386内367 テリオスベル 1519 0.6	5新 10月31日 ⑧ [illegible] 1 牛七2勝 8ト15頭 千八ダ1517 55 勝浦 M ⑦⑥⑤ 504 人気2 中位抜出 ½身 367中376 ピクシーメイデ 1518 0.1	2中京 3月27日 ❻ 鈴鹿 7 3勝 3ト16頭 千九ダ1586 55 勝浦 M ⑬⑬⑬ 468 人気12 後方差詰 8¾ 377内384 ペルセウスシチ 1571 1.5
前走	2東 5月15日 ⑧ BSイレ 12 3勝 1ト16頭 千四ダ1247 53 藤岡康 M ⑮⑯⑯ 490B 人気16 後方まま 10身 378外351 エイシンギアア 1229 1.8	2阪 4月24日 ⑩ 甲南 13 3勝 4ト15頭 二千ダ2064 53 酒井 S ⑥⑦⑨ 512B 人気13 中位一杯 12身 368内381 レザネフォール 2045 1.9	1新 5月15日 ④ 寺泊 1 2勝 3ト15頭 千八ダ1517 56 西村淳 S ⑤④③ 494 人気1 好位差切 クビ 365内373 ウォーロード 1518 0.1	2東 5月7日 ⑤ [illegible] 2 3勝 5ト16頭 千六ダ1365 57 菅原明 S ⑥⑦⑥ 452 人気7 中位伸 3身 365内356 サンライズウル 1360 0.5	3東 6月26日 ⑧ 甲州 11 3勝 5ト16頭 千六ダ1368 53 津村 M ⑥④④ 512 人気5 好位一杯 8¾ 357中375 メイショウマサ 1353 1.5	3ヵ月余 転厩放牧 乗込み4週間 仕上り○ 連対体重 438～470 3ヵ月以上休 ①②③外 1 0 1 1

280 184 キール 54戸崎圭

福島10R 枠番連勝

組	オッズ
1-1	—
1-2	☆
1-3	☆
1-4	42.4
1-5	56.3
1-6	☆
1-7	☆
1-8	65.6
2-2	—
2-3	☆
2-4	38.6
2-5	51.3
2-6	☆
2-7	☆
2-8	59.7
3-3	—
3-4	16.1
3-5	21.4
3-6	☆
3-7	☆
3-8	24.9
4-4	13.0
4-5	3.7
4-6	27.5
4-7	25.8
4-8	4.3
5-5	27.2
5-6	36.6
5-7	34.4
5-8	5.8
6-6	☆
6-7	☆
6-8	42.6
7-7	☆
7-8	40.1
8-8	18.5

軸馬 4
単穴 6
連 5 12 3

●2022年7月10日・福島10R天の川S（３勝クラス、ダ1700m・良）

1着⑦エマージングロール

（2番人気）

2着⑬ペイシャキュウ

（4番人気）

3着③ショウナンマリオ

（3番人気）

単⑦300円

複⑦150円

⑬200円

③190円

馬連⑦－⑬1650円

馬単⑦→⑬2410円

3連複③⑦⑬3090円

3連単⑦→⑬→③12950円

13 桃8	12	11 橙7	10	9 緑6	8	7 黄
サウスヴィグラス(短)	ジョーカプチーノ(マ)	ブラックタイド(中)	スペイツタウン(短)	ロジユニヴァース(中)	カレンブラックヒル(マ中)	ネオユニヴァース(中)
ペイシャキュウ	キタノリューオー	(地)リーピングリーズン	(外)アメリカンファクト	ロジティナ	タイガーサイレンス	エマージングロール
ママキジャ4勝(中)	モリトオウカ1勝(中)	ジョウノファミリー未出(中)	ミスアメリカバーティー米(中)	コヴェンティナ未勝(短)	プラティーヌ1勝(短)	フィーリングトーン1勝(中)
鹿 55 牝6	鹿 57 牡4	青鹿 55 牝6	栗 57 牡7	黒 57 牡7	青鹿 57 牡5	鹿 57 牡4
替戸崎圭	替三浦	替内田博	替池添	替永野	替田中勝	替田辺
美蛯名利	美萱野	美尾形和	美戸田	美新開	栗大橋	栗橋口慎
1500	1500	1140	1500	1500	1500	1500
7312	4307	5053	6845	4975	3065	3310
北所直人	北所直人	ノルマンディーTR	吉澤HD	久米田正明	伊藤和夫	吉田晴哉
新 隆栄牧場	ひ 見上牧場	日 三城ボクジョウ	アメリカ	新 新冠橋本牧場	日 門別敏朗	白 白老F
注 注 注 △ △ △	○ ▲ ◎ ▲ ○ ▲	 △ 	 B		△ 西	◎ ◎ △ ◎ ▲ ○ 西
2	千ダ1121① 東ダ1365① 東芝1363⑥ 中ダ1526③	阪ダ1254⑧ 盛ダ1376 1 福ダ1445 5 京ダ1518⑦	中京ダ1233 6 東ダ1381② 1180 4 中ダ1564②	2002⑪ 三ダ2114⑦ 1457 2 中ダ1511 2	中京ダ1240 10 1098③ 小ダ1438 7 1110③	1
36.1 6 初騎乗	35.5② 初騎乗	36.6⑧ 0 0 0 1	36.3 2 初騎乗	三ダ35.6① 初騎乗	千ダ35.6⑪ 初騎乗	37.2① 初騎乗
0 0 1 6 1 1 1 2	0 0 1 2 初コース	0 0 0 4 1 1 0 3	0 1 0 11 初コース	0 0 0 13 0 1 0 1	0 0 0 6 初コース	0 1 0 1 初コース
2福 11月13日 ③ 5 3勝 4ト15頭 ダ1453 55 秋山稔 M⑦⑦⑥ 444 人気1 中位差詰 2¼ 370中377 エクレアスパー 1449 0.4	1東 2月5日 ③ 1 2勝 4ト16頭 ダ1378 57 丸山 M⑥⑨⑧ 456 人気3 中位差切 クビ 359中368 アナンシエーシ 1379 0.1	1中京 1月22日 ⑦ 10 3勝 3ト10頭 ダ1556 55 岩田望 M⑤⑥⑥ 518 人気8 中位一杯 大差 383内402 クリノフラッシ 1522 3.4	5中 12月11日 3 アクアラ 8 3勝 16ト16頭 ダ1116 57 横山武 M②④⑤ 510B 人気3 好位一杯 7¾ 343中373 チェーンオブラ 1104 1.2	4新 9月4日 7 12 3勝 9ト15頭 ダ1521 57 内田博 M⑬⑮⑮ 538 人気15 後方まま 11¾ 375外386 フローリン 1501 2.0	5中京 9月26日 7 10 3勝 4ト16頭 ダ1240 54 柴山雄 M⑧⑦⑧ 456 人気5 中位一杯 9½ 346内378 レディバグ 1224 1.6	2札 8月29日 ⑥ 8 2勝 1ト14頭 ダ1474 54 横山武 M②②② 500 人気1 先行一杯 5¾ 358内394 ショウリノカン 1464 1.0
1中 1月5日 ① 3 3勝 5ト10頭 ダ1541 55 丸田 H⑥⑥④ 440 人気3 中位伸 ½身 380中395 ヴィーダ 1540 0.1	2中 3月5日 ③ 上総 3 3勝 7ト16頭 ダ1526 55 丸山 S⑮⑩⑦ 462 人気3 漸進伸 3身 380外372 ホウオウルバン 1521 0.5	1東 2月13日 6 12 3勝 3ト15頭 1494 55 石橋脩 S③③③ 514 人気15 好位一杯 4½ 378内351 メイサウザンア 1487 0.7	1東 2月6日 ④ 11 3勝 10ト16頭 ダ1259 57 菅原明 S⑦⑦⑦ 516B 人気6 中位一杯 7¾ 364外370 ニュートンテソ 1246 1.3	5東 11月20日 ⑤ 14 3勝 4ト16頭 三ダ2140 57 内田博 M③②③ 546 人気15 好位一杯 大差 375中411 キタノヴィジョ 2104 3.6	4阪 10月24日 ⑥ 16 3勝 2ト16頭 ダ1266 57 高倉 M④④⑥ 452 人気10 好位一杯 16身 353内388 ジュランビル 1240 2.6	4中 10月3日 9 三上オ 1 2勝 9ト16頭 ダ1524 55 横山武 H③②② 494 人気1 好位抜出 ¾身 361中385 トモジャリア 1525 0.1
1小 1月23日 ④ 12 3勝 6ト14頭 ダ1450 54 秋山稔 M④⑨⑬ 436 人気7 好位一杯 7身 367中383 ロッシュローブ 1437 1.3	2中 3月21日 8 韓国馬事 4 3勝 10ト16頭 ダ1531 57 丸山 S⑬⑬⑪ 460 人気3 後方追上 7½ 390外362 ウィリアムバロ 1518 1.3	1阪 3月12日 ⑨ 10 3勝 3ト16頭 外1467 52 斎藤 S①③③ 516 人気14 先行一杯 5¼ 349内350 ヤマニンサンバ 1458 0.9	2東 4月24日 2 8 3勝 2ト16頭 ダ1247 57 武豊 S①①① 516B 人気13 逃一杯 11¾ 354内375 レモンポップ 1228 1.9	1東 2月19日 7 13 3勝 3ト16頭 三ダ2126 57 菅原明 M④④6 542 人気16 直線不利 11¾ 374中377 パイシュラバナ 2106 2.0	1阪 2月19日 ③ 10 3勝 1ト16頭 ダ1250 54 秋山真 M⑦⑨⑧ 464 人気16 中位一杯 7身 352内376 アドマイヤルプ 1238 1.2	5中 12月19日 6 6 3勝 5ト14頭 ダ1524 56 横山武 S①①① 496 人気2 逃一杯 7¾ 370内388 ホールシバン 1511 1.3
1福 4月30日 ⑤ 東北 11 3勝 3ト14頭 ダ1453 55 秋山稔 S⑧⑨⑬ 436 人気6 包まれる 6身 370中371 キムケンドリー 1442 1.1	3東 6月12日 ④ 13 3勝 3ト15頭 ダ1373 57 木幡巧 M⑮⑬⑫ 462 人気2 発馬悪く 9身 374外366 ダノングリスタ 1359 1.4	1福 4月30日 ⑤ 東北 8 3勝 14ト14頭 ダ1449 55 泉谷 S⑫⑨⑪ 512 人気12 後方差詰 3¾ 373中366 キムケンドリー 1442 0.7	3中京 5月22日 ⑥ 13 3勝 9ト16頭 ダ1260 57 和田竜 H③③② 508B 人気14 先行一杯 11½ 338中404 イバル 1239 2.1	4ヵ月半 脚部不安放牧 乗込み2週間 仕上り○ 連対体重 528～550 3ヵ月以上休 ①②③外 0 1 0 4	3阪 6月26日 ④ 花のみち 10 3勝 15ト16頭 ダ1252 57 高倉 M②②② 460 人気16 先行一杯 4¼ 348中381 オーヴァーネク 1244 0.8	3阪 6月19日 ② オークラ 2 3勝 10ト16頭 ダ1518 57 松山 M④④③ 496 人気9 好位伸 1¼ 368中379 メイショウフン 1516 0.2

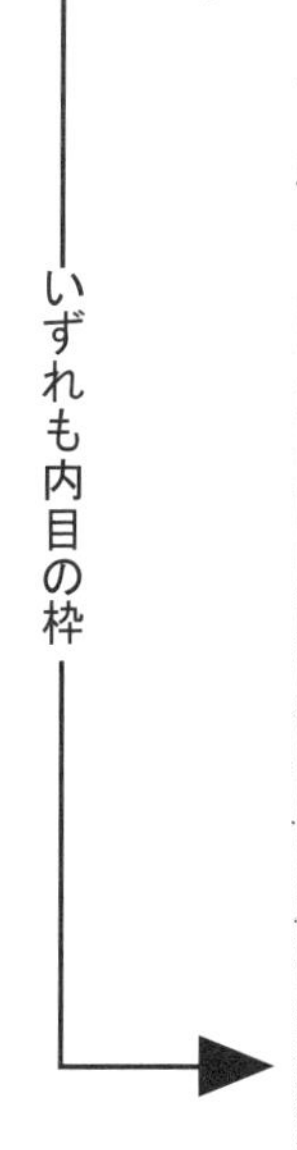

条件が揃っていても、不利には勝てず（涙）

●2022年5月29日・中京10R安土山S（リステッド、芝1400m良）

◎スマートリアン　5番人気1着

最初に断っておきますが、これは結果的には外れたレースです。どれだけ厳選しても、すべてが上手くいくわけではないのが競馬です。

この安土城Sで確勝級と見ていたのはスマートリアンです。かなりの自信があったので、私が主宰するオンラインサロン『馬券億り人のオンラインサロン』で火曜日に取り上げ、netkeiba.com でも木曜日に取り上げ、さらにレース当日には netkeiba.com で買い目を出し、チーム真田としても大勝負を仕掛けました。

【スマートリアンの特性】
- ・コンパクトさのある走り
- ・ワンペースさがあるので長い坂はプラス
- ・先行力はあるが、掛かる面もある

スマートリアンは2021年4月に3勝クラスを卒業してオープン入り。昇級初戦のオープン特別でいきなり2着に入線。次走でも連続の2着になり、オープンクラスでも十分やれる力があることを示しました。

●2021年9月12日・中山11R京成杯オータムH（GⅢ、芝1600m良）。1着②カテドラルから4着⑬スマートリアンまではクビ、1／2、ハナ差（0秒1以内）の大接戦だった。1〜3着は本文でふれているように重賞実績のある馬。また、5着には同年の東京新聞杯を制したカラテが入っている。

1 白 1	2	5 9	7 13
フランケル㋮中 グレナディアガーズ ウェイヴェルアベニュー㋮鹿毛	ハーツクライ㋮輸 カテドラル アビラ㋮中 鹿毛	ディープインパクト㋮輸 コントラチェック リッチダンサー㋮中 黒鹿	キズナ㋮輸 スマートリアン スマートオーシャン㋮鹿毛
56 +1 牡3	56 -1 牡5	55.5+0.5牝5	53 -2 牝4
川 田	替戸崎圭	替大 野	替三 浦
栗中内田	栗池添学	北藤沢和	栗石 橋
4650	5750	6500	2400
11,967	14,110	13,280	8225
サンデーR	キャロットF	キャロットF	大 川 徹
安ノーザンF	安ノーザンF	安ノーザンF	浦三嶋牧場
◎ ○ 注 ○ ○ ○ 西	△ … … △ △ △ 西	… △ … … … …	… … … … … … 西
3 ② ③	1 ① ① ② ②	2 ⑧ ⑮ ① ⑩	4 ⑧ ⑤ ①
34.3① 2 2 1 1	33.3② 初騎乗	33.8② 初騎乗	32.3① 0 1 0 0
1 1 1 0 初コース	2 4 1 10 0 1 0 0	3 0 0 9 2 1 0 0	0 3 1 2 初コース
6阪 12月20日 ⑥ 朝日FS 1 GⅠ 2ﾀﾄ16頭 芝外 1323 55川 田 M④③② 458 人気7 好位抜出 3/4身 347中345 ステラヴェロー 1324 0.1	1東 2月7日 ④ 東京新聞 2 GⅢ 4ﾀﾄ16頭 芝 1324 56田 辺 S⑪⑩⑩ 488 人気12 中位伸 アタマ 362内335 カラテ 1324 0.0	5中 12月6日 ② ラピスラ 10 L 4ﾀﾄ16頭 芝外 1093 56丸 山 H⑧⑨⑨ 478 人気2 内々回る 2身 339内354 アストラエンブ 1089 0.4	4京 10月17日 ❸ 清滝 1 2勝 5ﾀﾄ14頭 芝外 1497 53池 添 S④⑥④ 474 人気1 漸抜出 1/2身 371外349 リトミカメンテ 1498 0.1
2中京 3月20日 ③ ファルコ 2 GⅢ 4ﾀﾄ15頭 芝 1201 57川 田 M②②② 458 人気1 先行伸 アタマ 337中349 ルークズネスト 1201 0.0	3中 4月3日 ③ ダービ卿 2 GⅢ 11ﾀﾄ15頭 芝外 1328 56田 辺 M⑬⑬⑪ 484 人気4 後方伸 1身 362外342 テルツェット 1326 0.2	1中京 1月31日 ⑩ シルクロ 11 GⅢ 3ﾀﾄ18頭 芝 1090 55池 添 M⑩⑩⑨ 474 人気9 出遅る 4¼ 348内342 シヴァージ 1083 0.7	2阪 4月10日 ⑤ 難波 1 3勝 4ﾀﾄ12頭 芝外 1460 54池 添 S⑤⑤⑥ 476 人気2 中位抜出 同着 368中323 ファルコニア 1460 0.0
2東 5月9日 ⑥ NHKマイル 3 GⅠ 8ﾀﾄ18頭 芝 1321 57川 田 M⑥③② 460 人気1 先行伸 2½ 341外351 シュネルマイス 1316 0.5	3東 6月6日 ② 安田 12 GⅠ 14ﾀﾄ14頭 芝 1328 58田 辺 S⑬⑫⑫ 488 人気9 出遅る 6¼ 364中339 ダノンキングリ 1317 1.1	2中 3月6日 ③ オーシャ 1 GⅢ 8ﾀﾄ16頭 芝外 1084 54丸 山 M③②② 480 人気11 G前差す ハナ 341中343 カレンモエ 1084 0.0	2新 5月8日 ① 谷川 2 L 1ﾀﾄ9頭 芝外 1340 54池 添 S⑧⑦⑥ 478 人気2 中位伸 3/4身 365内341 シュリ 1339 0.1
4ヵ月休 放 牧 乗込み4週間 仕上り○ 連対体重 452〜458 3ヵ月以上休 ①②③外 0 2 0 0	3小 7月18日 ⑥ 中京記念 2 GⅢ 8ﾀﾄ12頭 芝 1463 56福 永 S⑨⑨⑧ 482 人気6 後方伸 3/4身 376外337 アンドラステ 1462 0.1	1札 6月13日 ② 函館SS 8 GⅢ 11ﾀﾄ16頭 芝 1080 55丸 山 M⑨⑧⑤ 480 人気6 中位まま 2¼ 335中345 ピアンフェ 1076 0.4	3阪 6月19日 ❶ 米子 2 L 7ﾀﾄ15頭 芝外 1353 54 幸 M⑥⑥⑤ 480 人気1 中位伸 1¾ 364外358 ロータスランド 1350 0.3

21年の秋初戦に選んだのは京成杯オータムH（GⅢ、中山芝1600m）。秋競馬開幕直後の前有利・内有利の高速馬場、結果は内を回ってきた馬が上位を独占したのですが、スマートリアンは外を回してコンマ1秒差の4着に入線しています。

このレースの2着馬は重賞3勝のコントラチェック、3着は20年朝日杯FSを勝ったGⅠホースのグレナディアガーズ。1着は重賞こそ未勝利でしたが、19年NHKマイルC3着、21年もここまで1600〜1800mの重賞で2着3回の実績馬カテドラルでした。

このメンバーからして、スマートリアンが重賞でも勝ち負けできる能力があると想像できます。

しかし、その後は惜敗が続きました。レース映像を分析した結果、敗因はレーススタイルにあると考えることができました。

スタートを決めて先行できそうな体勢になっても、ジョッキーが掛かることを恐れて、控える競馬が多くなっていた。いったん控えてしまうと、直線の叩き合いで、ピッチ走法の同馬は分が悪くなります。

象徴的だったのは、京成杯ＡＨから半年後の六甲Ｓです。無難にスタートを決めて、いったんは先団につけたものの、ポジションを取りに行かずに折り合いに専念し、道中で10番手に控える形になってしまいます。

直線はスムーズに外に出せたのですが、跳びの大きな切れる馬に屈して4着。せっかくの先行力を活かし切れずの馬券圏外で、スマートリアンの馬券を買っていた方は、消化不良で不満の残るレース内容だったと思います。

もうひとつは距離です。同馬はデビューから一貫して１６００～２０００ｍのレースを使っていました。しかしレベルの低い条件戦こそ、１８００ｍ前後の距離でもスマートリアンの末脚は通用しましたが、オープンクラスに上がると通用しなくなっていました。

それは、過去のレースの上がりタイムと順位からも想像できると思います。

●20年10月17日・清滝特別（2勝クラス）1着　上がり34秒9（メンバー中3位）
●21年4月10日・難波Ｓ（3勝クラス）1着　上がり32秒3（2位）
●21年5月8日・谷川岳Ｓ（ＯＰ）2着　上がり34秒1（1位）
●21年6月19日・米子Ｓ（ＯＰ）2着　上がり35秒8（6位）
●21年9月12日・京成杯ＡＨ（GⅢ）4着　上がり34秒6（8位）

●21年10月16日・府中牝馬S（GⅢ）6着　上がり34秒5（14位）
●21年12月18日・ターコイズS（GⅢ）7着　上がり36秒2（9位）
●22年1月8日・ニューイヤーS（OP）6着　上がり35秒4（11位）
●22年3月13日・東風S（OP）3着　上がり33秒9（3位）
●22年3月27日・六甲S（OP）5着　上がり34秒3（5位）

条件戦やオープン特別では上がり1位や2位を記録できても、重賞になると他馬に切れ負けしています。この程度の末脚で、六甲Sのように、道中で控えていては届かないのは当然です。

スマートリアン陣営も同じことを考えたのか、次走に中京芝1400mの安土城Sを選んできました。デビュー以来初の芝1400m戦ですが、道中で掛かるリスクがある同馬にとって、道中のペースが速くなる距離短縮はプラスに働きます。

前に行ければ、末脚の甘さをカバーできる確率は上がる。ワンペースでジワジワ伸びるタイプなので、中京の長い坂もプラスです。

コンパクトな走法で惜敗続きの馬には距離短縮が有効。逆に、跳びが大きな走法で惜敗続きの馬は距離延長が有効に働きます。

勝負条件①適性に合ったコース

勝負条件④近走の敗因の解消が期待できる

中京 10R

WIN5④

発馬 15.15

安土城（あづちじょう）ステークス（L）

四才上オープン・ハンデ

馬番	1	2	3	4	5	6	7	8	9	10
枠	白1	白1	黒2	黒2	赤3	赤3	青4	青4	黄5	黄5
父	ディープインパクト	ハービンジャー	リーチザクラウン	ワークフォース	トーセンラー	ロードカナロア	ノヴェリスト	キズナ	ディープインパクト	マクフィ
馬名	エントシャイデン	ハッピーアワー	キョウヘイ	メイショウヴケイメイ	アイラブテーラー	ルプリュフォール	ヴェスターヴァルト	スマートリアン	ダノンチェイサー	ヴィジュネル
母	ルシュクル	サクセスシルエット	ショウナンアネーロ	メイショウアキシノ	タケショウレジーナ	マイノチカラ	サンブルエミューズ	スマートオーシャン	サミター	コードネーム
毛色	芦毛	鹿毛	鹿毛	鹿毛	黒鹿	鹿毛	鹿毛	鹿毛	鹿毛	青鹿
斤量	56 -1 牡7	53 -4 牡6	54 -3 牡8	51 -4 牝6	54 -1 牝6	54 -3 騸6	55 -2 騸5	53 -2 牝5	56 -1 牡6	54 -3 牡4
騎手	坂井	長岡	替高倉	替藤懸	替丸田	藤岡康	替小崎	替秋山真	替古川吉	替松若
厩舎	栗矢作	栗杉山佳	栗宮本	栗南井	栗河内	栗松永幹	美加藤征	栗石橋	栗池江寿	栗渡辺
賞金	3900	3100	2050	2100	4600	2400	2400	2400	2800	2400
総賞金	13,521	7710	11,680	4320	10,860	6816	8040	9825	9270	7265
馬主名	前田幸治	高嶋祐子	瀬谷隆雄	松本好雄	中西浩一	名古屋友豊	キャロットF	大川徹	ダノックス	キャロットF
牧場名	ノースヒルズ	吉田F	本桐牧場	富田牧場	富菜牧場	社台F	ノーザンF	三嶋牧場	ノーザンF	白老F
持木	◎		△			△	△	注		
広田						◎		○		△
加茂					△	▲	△	○		△
市場	△				△	注		○	△	
田崎					△			○	△	
本紙須藤	△		B		△	▲	東	◎	B	△
芝1200	中?1097⑤	中1076⑦	中1083⑬	小1067⑧	阪1081④	[illegible]	福1086②	[illegible]	中1080③	ダ1259⑯
芝1400	[illegible]96⑤	京1209①	京1224④	阪1207⑦	阪1204④	[illegible]	京1196⑦	[illegible]	新1211③	新1203⑤
芝1600	東[illegible]22⑮	東1328⑦	新1327⑦	阪1344⑫	阪1351⑬	東[illegible]	中1348②	[illegible]	東1327④	京1337⑫
芝1800	[illegible]96⑫	新1470①	京1452⑤			[illegible]	新1311①	[illegible]	福1462②	阪1482⑤
上り最高	芝32.3①	芝33.1⑦	芝32.7⑦	芝33.2④	芝33.2④	芝32.5③	芝33.7①	芝32.3①	芝33.5①	芝33.6①
騎乗成績	1 0 1 7	0 0 0 1	3 2 3 24	0 0 0 2	初騎乗	1 0 0 0	初騎乗	初騎乗	初騎乗	初騎乗
クラス実績	1 1 4 24	2 0 1 21	1 1 3 26	1 0 0 20	1 1 0 11	0 0 0 0	0 1 2 5	0 3 2 7	1 0 3 9	0 1 0 5
当該条件	0 0 0 1	2 0 0 0	0 0 0 1	0 0 0 1	初コース	0 0 0 2	1 0 1 1	初コース	初コース	0 1 0 1
芝コース重の実績	○0011	○0001	◎2103	○0003	○0002	○0000	○0010	◎2100	○0002	○0100
前走	10月3日 フォレ賞 3 GI 重 15頭 芝右1234 58坂井 ③③② パリロンシャン フランス 先行粘る 2¾ スペースブルー 1229 0.5	4東 10月23日 ⑤[illegible]13 GII 6ﾄ17頭 芝1346 56荻野極 S⑦⑪⑦ 440 人気17 中位一杯 8¼ 363中353 ソングライン 1332 1.4	3京 20年5月 ⑦[illegible]10 L 10ﾄ14頭 芝外1497 56高倉 M⑪⑪⑪ 456B 4 後直だけ 9¼ 365外361 ベステンダンク 1482 1.5	6阪 12月18日 ⑤タンザナ11 オープン13ﾄ15頭 芝内1091 51泉谷 M⑫⑫⑬ 434 人気9 後方まま 3¼ 353中338 ナランフレグ 1085 0.6	4阪 10月30日 ⑦スワンS 8 GII 12ﾄ18頭 芝内1211 54藤岡佑 M⑱⑱⑰ 460 人気10 後方差詰 2¼ 356外342 ダノンファンタ 1207 0.4	4阪 10月10日 ②[illegible]4 3勝 7ﾄ15頭 芝内1207 56藤岡佑 M⑮⑮⑭ 494 人気3 後方追上 2¼ 357外342 リレーションシ 1204 0.3	3中京 5月30日 ⑧[illegible]7 L 13ﾄ18頭 芝1196 55富田 M④⑤⑤ 468 人気5 好位一息 2½ 343中345 クリノガウディ 1192R0.4	5中 12月18日 ⑤ターコイ 7 牝GIII 7ﾄ16頭 芝外1334 54池添 M③④③ 480 人気1 好位一息 3¾ 348中362 ミスニューヨー 1328 0.6	5中京 10月3日 ⑨ポートア15 L 13ﾄ16頭 芝1341 57小沢 S④③② 490 人気9 好位一杯 8½ 353中360 プリンスリター 1326 1.5	5東 11月13日 ③[illegible]1 3勝 16ﾄ18頭 芝1214 55戸崎圭 S④②② 478 人気1 先行抜出 1¼ 360中337 グレイイングリ 1216 0.2
2走前	1中 1月8日 ②ニューイ 9 L 5ﾄ16頭 芝外1341 57吉田豊 S⑥⑧⑦ 484 人気8 中位まま 4¼ 360中353 カラテ 1334 0.7	6阪 12月11日 ③リゲルS 11 L 11ﾄ12頭 芝外1350 57岡田祥 S⑪⑪⑩ 450 人気12 後方まま 6¼ 381中333 エアロロノア 1340 1.0	3東 20年6月 ⑧パラダイ11 L 8ﾄ16頭 芝1241 55武士沢 M⑭⑭⑥ 454B 8 追上一杯 4¾ 366中362 アルーシャ 1234 0.7	2小 2月13日 ②北九短距12 オープン13ﾄ18頭 芝1093 54泉谷 M⑯⑰⑰ 444 人気14 後方まま 3½ 348外345 ビオグラフィー 1087 0.6	5阪 11月28日 ⑧京阪杯 4 GIII 12ﾄ16頭 芝内1090 54浜中 S⑮⑮⑯ 456 人気9 後方追上 1¼ 354外336 エイティーンガ 1088 0.2	6阪 12月19日 ⑥六甲アイ 5 3勝 1ﾄ14頭 芝内1208 57武豊 S⑭⑭⑬ 496 人気8 後方差詰 4¼ 361外338 タンタラス 1201 0.7	1福 7月18日 ⑥福島TV 2 オープン4ﾄ16頭 芝1086 56菅原明 H⑤④⑥ 470 人気2 好位伸 1¾ 339内347 キルロード 1083 0.3	1中 1月8日 ②ニューイ 6 L 3ﾄ16頭 芝外1338 54丹内 S②④⑤ 480 人気3 好位一息 2½ 355中354 カラテ 1334 0.4	5中 12月5日 ②ラピスラ 3 L 1ﾄ16頭 芝外1080 57菅原明 M⑦⑦⑦ 484B 5 内つき伸 ½身 341内339 エーポス 1079 0.1	1中京 1月5日 ①京都金杯12 GIII 1ﾄ16頭 芝1337 54藤岡康 M④④④ 486 人気8 好位一杯 5¼ 349中355 ザダル 1329 0.8
3走前	2月26日 ターフスプリ 12 GIII 良 14頭 芝直1196 57坂井 ⑪⑫⑫ アブドゥルアジーズ サウジアラビア 後方まま 9身 ソングライン 1180 1.6	1中京 1月10日 ④[illegible]8 L 8ﾄ17頭 芝1085 57川又 M⑫⑬⑪ 450 人気13 出遅る 4身 345内340 スマートクラー 1079 0.6	3阪 6月19日 ❶[illegible] L 14ﾄ15頭 芝外 取消 56高倉 左後肢跛行のため ロータスランド 1350	1阪 2月19日 ③京都牝馬14 牝GIII 9ﾄ18頭 芝内1214 54川島 S⑰⑰⑰ 430 人気18 後方まま 10¼ 359外345 ロータスランド 1197 1.7	6阪 12月18日 ⑤タンザナ 4 オープン15ﾄ15頭 芝内1086 54松山 M⑩⑩⑩ 460 人気1 中位伸も ½身 348外338 ナランフレグ 1085 0.1	1中京 1月9日 ③[illegible]5 3勝 2ﾄ16頭 芝1206 57武豊 M⑯⑯⑮ 498 人気6 後方追上 6¼ 363中337 グレイイングリ 1196 1.0	4新 8月29日 ⑥[illegible]18 L 16ﾄ18頭 芝内1222 56ルメール S⑩⑧⑨ 472 人気2 焦込む 7½ 349中352 カイザーミノル 1210 1.2	2中 3月13日 ⑥[illegible]3 L 13ﾄ14頭 芝外1343 54戸崎圭 S④⑥⑥ 478 人気2 中位伸 1身 366中339 ボンセルヴィー 1341 0.2	1中 1月15日 ⑤カーバン13 オープン14ﾄ16頭 芝外1096 56戸崎圭 H③③③ 482B 3 先行一杯 4¾ 334中362 サンライズオネ 1087 0.9	1阪 2月27日 ⑥[illegible]13 GIII 7ﾄ14頭 芝内1212 56藤岡康 S③②② 478 人気11 先行一杯 7½ 342中356 ダイアトニック 1199 1.3
4走前	3月26日 アルクオーツSP 12 GI 良 16頭 芝直1102 57坂井 ①④⑦ メイダン アラブ首長国 先行一杯B 9¼ アケースオブユ 1088 1.4	3中 4月10日 ⑥[illegible]12 L 15ﾄ16頭 芝外1079 53長岡 S⑭⑫⑫ 454 人気14 出遅る 6½ 347外332 ヴェントヴォー 1068 1.1	1新 5月7日 ①[illegible]9 L 3ﾄ11頭 芝外1346 56木幡育 S⑦⑤⑤ 444B 10 中位一杯 6身 368内336 ウインカーネリ 1336 1.0	3ヵ月余 放牧 乗込み2週間 仕上り○ 連対体重 416～426 3ヵ月以上休 ①②③外 1 0 0 3	2阪 3月27日 ②[illegible]13 L 17ﾄ18頭 芝外1351 56富田 S⑭⑯⑯ 454 人気11 後方まま 8¾ 372内347 エアロロノア 1337 1.4	1阪 3月6日 ⑧[illegible]1 3勝 2ﾄ11頭 芝内1204 56藤岡康 S⑤⑥④ 500 人気4 漸抜出 ¾身 350内343 ブルースピリッ 1205 0.1	2中 3月13日 ⑥[illegible]14 L 10ﾄ14頭 芝外1350 56菅原明 S⑥⑨⑨ 470 人気11 後方まま 6身 368中344 ボンセルヴィー 1341 0.9	2阪 3月27日 ②[illegible]4 L 8ﾄ18頭 芝外1341 54泉谷 S⑨⑧⑩ 476 人気5 中位伸も 2½ 358中343 エアロロノア 1337 0.4	1阪 3月12日 ⑨ポラリス16 オープン13ﾄ16頭 ダ1300 57岩田望 H④④⑨ 482B 11 好位バテ 大差 345外432 バティスティー 1238 6.2	2阪 4月2日 ③コーラル16 L 16ﾄ16頭 ダ1259 54藤岡康 H⑥⑥⑧ 476 人気7 中位一杯 13¾ 345中396 スマートダンデ 1235 2.4

380 / 250　ガウディー　575 岩田康

中京10R 枠番連勝

組	オッズ
1-1	☆
1-2	☆
1-3	44.3
1-4	21.4
1-5	☆
1-6	24.0
1-7	☆
1-8	42.7
2-2	☆
2-3	73.5
2-4	35.6
2-5	☆
2-6	39.9
2-7	☆
2-8	70.8
3-3	78.6
3-4	8.7
3-5	56.4
3-6	9.8
3-7	47.0
3-8	17.4
4-4	59.6
4-5	27.3
4-6	4.7
4-7	22.7
4-8	8.4
5-5	☆
5-6	30.6
5-7	☆
5-8	54.3
6-6	12.4
6-7	25.5
6-8	9.4
7-7	☆
7-8	45.3
8-8	73.7

軸馬 8
単穴 11
連 1 12 6

●2022年5月29日・中京10R安土山S（L、芝1400m・良）

1着①エントシャイデン
（6番人気）
2着⑯ダディーズビビッド
（4番人気）
3着⑥ルブリュフォール
（5番人気）

……………………………………

5着⑧スマートリアン
（1番人気）
単①1360円
複①450円
⑯220円
⑥270円
馬連①－⑯5580円
馬単①→⑯12090円
3連複①⑥⑯13740円
3連単①→⑯→⑥92380円

18 桃8	17 桃8	16	15 橙7	14 橙7	13	12 緑6	11
ディープインパクト㊙	グレンイーグルズ㋮	キズナ㊙	ドリームジャーニー㊥	ダイワメジャー㋮	ジャングルポケット㊙	ルーラーシップ㊙	ディープインパクト㊙
ウーリリ	㊫ショックアクション	ダディーズビビッド	ザイツィンガー	ガゼボ	レインボーフラッグ	リレーションシップ	レッドベルオーブ
ウィキウィキ㊥ 鹿毛	リセットインブルー㊥ 鹿毛	ケイティーズギフト㋮ 鹿毛	ザッハトルテ㊫ 芦毛	アマルフィターナ㋮ 青毛	レインボーシーカー㋮ 鹿毛	カラフルブラッサム㊥ 鹿毛	レッドファンタジア㊫ 青鹿
55 -2 牡6	55 -2 牡4	56 -1 牡4	54 -3 牡6	54 -3 牡7	53 -4 牡9	55 -2 牡5	56 -1 牡4
替吉田隼	斎藤	替竹之下	替国分恭	替小沢	荻野琢	替酒井	替鮫島駿
栗友道	栗大久保龍	栗千田	栗牧田	栗石坂公	栗小崎	栗須貝尚	栗藤原英
3450	2000	2100	2400	2400	2450	2400	2300
6702	4040	8180	6350	9942	15,532	5755	6390
金子真人HD	ゴドルフィン	田島大史	永田和彦	吉田和美	グリーンファーム	吉田勝己	東京HR
安ノーザンF	アイルランド	新上水牧場	日森永牧場	安ノーザンF	千社台F	安ノーザンF	安ノーザンF
………	…△…	…△…	………	………	………	…▲…	…○…
………	…△…	…注…	…△…	………	………	…▲…	…△…
…注…	………	…△…	………	………	………	…◎…	………
………	…△…	…◎…	………	………	………	…△…	…▲…
初注…	………	…△…	………	初△…	………	…▲…	…◎…
B………	…△…	…△…	………	B………	………	…○…	…注…
函2262⑫ 阪1334⑤ 阪1472②	香ダ1252⑮ 京1211⑩ 阪1325⑤	京1073②	函1077② 阪1200⑧ 阪1317⑥ 香ダ1272⑬	小1074⑤ 阪1199② 京1329④ 香ダ1244⑫	京1078⑨ 東1200④ 中1314⑩ 小1469⑤	小1083① 京1196② 中1340⑧ 阪ダ2016⑬	阪1324① 京2018⑧
天34.0① 1002	天34.1① 0001	33.0② 1122	33.2⑫ 0003	32.9② 初騎乗	32.4④ 0001	33.5⑥ 初騎乗	34.0① 初騎乗
1106 初コース	1007 0001	1327 1000	00013 0001	0107 初コース	01029 0100	0004 2101	1013 初コース
○0001	○0000	○0011	◎2002	△0003	○0204	○0000	○0000
2阪 21年3月 ②六甲14 L 7ト15頭 芝外1351 57岩田望 S③③③ 504 人気5 好位一杯 7½ 361中358 クリスティ 1338 1.3	1中 1月8日 ②ニューイ10 L 8ト16頭 芝外1342 55三浦 S⑩⑪⑪ 514 人気11 後直だけ 4¾ 365中349 カラテ 1334 0.8	1中京 1月10日 ④淀短2 L 5ト17頭 芝1080 55竹之下 M⑦⑦⑦ 508 人気3 中位伸 ¾身 341外339 スマートクラー 1079 0.1	6阪 12月18日 ⑤タンザナ7 オープン10ト15頭 芝内1088 54和田竜 M⑪⑪⑪ 432 人気5 後方差詰 1½ 350外338 ナランフレグ 1085 0.3	4阪 10月30日 ⑦スワンS12 GII 13ト18頭 芝内1214 56川又 M⑫⑫⑭ 536 人気17 後方差詰 4身 348外348 ダノンファンタ 1207 0.7	1中京 1月10日 ④淀短7 L 6ト17頭 芝1085 56西村淳 M⑪⑪⑪ 468 人気15 中位差詰 3¾ 346中339 スマートクラー 1079 0.6	4阪 10月30日 ⑦スワンS7 GII 1ト18頭 芝内1210 56松田 M⑤⑦⑥ 500 人気8 中位差詰 1¾ 346内348 ダノンファンタ 1207 0.3	6阪 20年12月 ⑥朝日FS3 GI 8ト16頭 芝外1327 55福永 M⑦⑦⑦ 476 人気1 中位伸 2¼ 356外342 グレナディアガ 1323R0.4
2東 21年5月 ⑨メイ14 オープン3ト14頭 天1478 56石川 S⑤⑥⑦ 492 人気8 中位一杯 9¼ 365中351 アブレイズ 1463 1.5	1阪 2月12日 ①洛陽5 L 1ト17頭 芝外1325 55松田 S⑧⑧⑥ 508 人気11 内々回る 3身 359内342 エアファンディ 1319 0.6	2小 2月13日 ②北九短距10 オープン5ト18頭 芝1092 56竹之下 M⑬⑭⑮ 510 人気2 直線不利 3¼ 345中347 ビオグラフィー 1087 0.5	1阪 2月12日 ①洛陽13 L 17ト17頭 芝外1335 54国分恭 S⑫⑪⑬ 434 人気14 後方まま 9¼ 364中348 エアファンディ 1319 1.6	6阪 12月11日 ③リゲルS7 L 9ト12頭 芝外1345 56松若 S③③③ 542 人気7 好位一息 3½ 368中339 エアロロノア 1340 0.5	1中京 1月30日 ⑩シルクロ12 GIII 11ト18頭 芝1089 53藤井勘 M⑱⑱⑰ 470 人気14 後直だけ 5身 352内337 メイケイエール 1081 0.8	1中 1月8日 ②ニューイ8 L 6ト16頭 芝外1340 56Mデムーロ S②⑥⑤ 502 人気5 好位一息 3¾ 357中355 カラテ 1334 0.6	3中 21年4月 ⑧皐月8 GI 16ト16頭 芝内2018 57福永 M④②② 478 人気9 好位一息 7身 371中381 エフフォーリア 2006 1.2
5東 11月27日 ⑦キャピタ14 L 8ト17頭 天1343 56津村 M⑧⑥⑥ 494 人気14 中位一杯 7½ 352内355 プリンスリター 1330 1.3	2阪 3月27日 ②六甲16 L 14ト18頭 芝外1353 56松田 S⑧⑧⑦ 504 人気10 中位一杯 9¾ 358中357 エアロロノア 1337 1.6	2中 3月5日 ③オーシャ4 GIII 5ト15頭 芝外1081 56浜中 M⑤⑦⑥ 508 人気8 中位伸も 1身 340中341 ジャングルム 1079 0.2	1阪 2月27日 ⑥阪急11 GIII 4ト14頭 芝内1209 56酒井 S⑩⑨⑨ 436 人気14 中位一杯 6¼ 347中349 ダイアトニック 1199 1.0	1阪 2月12日 ①洛陽12 L 14ト17頭 芝外1332 54和田竜 S⑧⑦⑥ 548 人気12 中位一杯 7¼ 359中348 エアファンディ 1319 1.3	2阪 4月24日 ⑩マイラー10 GII 1ト15頭 芝外1347 56国分恭 M④⑥⑥ 462 人気15 中位一杯 8身 354中361 ソウルラッシュ 1333 1.4	1阪 2月27日 ⑥阪急4 GIII 3ト14頭 芝内1205 56松田 S⑥⑨⑨ 504 人気7 中位差詰 3½ 347中345 ダイアトニック 1199 0.6	2阪 3月27日 ②六甲7 L 16ト18頭 芝外1344 56中井 S②③③ 492 人気3 好位一杯 4½ 354中352 エアロロノア 1337 0.7
6ヵ月休 放牧 乗込み4週間 仕上り○ 連対体重 476～500 3ヵ月以上休 ①②③外 1104	3中京 5月15日 ④栗東15 L 15ト16頭 香ダ1252 55斎藤 H⑩⑬⑬ 500 人気13 後方まま 13¼ 355外382 レディバグ 1230 2.2	3中京 5月8日 ②鞍馬2 オープン16ト18頭 芝1073 56浜中 S⑩⑩⑦ 508 人気1 中位伸 1¼ 343外330 シゲルピンクル 1071 0.2	3中 4月10日 ⑥春雷9 L 1ト16頭 芝外1077 54松岡 S⑩⑩⑩ 432 人気11 中位まま 5½ 343外334 ヴェントヴォー 1068 0.9	2中京 3月26日 ⑤名鉄12 オープン6ト14頭 香ダ1244 57松田 M⑩⑩⑩ 542 人気12 後方まま 8身 359中371 ケイアイターコ 1230 1.4	3中京 5月8日 ②鞍馬9 オープン2ト18頭 芝1078 56荻野琢 S⑬⑭⑭ 460 人気17 後直だけ 4¼ 347内331 シゲルピンクル 1071 0.7	2東 5月14日 ⑦京王SC6 GII 7ト12頭 芝1205 56戸崎圭 S⑧⑨⑨ 504 人気9 後方差詰 1¾ 355中335 メイケイエール 1202 0.3	2阪 4月24日 ⑩マイラー6 GII 5ト15頭 芝外1340 56岩田望 M⑦⑩⑨ 490 人気7 中位差詰 4¾ 359中352 ソウルラッシュ 1333 0.7

勝負条件⑤過去に実力馬と遜色のないレースをしている

スマートリアンにはこれらの勝負条件が揃っています。

さらに鞍上が秋山真一郎騎手に乗り替わりということも、勝負を後押ししました。ここ数年は若手に押されて騎乗数を減らしている秋山真騎手ですが、気性難の馬を折り合わせてスムーズに走らせることに関してはトップクラス。通常開催なら、秋山真騎手よりも上位の騎手がたくさんいるのですが、安土城Sはダービーの裏開催。トップジョッキーが軒並み東京へ遠征していました。

勝負条件⑫GⅠの裏開催

GⅠレースの裏開催や、東西ダブル重賞日のローカル開催などは、レースに騎乗するジョッキーの質が大幅に下がるので、腕のある騎手の期待値が上がります。

安土城Sには18人のジョッキーが騎乗していましたが、GⅠを複数勝っているのは、秋山真騎手、酒井学騎手、吉田隼人騎手の3人だけです。

ソダシとのコンビでGⅠ勝利を積み重ねている吉田隼騎手はファンの皆さんもご存知でしょうが、秋山真騎手はNHKマイルC（12年、カレンブラックヒル）、阪神JF（12年、ローブティサージュ）、酒井騎手はJCダート（12年、ニホンピロアワーズ）、菊花賞（14年、トーホウジャッカル）を、それぞれ制しています。

話を戻すと……21年の勝利数こそ14勝止まりでしたが、裏開催のジョッキーが相手なら、秋山真騎手はトップクラスといっても過言ではありません。

安土城Sの秋山真騎手は道中でイメージに合った競馬をしてくれました。スタートから前へ行き、3～4コーナーでは距離ロスが出ないように、4番手のラチ沿いを追走して直線に突入します。

先団を見ながら、あとは追い出すだけだったのですが、直線はラスト100mまでずっと前がカベ。しかも右隣にも左隣にも馬がいて身動きできない状態で、最後に外に持ち出したものの、脚を余して5着に敗れました。この大きな不利がなければ、勝ち負けは確実でした。

大金を賭けていたので悔しさはありましたが、確勝級の見立ては間違えていなかったので、ホッとしたのを覚えています。勝負のアヤで前がカベになってしまっただけなので、秋山真騎手を攻める気にもなりませんし、本人もレース後に「勝った馬（エントシャイデン。逃げ切り勝ち）の後ろについて行くべきでした。申し訳ありません」と潔いコメントを出していました。

どれだけ自信のある予想であっても、道中の不利一発で外れてしまうのが競馬の恐ろしさです。

だからこそ、予想は厳選する必要があるし、それと同時に期待値やオッズに対する配慮を怠ってはいけません。外れたレースですが、2022年の印象に残っている勝負なので取り上げておきました。

真田の勝負！5

スピード指数＋α（プラスアルファ）の鉄壁布陣！

●2022年4月17日・中山5R（3歳1勝クラス、ダ1800m稍重）

◎ペイシャエス　3番人気1着

世の中には、さまざまなスピード指数が存在します。

同じタイムを基準に指数を計算しているのに、さまざまな指数が存在するのは、ペースや道中の不利などの評価が、人によってまちまちだからです。

同じ料理であっても、料理人の味付けが違うようなものです。中には、「本当にタイムを基準にしているの？」と疑問に思うほど怪しい指数もあるのですが、今回はその話は置いておきます。

チーム真田でも、スピード指数を計算しており、「競馬の天才！デジタル」やコンビニプリントの出馬表に**「タイム偏差」**という指数を掲載しています。

しかしながら、**「スピード指数が高い馬を買う」という方法論で儲けるのは、場面を選ばないと難しい**というのが実情です。

スピード指数は、競走馬の能力を、走破時計を使って均質化したものです。能力を比較するのにはとても有効で、大きな視点で見ると、スピード指数の高い馬がレースでも上位に来るケースは多くあります。

とはいえ、スピード指数はオッズに織り込まれることが多く、たとえ上位に来ることが多くても、それだけで期待値を確保するのは難しいと思っています。

ただしスピード指数だけで儲けるのは難しくても、そこに＋αの要素があれば、勝負レースできるレースになります。

2022年4月17日中山5Rに出走したペイシャエスが、そんなタイプの勝負レースでした。

このレースは中山ダート1800mの3歳1勝クラスの13頭立て。前走や前々走でダート戦を勝ち上がった馬が多く出走していました。このレースのチーム真田のスピード指数「タイム偏差」の上位馬は次のようになっていました。

タイム偏差1位83　⑪ペイシャエス
2位74　②ヴァレーデラルナ
3位71　③タヒチアンダンス
4位66　⑥ホウオウバリスタ
4位66　⑧コンクエスト

ペイシャエスのタイム偏差がズバ抜けているのです（下の画像）。**3歳1勝クラスの基準偏差が67**なので、このクラスはいつでも勝ち負けできる指数を持っています。しかもタイム偏差2位のヴァレーデラルナとは9ポイント近い差が開いています。チーム真田の指数1ポイントはコンマ1秒なので、指数通りに決まれば1秒近い差をつけて勝つ計算になります。

別にチーム真田の指数の宣伝をしているわけではなく、少し過去のレースを調べれば、ペイシャエスの過去の持ち時計が優れているのは誰にでもわかります。

前走の伏竜S（中山ダート1800m稍重）3着時の走破タイムは1分52秒2。脚抜きのいい馬場だったとはいえ、3歳春のダート戦で1分52秒台前半のタイムは優秀です。

しかも同じ日に行なわれた4歳以上1勝クラスの勝ち時計が1分54秒2、2勝クラスの勝ち時計が1分53秒4なので、現時点で古馬オープンに出走しても通用するタイムだといえます。余談になりますが、伏竜Sの2着馬ノットゥルノは、後に大井のダートGIを優勝しています。

馬番	父	馬名	母（母父）	毛色	生産者	成績	賞金	性齢	騎手	成績	斤量	調教師	所属	馬主	間隔	人気	偏差
8	キズナ	コンクエスト	フェアエレン（Street Cry）	鹿毛	ノースヒルズ	0-0-1-0	400万	牡3	三浦皇成	0-0-1-1	56.0	小笠倫弘	美浦	前田晋二	中7週	4	66
9	ジャスタウェイ	ベネロングポイント	ライカート（スウェプトオーヴァーボード）	栗毛	社台コーポレーション白老ファー	0-0-0-1	400万	牡3	石橋脩	1-0-0-2	56.0	和田正一	美浦	社台レース	中9週	11	55
10	リオンディーズ	ヴァーンフリート	ロスヴァイセ（シンボリクリスエス）	黒鹿毛	ノーザンファーム	0-0-0-0	400万	牡3	川田将雅	1-0-0-0	56.0	手塚貴久	美浦	キャロット	中7週	13	ー
11	エスポワールシチー	ペイシャエス	リサプシュケ（ワイルドラッシュ）	栗毛	高村伸一	0-0-1-1	400万	牡3	菅原明良	0-0-0-0	56.0	小西一男	美浦	北所直人	中3週	1	83
12	ルーラーシップ	スマイルオンミー	スペルオンミー（ダイワメジャー）	黒鹿毛	ノーザンファーム	1-1-0-0	400万	牝3	岩田康誠	0-0-0-0	54.0	尾関知人	美浦	キャロット	中6週	8	60
13	ドゥラメンテ	オヤノナナヒカリ	ナリタブルースター（マンハッタンカフェ）	黒鹿毛	タガミファーム	1-2-0-0	400万	牡3	横山武史	0-0-0-0	56.0	宮田敬介	美浦	スリーエイ	中3週	7	62

チーム真田のタイム偏差馬柱

勝負条件③適性に合った枠順

勝負条件⑧期待値が高い

ペイシャエスは指数だけでも買いたくなるような馬ですが、さらにプラスアルファがありました。2走前の中山1勝クラス（6着）、3走前のカトレア賞（9着）は、いずれも道中で包まれて砂を嫌がって力を出せずに敗れていたのです。

今回は13頭立ての⑪番ゲートなので、砂を被らずにレースができる。1勝クラスで好走経験のあるヴァレーデラルナやヴァーンフリート、ジョッキー（ルメール騎手）が買われたタヒチアンダンスなどがおり、ペイシャエスは期待値も十分に確保できていました。

「タイム上位＋砂を嫌がる馬の外枠」

これはチーム真田が得意とする典型的な投資パターンです。レースはスタートを決めたペイシャエスが砂を被らない2番手の外目を追走して、直線で後続をぶっちぎって5馬身差の圧勝。2着ヴァレーデラルナとのタイム差はコンマ8秒。ほぼ指数通りの結果に終わったレースでした。

勝負条件⑩鞍上強化

勝負条件⑬スピード指数＋α

単体では儲けづらいスピード指数上位馬も、ペイシャエスのようにプラス要素があれば、勝負できる馬が見つかります。

ちなみに、このレースには公開予想には書けなかった秘密があります。高価な単行本を買っていただいた読者のために披露しましょう。

それは「丸山騎手が乗った馬は力を出していない場合が多い」という経験則があったことが、チームの勝負を後押ししてくれました。

丸山騎手は、前半に自ら動く積極的な競馬をあまりしません。少しでも不利があると、すぐにあきらめる競馬も多い。馬券を買う側からすれば困ったジョッキーです（丸山騎手の狙いどころもあります。詳しくは2章で）。

ペイシャエスに関してもそうで、デビュー戦はうながす程度で前に行き、相手なりの競馬をして、能力を全開放させずにギリギリで勝たせました。よくいえば、馬にダメージを残さない騎乗での勝利です。

デビュー2走目のカトレア賞（東京ダート1600m）は芝からダートに切り替わる手前で丸山騎手が抑えたため、馬群の中での競馬を強いられ、高脚（馬が集中できない場合に、通常よりも高く脚を上げる）を使い、走法がバラバラになって位置を下げました。馬群の中でのレースを試したい意図が陣営にあったのかもしれませんが、まったく力を発揮できずの9着です。

3走目の2月26日中山1勝クラスは少頭数の競馬でしたが、やはり前に行かずに馬群の中で競馬をして力を出せずに6着。

4走目の伏竜Sはさすがに相手が強いと見て手を出しませんでしたが、内枠からスムーズに2番手を確保すると直線でも粘ってコンマ1秒差の3着。このときのペイシャエスの単勝オッズが24 2・3倍だったので、フロックと思ったファンもいたかもしれませんが、過去の丸山騎手の消極的な騎乗（陣営の試走レース?）を知っていれば、フロックでないことがわかります。

そして迎えたのが4月17日の勝負レース。鞍上は丸山騎手から、積極的な騎乗をする菅原騎手に乗り替わりました。

キャリアの浅い馬に消極的な騎乗を繰り返す鞍上がいる場合、乗り替わりがひとつのシグナルになります。着順が悪いとすぐに見切るのではなく、**【枠順】**と**【鞍上】**を確認する習慣をつけておけば、勝負

中山5R 発馬12.20 三歳1勝クラス (混)・馬齢 ダート1800㍍ 右回り 直線308.0㍍

	白1 1	黒2 2	赤3 3	青4 4	青4 5	5 6
父	ドゥラメンテ(持)	ドゥラメンテ(持)	キングカメハメハ(持)	エピファネイア(中長)	クリエイターII(中長)	ジョーカプチーノ(マ)
馬名	ホウオウニンジャ	ヴァレーデラルナ	タヒチアンダンス	ゼニット	タマモバンケット	ホウオウバリスタ
母・距離	ウォッチハー(短)	セレスタ(マ)	ミラクルレジェンド(中)	リンネ(短)	タマモボレロ(中)	バアゼルローズ(マ)
毛色	黒鹿	鹿毛	栗毛	黒鹿	芦毛	黒鹿
斤量	56 牡3	54 牝3	54 牝3	56 牡3	52 牝3	56 牡3
騎手	和田竜	岩田望	ルメール	替木幡巧	替△永野	戸崎圭
厩舎	(美)大竹	(栗)藤原英	(美)加藤征	(美)久保田	(美)菊沢	(美)稲垣
賞金	400	400	400	400	400	400
馬主名	小笹芳央	ラ・メール	吉田照哉	福澤真也	タマモ	小笹芳央
牧場名	(安)ノーザンF	(安)ノーザンF	(千)社台F	(日)下河辺牧場	(び)前田牧場	(び)酒井亨
佐藤直		▲	◎		△	△
小野智		▲	注			△
久光	△	○	▲			
西田		注	◎			△
中田	▲	注	◎			△
本紙武井	△	◎ 西	○			△
最高	東芝2060⑭ 中ダ1563①	阪芝1359④ 阪[illegible]②	東ダ1366❻ 中ダ1536❶	東ダ1400⑧ 中ダ1547❸	 新ダ1546④	中芝1370⑤ 中ダ1544❶
上り最高	千八ダ39.7①	[illegible]②	千六ダ36.7❻	千八ダ38.9⑧	千八ダ38.4④	千八ダ38.6❶
ダ重実績	○0000	○[illegible]0	○1001	○0010	○0000	○1000
母の父	ムタクディム	ジャンプスタート	フジキセキ	ワイルドラッシュ	ハーツクライ	サンダーガルチ
前走3	4東 10月23日 ⑤良14 新馬 8ト16頭 二千2060 55田辺 S ⑪⑨⑩ 516 人気5 太目残 17¾ 386外360 デリカテス 2032 2.8	6阪 12月19日 6良1 牝未勝 10ト12頭 千八ダ1541 54岩田望 S ②②② 504 人気❶ 先行抜出 5身 389中382 ボルテーニャ 1550 0.9	フジキセキ パーソナルレジェンド 2・10生 兄弟 グレートタイム	5中 12月12日 ④良8 1勝 4ト10頭 千八ダ1566 52小林脩 S ⑤⑧⑧ 514 人気10 中位一杯 14身 375内399 ウェルカムニュ 1543 2.3	4中 9月25日 ⑥良4 新馬 5ト11頭 千八ダ1575 54菊沢 S ⑨⑥⑤ 482 人気5 後方追上 3身 407中385 フルオール 1570 0.5	1中 1月8日 2良5 新馬 1ト16頭 千六外1370 56戸崎圭 M ⑦⑦⑦ 528 人気4 太目残 7½ 369中358 リヴォリ 1357 1.3
前走2	1中 1月16日 ⑥良1 未勝 11ト16頭 千八ダ1563 56和田竜 S ⑮③③ 536 人気6 向正進出 1¼ 400中397 ブラックピアノ 1565 0.2	1阪 2月19日 ③良2 1勝 2ト12頭 千八ダ1546 54岩田望 S ⑦⑧⑥ 506 人気❸ 中位伸 1½ 385中370 ハセドン 1544 0.2	5中 12月18日 ❺良1 牝新馬 11ト14頭 千八ダ1536 54ルメール S ②①① 472 人気❶ 余力有 大差 378内380 ブロードリーチ 1569 3.3	2中 3月13日 ⑥良13 1勝 8ト16頭 千八ダ1562 53小林脩 M ⑫⑫⑫ 500 人気15 後方まま 11身 377内396 ギャラクシーナ 1544 1.8	5新 10月30日 ⑦良4 牝未勝 12ト12頭 千八ダ1546 54菊沢 S ⑦④③ 476 人気❶ 外々回る ½身 377外384 サヨノトレイダ 1545 0.1	1東 1月29日 ①良10 未勝 7ト16頭 千八1498 56岩田康 S ②③④ 524 人気7 好位一杯 9¼ 367内356 ベジャール 1482 1.6
前走1	3ヵ月休 放牧 乗込み3週間 仕上り○ 連対体重 536キロ 3ヵ月以上休 ①②③外 0001	1阪 3月5日 ⑦良2 1勝 5ト12頭 千八ダ1536 54岩田望 M ②②① 502 人気❷ 4角先頭 1¾ 366中393 ノットゥルノ 1533 0.3	1東 2月13日 ❻良6 1勝 6ト16頭 千六ダ1366 54ルメール M 7⑧⑥ 468 人気❶ 伸一息 1¾ 358中367 フルオール 1363 0.3	3中 4月3日 4良12 1勝 7ト16頭 千八ダ1564 53小林脩 H ⑦⑥⑥ 504 人気16 中位一杯 11身 375中416 クアトロマジコ 1545 1.9	1中 1月23日 ⑧良1 牝未勝 13ト13頭 千八ダ1572 54菊沢 S 2②② 474 人気❷ G前差す クビ 392中384 ネイリッカ 1572 0.0	3中 4月2日 ❸良1 未勝 10ト15頭 千八ダ1544 56戸崎圭 M ②②② 526 人気❷ 先行抜出 3身 372中386 ダンディジャック 1549 0.5
全左ダ芝右外ダ	10011 00000 00000 10100	10010 20020 00000 10100	10011 00000 00000 11000	10010 00000 10011 51133	10011 00000 00000 21011	10011 00000 00000 20200
評価	△連下	○有力	○有力	入着級	連なら	★伏兵

賞金	レコード
750万	1.48.5
300	83年1月
190	キヨ
110	ヒダカ
75	57郷原

中山5R 枠連

組	倍率	組	倍率
1-1	—	4-4	☆
1-2	59.1	4-5	☆
1-3	56.4	4-6	☆
1-4	☆	4-7	34.6
1-5	☆	4-8	71.7
1-6	☆	5-5	☆
1-7	50.9	5-6	64.0
1-8	☆	5-7	21.7
2-2	—	5-8	45.0
2-3	7.4	6-6	☆
2-4	40.2	6-7	16.9
2-5	25.2	6-8	35.1
2-6	19.6	7-7	11.5
2-7	6.6	7-8	11.9
2-8	13.8	8-8	99.2
3-3	—		
3-4	38.4		
3-5	24.1		
3-6	18.7		
3-7	6.3		
3-8	13.2		

軸馬 2
単穴 8
連 6 3 11

情報 上位拮抗

●2022年４月17日・中山５Ｒ（３歳１勝クラス、ダ1800m・稍重）

1着⑪ペイシャエス
（3番人気）
2着②ヴァレーデラルナ
（1番人気）
3着⑩ヴァーンフリート
（4番人気）
単⑪400円
複⑪140円
②130円
⑩200円
馬連②－⑪600円
馬単⑪→②1200円
3連複②⑩⑪1200円
3連単⑪→②→⑩5850円

13 桃8	12	11 橙7	10	9 緑6	8	7 黄
ドゥラメンテ	ルーラーシップ	エスポワールシチー	リオンディーズ	ジャスタウェイ	キズナ	ラブリーデイ
オヤノナナヒカリ	スマイルオンミー	ペイシャエス	ヴァーンフリート	ベネロングポイント	コンクエスト	サクセスミノル
ナリタブルースター	スペルオンミー	リサプシュケ	ロスヴァイセ	ライカート	フェアエレン	ティンクルチャーミ
黒鹿	黒鹿	栗毛	黒鹿	栗毛	鹿毛	芦毛
56 牡3	54 牝3	56 牡3	56 牡3	56 牡3	56 牡3	56 牡3
替横山武	替岩田康	替菅原明	替川田	石橋脩	三浦	替田辺
美宮田	美尾関	美小西	美手塚	美和田郎	美小笠	美中舘
400	400	400	400	400	400	400
スリーエイチR	キャロットF	北所直人	キャロットF	社台RH	前田晋二	吉岡實
ひタガミF	安ノーザンF	様高村伸一	安ノーザンF	白白老F	新ノースヒルズ	ひフジワラF
△ ◎ … ○ △ △	△ … 注 △ … …	○ ○ △ ▲ ○ ▲	△ △ ◎ △ ▲ △	… … △ … … …	注 △ △ △ △ 注	… △ … … △ …
東ダ1389② 中ダ1539❶	東ダ1400④ 中ダ1554[2]	東ダ1398[9] 中ダ[illegible]2[3]	東芝2021③ [illegible]①	東ダ1377❶ 新ダ1559④	東ダ1369[8] 中ダ1547③	東ダ1411[8] 中ダ1541[1]
千ダ37.8[2]	千ダ37.3④	千ダ3[illegible]2①	[illegible]	千ダ36.3❶	千ダ36.8①	千ダ38.1[8]
○1000	○0000	○0[illegible]00	○[illegible]	○1000	○0001	○1000
マンハッタンカフェ	ダイワメジャー	ワイルドラッシュ	シンボリクリスエス	スウェプトオーヴァ	ストリートクライ	スウェプトオーヴァ
5中 12月26日 ⑧ 3歳 2 未勝 6ト14頭 千ダ1558 55 Cデムーロ M④③③ 442 人気2 好位伸 7身 381中403 トモジャワール 1547 1.1	5東 11月20日 ⑤ 3歳 4 牝2歳未勝 9ト16頭 千ダ1400 54 内田博 M[13]⑫⑩ 520 人気7 後方追上 4¾ 374内373 デアノヴァ 1392 0.8	5東 11月27日 [7] カトレア 9 オープン 9ト15頭 千ダ1398 55 丸山 M⑦⑦⑤ 494 人気10 中位一杯 10½ 355中388 コンシリエーレ 1380 1.8	3東 6月13日 ④ 3歳 1 新馬 6ト8頭 芝1509 54 川田 S[4]③③ 512 人気1 好位抜出 クビ 390中342 グランシエロ 1510 0.1	5新 10月31日 ⑧ 3歳 4 未勝 6ト15頭 千ダ1559 54 秋山稔 S[14]⑬⑬ 478 人気5 内々回る 12½ 387内383 スピリトーゾ 1539 2.0	5東 11月7日 ② 3歳 1 未勝 12ト14頭 千ダ1390 55 菅原明 M③②② 486 人気2 好位抜出 1½ 359中368 カンピオーネ 1393 0.3	5中 12月28日 ⑨ 3歳 5 未勝 14ト16頭 千ダ1574 55 松岡 S④④③ 486 人気6 好位一息 7身 396中396 イスカンダル 1563 1.1
1中 1月15日 [5] 3歳 2 未勝 12ト16頭 千ダ1558 56 内田博 S②②② 442 人気1 好位伸 2身 387中392 ギャラクシーナ 1555 0.3	5中 12月11日 [3] 3歳 2 牝2歳未勝 11ト14頭 千ダ1554 54 内田博 M③②② 516 人気3 好位伸 1¼ 378中388 バルガン 1552 0.2	2中 2月26日 ① 3歳 6 1勝 7ト10頭 千ダ1551 56 丸山 M⑥⑥⑦ 488 人気10 中位まま 8½ 378中386 セイルオンセイ 1537 1.4	1中 1月5日 ① 3歳 3 1勝 9ト9頭 芝内2021 56 横山武 S⑥⑤⑤ 526 人気3 中位伸 1¼ 382外341 アスクビクター 2019 0.2	1中 1月15日 [5] 3歳 4 未勝 8ト16頭 千ダ1571 56 石橋脩 S⑧⑪⑦ 488 人気6 後方追上 10¼ 393外395 ギャラクシーナ 1555 1.6	1東 2月13日 [6] 3歳 8 1勝 14ト16頭 千ダ1369 56 三浦 M②④④ 510 人気6 好位一杯 3½ 354中371 フルオール 1363 0.6	2中 2月27日 ② 3歳 2 未勝 1ト16頭 千ダ1568 56 松岡 S③③③ 484 人気2 好位伸 ハナ 382内388 ビートエモーシ 1568 0.0
3中 3月27日 ❷ 3歳 1 未勝 1ト16頭 千ダ1539 56 内田博 S①①① 442 人気1 逃楽勝 9身 378中384 マヨン 1553 1.4	2中 3月5日 ③ 3歳 1 牝3歳未勝 15ト16頭 千ダ1564 54 内田博 M③②② 528 人気1 先行抜出 3½ 377中394 ファイアリース 1570 0.6	3中 3月26日 [1] 伏竜 3 オープン 2ト8頭 千ダ1522 56 丸山 S②②② 482 人気8 粘強い ¼身 365中381 デリカダ 1521 0.1	2中 2月26日 ① 水仙 7 1勝 6ト9頭 芝外2161 56 横山武 S[8]⑧⑧ 522 人気1 後方まま 5½ 372外355 ロードレゼル 2153 0.8	1東 2月12日 ❺ 3歳 1 未勝 10ト15頭 千ダ1377 56 石橋脩 S①①① 490 人気3 逃切る ハナ 364内363 メジャークロニ 1377 0.0	2中 2月26日 ① 3歳 3 1勝 5ト10頭 千ダ1547 56 三浦 M④③③ 496 人気5 好位粘る 6½ 376内384 セイルオンセイ 1537 1.0	2中 3月20日 [7] 3歳 1 未勝 14ト16頭 千ダ1541 56 ルメール S⑤③② 478 人気1 好位抜出 ½身 382中391 フォーワンセル 1542 0.1
全左ダ芝右外中ダ 10011 42022 00000 20200	全左ダ芝右外中ダ 10011 10011 00000 21100	全左ダ芝右外中ダ 11000 00000 10011 21011	全左ダ芝右外中ダ 10100 00000 10100 10100	全左ダ芝右外中ダ 11000 00000 00000 31111	全左ダ芝右外中ダ 11000 00000 20111 21100	全左ダ芝右外中ダ 10011 20022 00000 21011
△連下	連なら	▲単穴	△連下	連なら	☆特注	連なら

1 3

控えて9着
控えて6着
先行して3着

●2022年6月19日・東京11RユニコーンS（GⅢ、ダ1600m良）。⑤ペイシャエスは7番人気（単勝2010円）ながら見事優勝。その能力の片鱗は過去のレース（太枠がチーム真田の勝負だった中山5R）でも示していたのである。

5 赤
エスポワールシチー
ペイシャエス
リサプシュケ
栗毛
56 牡3
菅原明
美小西
900
2080
北所直人
高村伸一
…△…
………
………
…△…
………
…△…
1
東ダ1.[illegible]9 5
中ダ1[illegible]1 1
東ダ3[illegible]7 5
1001
0012
1002
2中 2月26日 ① 3歳 6 1勝 7ト10頭 天ダ1551 56 丸山 M⑥⑥⑦ 488 人気10 中位まま 8½ 378中386 セイルオンセイ 1537 1.4
3中 3月26日 1 伏竜 3 オープン 2ト8頭 天ダ1522 56 丸山 S②②② 482 人気8 粘強い ¼身 365中381 デリカダ 1521 0.1
3中 4月17日 8 3歳 1 1勝 11ト13頭 天ダ1521 56 菅原明 S②②② 482 人気3 先行抜出 5身 370中378 ヴァレーデラルナ 1529 0.8
2東 5月15日 8 青竜 5 オープン 8ト13頭 天ダ1359 56 菅原明 M②②② 480 人気2 直線先頭 2¼ 352中367 ハセドン 1355 0.4

馬に巡り合えます。

ちなみにペイシャエスは2走後にユニコーンSを制し、現在はJBCクラシック3着など、ダート交流重賞で活躍しています。

真田の勝負！ 6

映像でチェックした不利を活字で補完する

●2022年11月13日・阪神6R（3歳上1勝クラス、ダ1800m稍重）

◎サンライズアリオン　3番人気1着

チーム真田が全レース映像をチェックしている理由のひとつが、不利を確認するためです。大きく分けると、不利には4つの種類があります。

①物理的な不利……出遅れ、包まれる、距離ロス、接触など
②気性的な不利……掛かる、馬群を嫌がる、砂を嫌がる、逃避など
③見えない不利……ペース、馬場差など

④騎手による不利……消極的なレース、仕掛けない、折り合いを欠くなど

多くの不利は映像を確認しなければわからない、もしくは確認することにより正確に理解できるものです。しかし競馬新聞などの活字が、不利を知るのにまったく役立たずなわけでもありません。映像で知った不利を、活字が補完してくれるところがあります。

サンライズアリオンは2月のデビュー戦から3着に好走し、3戦目となる6月25日の阪神3歳未勝利戦（ダート１８００m）を勝ち上がった馬です。

このときの勝ち時計が1分52秒９の好タイムで、２着のテイエムファクターに１馬身半、３着には10馬身以上の差をつける圧勝劇でした。１勝クラスに昇級しても勝負になりそうな内容です。

昇級初戦の７月16日小倉８Ｒ３歳以上１勝クラスでは、やはり１番人気に支持されました。しかしこのレースでは、スタートで挟まれて行き足がつかず中団追走になり、４コーナーでは内から進出して４番手に上がり上位入線が見えてきたものの、最後は失速して5着に敗れました。

「スタートで挟まれて前に行けなかった不利」が敗因で、前に行けそうなメンバー構成になれば狙い目と考えていたところ、４カ月後の11月13日阪神６Ｒに出走してきました。

12頭立ての手ごろな頭数で、前走で逃げていた馬は1頭だけ。しかもその1頭は名古屋から中央への転厩初戦馬でした。サンライズアリオンが先行できる確率は高そうです。

さらに、競馬新聞にあった調教師コメントが勝負を後押ししてくれます。

平田師『前走は発馬後の不利で外傷を負った。力はある』

前走はスタート後に挟まれた際に外傷を負っていたようです。こうなると、前走の5着はいよいよ参考外のレースだと考えることができます。

勝負条件④近走の敗因の解消が期待できる
勝負条件⑦展開利が見込める
勝負条件⑧期待値が高い
勝負条件⑨能力上位

休養を取って傷を癒(いや)して、2走前に勝ち上がった阪神ダート1800m戦への出走。鞍上も松山騎手の継続騎乗で、今回は追い切りにも松山騎手がまたがっています。松山騎手は先行策が多いジョッキーなので、前走のような失敗はしないはず。陣営は勝負気配です。

相手関係もサンライズアリオンに分がありました。このレースで人気に支持されていたワンダフルトゥデイは、2走前にテイエムファクターに完敗しています。テイエムファクターを基準にすると、完敗したワンダフルトゥデイよりも、未勝利戦で1馬身半差先着したサンライズアリオンのほうが能力は上位です。

それでいて、ワンダフルトゥデイは単勝2・4倍の1番人気、サンライズアリオンは単勝4・3倍の3番人気。期待値的にも勝負ができます。netkeiba.com に公開した予想は、次の通りです。

総合評価【C】的中【D】

前走力を出せなかった馬を狙う。

【レース見解】

◎03番サンライズアリオン

阪神コースこなす、渋った馬場こなす。前走はスタートして挟まれた際、脚部に外傷を負った参考外のレース（5着）。中間は騎手騎乗（松山騎手）で問題はなさそう。前々走はテイエムファクター（2着）に完勝しており、今回人気の08番ワンダフルトゥデイはテイエムファクターに完敗している点は強調材料。今回スムーズなら上位の見立て。

【買い目】

単勝3番　8800

三連単　3→8→2 6 7 10 11 12　各100

三連単　3→2 6 7 10 11 12→8　各100

4走前の未勝利戦で内枠からさばき遅れた過去があったので、総合評価をBにはできませんでした。しかし、前走の敗因が明確で、対戦比較から能力上位が見込めるので、通常のCよりは自信のあるレースでした。実際に、チームの資金からもかなり投資をしました。

レースはサンライズアリオンが積極的に前へ行き、内枠を利して1コーナーでは先頭。道中ではうまくペースを落として脚をため、直線で追い出すと後続に5馬身差をつけた圧勝。2着にはワンダフルトゥデイが入線し、単勝4・3倍、3連単111倍が的中しました。

サンライズアリオンの能力を考えると、想定オッズでは単勝3倍前後が妥当だと思っていたので、好配当になりました。

サンライズアリオンが好配当になった理由は、不利が〝合わせ技〟だったからのように思います。前走で挟まれた不利は競馬新聞の馬柱には記載されていません。映像を見ていないファンがサンライズアリオンで勝負するのは気が引けます。

映像で不利があったことを知るファンでも「今回も前へ行けないかもしれない」と考えるかもしれない。そこに「外傷があった」というコメントが加わり、積極的な松山騎手が継続騎乗し追い切りにもまたがっていたことを知れば、「前走は参考外のレース。今回は前へいく確率が高い」と判断できるよう

阪神 6R　発馬 12.55　三歳以上1勝クラス　定量

	白1	黒2	赤3	青4
父	ルーラーシップ(輸)	メイショウボーラー(マ)	ザファクター(マ)	キズナ(輸)
馬	マルモルーラー	メイショウマントル	サンライズアリオン	㊞スカイドゥエラー
母・実績	マルモセーラ 2勝(短)	ピンクトルマリン 未勝(輸)	カシュカシュ 5勝(中)	フリーバード 未勝(マ)
毛色・斤量	黒鹿 57 牡4	鹿 57 牡4	鹿 55 牡3	青鹿 57 牡4
騎手	池添	藤岡康	松山	替和田翼
厩舎	栗木原	栗安達	栗平田	栗谷
賞金	400	400	400	120
総賞金	1256	1773	877	555
馬主名	まるも組合	松本和子	松岡隆雄	ヒダカBU
牧場名	浦岡本昌市	日日西牧場	浦浦河小林牧場	日広富牧場
持木	……	…△…	…△…	……
広田	…△…	……	…▲…	……
加茂	……	…△…	…注…	……
市場	…◎…	……	…▲…	……
田崎	……	……	…○…	……
本紙須藤	……	…△…	…◎…	……
ダ1400		[illegible]		中京ダ1254④
ダ1600	三阪芝2043⑥	[illegible]		千五ダ1356①
ダ1700	小ダ1439②	小ダ[illegible]	小ダ1[illegible]1⑤	小ダ1471③
ダ1800	京ダ1523①	[illegible]	阪ダ1[illegible]6③	中京ダ1545⑦
上り最高	千七ダ36.5③	大ダ36.7②	大ダ37.8①	千四ダ37.7③
騎乗成績	0 0 0 1	0 0 0 1	1 0 0 1	初騎乗
クラス実績	0 1 1 7	0 1 3 7	0 0 0 1	0 0 0 0
当該条件	0 0 0 3	1 1 2 9	1 0 2 0	初コース

前走	白1	黒2	赤3	青4
4走前	4小 21年9月 ⑦ 三才上 3 1勝 8ド16頭 千七ダ1450 54 幸 S ⑦⑪⑨ 520 人気1 中位伸 1¾ 371 内365 サンバデジャネ 1448 0.2	3中京 5月28日 7 四才上 3 1勝 8ド11頭 大ダ1531 57 吉田隼 M ⑧⑧⑧ 516 人気2 中位伸 ½身 382 外383 スズカルビコン 1530 0.1	2阪 5月1日 ⑫ 三才 3 未勝 4ド14頭 大ダ1526 56 和田竜 M ③⑤④ 514 人気8 好位伸 1½ 375 中384 マテンロウマジ 1524 0.2	名古 8月4日 ③ 三才上 1 C7 7ド11頭 千五ダ1358 56 大畑雅 S ③②① 450 人気2 早め先頭 9身 外390 スターロード 1377 1.9
3走前	5中京 9月10日 1 三才上 8 1勝 3ド10頭 大ダ1528 57 幸 S ②⑥⑥ 522 人気4 包まれる 9¾ 385 内375 タイセイエビソ 1512 1.6	3阪 6月18日 ① 三才上 3 1勝 16ド15頭 大ダ1532 57 川田 M ⑭⑬⑪ 516 人気4 後方伸 1½ 396 中369 ピーアイオラク 1530 0.2	3阪 6月25日 ③ 三才 1 未勝 13ド16頭 大ダ1529 56 松山 S ③③③ 516 人気1 好位差切 1½ 381 中378 テイエムファク 1532 0.3	名古 8月19日 4 三才上 1 C1 9ド10頭 千五ダ1356 56 大畑雅 H ④②② 445 人気1 直線競勝 ¾身 内395 ミスズフィーリ 1357 0.1
2走前	5中京 10月2日 ⑨ 三才上 9 1勝 10ド16頭 大ダ1548 57 富田 M ⑥⑨⑨ 524 人気10 中位一杯 8½ 381 中398 ワンダーブレッ 1532 1.6	4阪 10月15日 ④ 三才上 4 1勝 9ド11頭 大ダ1530 57 川田 M ⑪⑪⑨ 516 人気2 後方追上 5¾ 390 中372 マテンロウマジ 1521 0.9	3小 7月16日 ⑤ 三才上 5 1勝 8ド14頭 千七ダ1451 54 松山 M ⑨⑧⑥ 512 人気1 中位差詰 6½ 370 内382 ヒロノシュン 1439 1.2	名古 8月31日 1 三才上 3 B1 3ド11頭 千五ダ1373 56 大畑雅 S 7⑤④ 448 人気2 中位伸も 2¾ 外396 ヴェル 1368 0.5
前走	4阪 10月22日 ⑥ 三才上 8 1勝 8ド9頭 大ダ1555 57 池添 S ②②② 532 人気6 先行一杯 15½ 375 中405 ケイアイシェル 1529 2.6	4阪 10月30日 ⑨ 三才上 5 1勝 2ド10頭 大ダ1543 57 藤岡康 S ⑩⑩⑨ 520 人気6 後方差詰 4¾ 397 外379 セレッソ 1534 0.9	4ヵ月休 外傷放牧 乗込み4週間 仕上り○ 連対体重 516キロ 3ヵ月以上休 ①②③外 0 0 1 0	名古 9月15日 ③ 三才上 1 B4 3ド11頭 千五ダ1381 56 大畑雅 S ⑧④③ 449 人気1 楽抜出 3身 外385 ウルスラ 1387 0.6

レート	
120	ラート
77	54武豊

阪神6R 枠番連勝

組番	オッズ
1-1	—
1-2	☆
1-3	39.4
1-4	☆
1-5	74.4
1-6	32.3
1-7	54.6
1-8	29.8
2-2	—
2-3	53.8
2-4	☆
2-5	☆
2-6	44.2
2-7	74.6
2-8	40.7
3-3	—
3-4	96.2
3-5	17.2
3-6	7.4
3-7	12.6
3-8	6.8
4-4	—
4-5	☆
4-6	79.0
4-7	☆
4-8	72.9
5-5	☆
5-6	14.1
5-7	23.9
5-8	13.0
6-6	28.8
6-7	10.3
6-8	5.6
7-7	91.3
7-8	9.5
8-8	46.1
軸馬	3
単穴	12
連	7 6 10

●2022年11月13日・阪神6R（3歳上1勝クラス、ダ1800m・稍重）

1着③サンライズアリオン
（3番人気）
2着⑧ワンダフルトゥデイ
（1番人気）
3着②メイショウマントル
（7番人気）
単③430円
複③180円
⑧130円
②290円
馬連③－⑧620円
馬単③→⑧1430円
3連複②③⑧2480円
3連単③→⑧→②11100円

12 桃8	11 桃8	10 橙7	9 橙7	8 緑6	7 緑6	6 黄5	5 黄5
ルーラーシップ	ルーラーシップ	ノヴェリスト	ダンカーク	マジェスティックウォリアー	パイロ	シニスターミニスター	トランセンド
ヴァジュランダ	デュアルレインボー	シャドウアイル	グローリーツラング	ワンダフルトゥデイ	フォーワンセルフ	ラインオブソウル	ミキノプリンス
ルルパンブルー 3勝	ウキヨエ 未出	アルティメイトラブ 1勝	ミスアシング 未勝	エリモトゥデイ 未勝	フォーミー 2勝	ファーストレディ 未勝	ミキノモナコ 3勝
黒鹿 57 牡4	鹿 55 牡3	栗 55 牡3	芦 55 牡3	黒鹿 55 牡3	栗 55 牡3	鹿 55 牡3	鹿 55 牡3
替ムーア	替フォーリー	替Cデムーロ	替松若	幸	横山和	替吉田隼	替和田竜
栗宮本	栗清水久	栗斉藤崇	栗安達	栗中尾秀	美小桧山	栗音無	栗大橋
400	400	400	400	400	400	400	400
1911	1750	989	728	1542	1518	890	341
高原将浩	近藤洋司	飯塚知一	市川義美HD	京都ホースR	Aサッポロ	吉澤HD	谷口久和
千代田牧場	槐村牧場	社台F	タニグチ牧場	前谷武志	碧雲牧場	グランド牧場	富河育成牧場
◯ ◯ ◯ ◯ ◯ 注	△初 B △ △	△B △ ◎ △ △ △	 △ △ △	▲ ◎ ▲ 注 ▲ ○	注 △ △ 注 △東	◎ △ △ △ ▲	 注 △
芝1124⑧ 芝1458③ 芝2008② 阪ダ1516❸	芝1482③ ダ2137④ ダ2451④ 中ダ1527②	小ダ1456② 新ダ1532①	ダ1599① ダ2079⑫ 小ダ1494③ 阪ダ1557⑨	[illegible]	芝2029④ 東ダ1385❼ 札ダ1461② 中ダ1538❷	東ダ1369⑫ 小ダ1492① 中ダ1536⑦	阪ダ1270⑭ ダ1133❼ 小ダ1464④ ダ1346②
ダ36.3❸ 初騎乗	ダ38.6❶ 初騎乗	ダ37.6② 初騎乗	ダ38.0① 初騎乗	ダ37.6② 0 1 2 0	ダ35.9❼ 1 2 1 4	ダ36.6⑫ 初騎乗	ダ36.8⑦ 0 0 0 6
0 1 1 2 0 1 1 1	0 2 0 6 1 0 0 0	0 0 0 1 0 0 1 2	0 0 0 2 0 0 0 3	0 1 2 1 0 1 0 0	0 1 1 1 初コース	0 0 1 2 0 0 1 1	0 1 0 [illegible] 初コース
4阪 21年10月 ⑥ 3上 10 1勝 6ト12頭 ダ1558 55 和田竜 M②②② 478 人気4 先行一杯 17身 370中411 アルーブルト 1529 2.9	4中 9月18日 ④ 3上 2 1勝 6ト12頭 ダ1527 54 石川 S⑥②② 498 人気❸ 4角好位 2身 374中388 ロードバルドル 1524 0.3	3阪 6月19日 ② 3歳 3 未勝 4ト16頭 ダ1556 56 坂井 H⑪⑨⑩ 472 人気❸ 中位差詰 10¾ 379内399 モズブーナー 1535 2.1	1阪 2月27日 ⑥ 3歳 4 未勝 2ト14頭 ダ1567 56 藤岡康 S⑪⑪⑨ 518 人気7 後方追上 3½ 402外388 プラチナドリー 1561 0.6	3中京 5月7日 ① 3歳 9 1勝 10ト10頭 ダ1552 56 川田 S⑦⑦⑦ 510 人気7 後方まま 13身 393中391 トウセツ 1530 2.2	2東 5月8日 ⑥ 3歳 1 未勝 6ト16頭 ダ1396 56 横山和 M①①① 514 人気❶ 逃切る 1¾ 358内380 タカラライナー 1399 0.3	1阪 3月5日 ⑦ 3歳 3 1勝 7ト12頭 ダ1537 56 和田竜 M⑤⑤⑤ 508 人気7 好位伸 2½ 368中390 ノットゥルノ 1533 0.4	3阪 6月18日 ① 3上 14 1勝 12ト16頭 ダ1270 54 和田竜 M⑫⑮⑯ 480 人気15 後方まま 13¼ 364中379 ライラボンド 1247 2.3
5中京 9月17日 ③ 3上 7 1勝 11ト12頭 ダ1539 57 松山 S②④⑤ 496 人気5 先行一杯 7¾ 380中383 サンマルレジェ 1526 1.3	5中京 10月2日 ⑨ 3上 11 1勝 16ト16頭 ダ1550 55 水口 M⑧⑦⑦ 488 人気5 中位一杯 10身 385外402 ワンダーブレッ 1532 1.8	3小 7月10日 ④ 3歳 2 未勝 1ト16頭 ダ1456 56 岩田望 S③③③ 468B 人気7 好位伸 4身 369内376 テイエムファク 1449 0.7	3中京 5月7日 ① 3歳 1 未勝 5ト8頭 ダ1599 56 藤岡康 S①①① 514 人気4 逃切る 2½ 373内380 シャンバラ 2003 0.4	3小 7月10日 ④ 3上 3 1勝 6ト15頭 ダ1456 54 幸 H⑨⑧⑥ 502 人気6 中位伸 1¾ 365外383 シェイリーン 1454 0.2	1札 7月30日 ③ 3上 6 1勝 11ト14頭 ダ1470 54 横山和 S⑨⑥⑧ 518 人気8 出遅る 7身 382中375 ジョイス 1458 1.2	3中 3月26日 ① 伏竜 7 オープン 3ト8頭 ダ1536 56 浜中 S③⑤⑦ 498 人気5 好位一杯 8¼ 366内391 デリカダ 1521 1.5	3小 7月3日 ② 3上 4 1勝 8ト13頭 ダ1464 54 和田竜 M③②② 478 人気12 先行一息 5¾ 362中399 キングズソード 1454 1.0
4阪 10月10日 ❸ 3上 3 1勝 10ト11頭 ダ1516 57 松山 S⑧⑧⑧ 496 人気7 後方伸 2½ 378外363 インベルシオン 1512 0.4	4新 10月15日 ① 3上 4 1勝 5ト11頭 ダ2451 53 亀田 S④④④ 498 人気6 好位一息 9¼ 399中394 マイネルオーサ 2436 1.5	2新 7月31日 ② 3歳 1 未勝 8ト15頭 ダ1532 56 岩田望 M⑦⑥⑤ 472B 人気❶ 中位差切 1¼ 370中380 サクラトップラ 1534 0.2	4阪 10月8日 ❶ 3上 12 1勝 13ト14頭 ダ2079 55 藤岡康 M⑤[illegible] 520 人気4 中位一杯 大差 359中401 ハイエンド 2045 3.4	4小 8月27日 ⑤ 3上 3 1勝 1ト16頭 ダ1459 54 幸 M⑩⑨⑦ 504 人気❷ 中位伸 1¾ 369中377 テイエムファク 1456 0.3	2札 8月21日 ④ 3上 2 1勝 12ト13頭 ダ1461 54 原田和 M⑧④② 508 人気6 漸進伸 2½ 377中381 スマートセプタ 1457 0.4	3中京 5月29日 ⑧ 3歳 1勝 11ト15頭 ダ 落馬 54 小沢 S 486 人気❷ スタート直後 躓く ドライゼ 1521	3小 7月23日 ⑦ 3上 9 1勝 5ト16頭 ダ1469 54 和田竜 H⑦⑨⑥ 476 人気12 中位一杯 11¾ 359内398 タガノエスコー 1449 2.0
4阪 10月29日 ⑧ 3上 2 1勝 3ト13頭 ダ1539 57 岩田望 M④④③ 498 人気❶ 好位伸 ½身 380中386 リチュアル 1538 0.1	4東 10月29日 ⑧ 3上 4 1勝 4ト12頭 ダ2137 55 マーカンド M④④④ 490 人気5 好位一息 3¾ 385中388 コウユーパパニ 2131 0.6	4新 10月29日 ⑤ 3上 5 1勝 4ト11頭 ダ1548 55 団野 M②①② 478B 人気❷ 直線不利 6身 370中399 エクストラノー 1538 1.0	4阪 10月29日 ⑧ 3上 9 1勝 10ト13頭 ダ1557 55 藤岡康 M⑩⑨⑨ 526 人気6 出遅る 11身 393外395 リチュアル 1538 1.9	4阪 10月22日 ⑥ 3上 2 1勝 1ト9頭 ダ1530 55 幸 S②③④ 514 人気❷ 一旦先頭 クビ 374中378 ケイアイシェル 1529 0.1	4東 10月22日 ⑥ 3上 3 1勝 8ト13頭 ダ1390 55 横山和 M⑩⑨⑩ 514 人気❶ 中位伸 4½ 363中371 サイモンメガラ 1382 0.8	5ヵ月余 放牧 乗込み4週間 仕上り○ 連対体重 506キロ 3ヵ月以上休 ①②③外 1 0 0 0	名古 10月26日 ② マーチ賞 2 交流A3 9ト10頭 ダ1346 55 丸野勝 M②①① 493 人気❷ 3角先頭 1身 外392 ヨーデル 1344 0.2

ワンダフルトゥデイは2走前、テイエムファクターに0.3秒差の3着（サンライズアリオンは2走前、テイエムファクターに逆に0.3秒差で完勝している）

になりました。
文字や文章から不利の全貌を推測することはできませんが、映像で知った不利を補完してくれることがあります。

してやったり！隠れ先行馬と展開読み

●2022年6月18日・東京7R（3歳未勝利、ダ1400m良）

◎クラリティスケール　7番人気1着

初速が速く先行力がありながらも、道中で窮屈になったり馬群を嫌がって位置を下げ、コーナー通過順位に反映されず、先行力を警戒されていないような馬のことを、チーム真田では「隠れ先行馬」と呼んでいます。

このタイプの馬は、ファンが先行を警戒しないため人気になりにくく、期待値を確保しやすいというメリットがあります。特に先行馬が少ないレースになると、隠れ先行馬の期待値はさらに高まるので、かなり儲かります。

勝負条件⑭隠れ先行馬

2022年6月18日・東京7R3歳未勝利戦（ダート1400m）に出走していたクラリティスケールも隠れ先行馬でした。

前走の5月29日新潟1R（ダート1200m）は、前半3Fのラップタイムが「11秒7－10秒8－11秒4」という速いペースになりました。テンの1F11秒7の激流にも関わらず、クラリティスケールはスタートを決めて、一旦は先団に取りつこうとする先行力を見せていました（結果は直線で盛り返して4着）。

周りを気にして位置を下げたため、このレースの通過順は「8－8」ですが、先行力はありそうで、もう少し楽な流れなら先行できていたはずです。

今回のレースは先行馬が少なく、前走で逃げていた馬は⑪番ティアップブランカ1頭だけ。出走馬のテンの脚を調べてみると、テン1F12秒後半の馬が多い中、クラリティスケールはテン1F12秒2（やや余力あり）を記録しています。

これだけでも「隠れ先行馬」と呼べるのですが、もうひとつ後押しがあります。

それは陣営の「スタートがよければ前で競馬をしてもいい」というコメントです。先行力があっても無理に控えて自爆する馬が多い中、このコメントは力強い。菊沢騎手にも「行けるなら前へ行ってくれ」との指示も出ているはずで、スタートが決まれば先行してくれる率が高い。

未勝利戦ダート1400mの平均的なテン1Fは12秒前半くらいなので、先行馬の少なさ、他馬のテンの遅さ、クラリティスケール陣営のコメントを考慮すると、ハナから2番手を確保できそうだと想像できます。

左の表の比較から展開を予想すると、ティアップブランカが逃げて、クラリティスケールが2番手の想定になります。

2022年6月18日・東京7R（3歳未勝利、ダ1400m）　※テン1F　○内は○走前

	枠番	馬番	馬名	オッズ	テン1F　1位	厩舎コメント
2着	1	1	リゼレインボー	5.2	②12秒5 余力あり	真が入って前に行ける 脚が付いてきた
	1	2	グランドルチル	217.7		
	2	3	バリアンス	8.8	②13.2秒やや 出遅れ余力あり	
	2	4	シークレットグロウ	110.1		
	3	5	ゲティスバーグ	16.4		
	3	6	シャイニーポケット	52.9		
	4	7	ベルウッドメルシー	135.7		
	4	8	アポ	12.2		
	5	9	ロデム	9.0		
	5	10	ワンダースナイプ	155.3		
	6	11	ティアップブランカ	74.0	①12.7秒 余力あり	今回も前で運べれば いいですね
3着	6	12	チャールストン	5.5	②12.9秒 押して控える	
	7	13	キョウコウトッパ	7.5		
	7	14	シャーマエスパーダ	5.7	④12.4秒 余力あり	
1着	8	15	クラリティスケール	10.0	②12.2秒 やや余力あり	スタートが良ければ 前で競馬をしてもいい
	8	16	グリーンライズ	21.6		

勝負条件③適性に合った枠順
勝負条件⑦展開利が見込める
勝負条件⑧期待値が高い

また、クラリティスケールには砂を嫌がるという特徴もありました。3走前の3月21日中山1R（ダート1200m）では、⑤番ゲートからの発走で、砂を嫌がって位置をズルズルと下げるロスがあり、通過順は「12－12」になり、8着に敗れています。このときの鞍上も菊沢騎手でした。

今回は16頭立ての⑮番ゲートからの発走、しかも先行策を取る可能性が高いので、砂を被らずにすんなりとレースができる公算が高い。砂を嫌がる馬が外枠に入ったときは、勝負条件のひとつです。

5月15日の新潟1R（3歳未勝利）では⑬番ゲートからスムーズな競馬で2着

に入線しており、未勝利戦で勝ち負けできる能力はありそう。距離ロスがあるのは少し心配ですが、単勝10倍の7番人気なら投資する価値はあります。

以上の理由から、netkeiba.com の公開予想にはこのような説明文を書きました。

6月18日東京07R　総合評価【C】　的中【D】

【レース見解】近走力を出せなかった馬を狙う。

◎15番クラリティスケール

長い直線こなす、距離延長こなす、砂と周りを気にするので外枠プラス。前走は内目の枠（05番）で砂を気にしていたが、それよりも仕掛けが遅すぎた。また前半のテン1F　11・7秒の速い流れについて行ける先行力も見せた（道中控えたためコーナー通過順位には反映されない）点は好感。今回先行少な目で前走ぐらいのスタートなら楽に先行出来る。今回流れ乗りロスの少ない競馬が出来れば上位の見立て。

相手13・12・1・3　5・6・8・9・14・16

【買い目】単勝15番2500　複勝15番4000

先行力があって、先行できるメンバーで、先行有利な馬場展開で、陣営から先行したいというコメントが出ているのに、それでも前へ行かない馬がいるのが競馬の理不尽さです。しかしクラリティスケールの菊沢騎手は、好発を決めて、その後も緩めることなく、2番手の外目を取り切りました。

直線で逃げるティアップブランカの脚色が鈍っても、クラリティスケールは手応え十分。残り400mから追い出して先頭に立つと、後続を抑えて押し切りました。

距離ロスが少し心配だったのでチーム真田の勝負金額は少し絞りましたが、満足できる配当を得ることができました。

隠れ先行馬は好配当が狙える期待値の高い条件なので、見つけた場合はチェックしておいて、先行馬

東京7R 発馬13.35 三歳未勝利 (混)・馬齢

	白1 ①	白1 ②	黒2 ③	黒2 ④	赤3 ⑤	赤3 ⑥	4 ⑦
父・距離	ワールドエース	フサイチセブン	ウインバリアシオン	アドマイヤムーン	ヴィクトワールピサ	トーセンジョーダン	キンシャサノキセキ
馬名	リゼレインボー	グランドルチル	バリアンス	シークレットグロウ	ゲティスバーグ	シャイニーポケット	ベルウッドメルシー
母・距離	リアライズナラック(短)	グランドホール(中)	ブラックシップ(短)	タッサファイヤ(短)	トラヴィアータ(マ)	コアレスサンデー(マ)	アルプサロン(短)
毛色	栗毛	鹿毛	芦毛	鹿毛	鹿毛	黒鹿	鹿毛
斤量	56 牡3	53 牡3	56 牡3	56 牡3	56 牡3	53 牡3	56 牡3
騎手	石橋脩	替▲水沼	替田辺	宮崎	戸崎圭	替▲小林脩	内田博
厩舎	(美)松山将	(美)加藤和	(美)田村	(美)萱野	(美)金成	(美)小野次	(美)辻
賞金	0	0	0	0	0	0	0
総賞金	332	0	130	0	150	0	0
馬主名	飯田訓大	田畑利彦	藤田岳彦	山上和良	ゴドルフィン	小林昌志	鈴木照雄
牧場名	高松牧場	片岡博	久保F	村上進治	ダーレージャパンF	雅牧場	市川F
佐藤直	○	・	▲	・	△	・	・
小野智	◎	△	△	・	▲	・	・
久光	△	・	△	・	○	・	・
西田	注	・	・	・	・	・	・
中田	○	初	・	・	△	・	・
本紙武井	◎	B	△	・	△	・	・
ダ1200 ダ1400 ダ1600 ダ1800	2	中ダ1169⑭ 新ダ1308⑧	中ダ1130⑦ 東ダ1257⑥ 東ダ1433⑮	福芝1131⑩	中ダ1560⑪	小芝1107⑦ 東芝1224⑬	中ダ1147⑧ 東ダ1272⑦ ダ1517⑧ 中ダ2031⑧
上り最高	ダ36.1③	ダ39.1⑭	ダ36.8⑥	初ダート	ダ39.7③	初ダート	ダ37.4⑥
騎乗成績	0 0 1 0	0 0 0 1	初騎乗	0 0 0 1	0 0 1 2	初騎乗	0 0 0 4
クラス実績	0 0 2 3	0 0 0 2	0 0 1 5	0 0 0 1	0 0 1 2	0 0 0 3	0 0 0 5
当該条件	0 0 2 0	初コース	0 0 1 1	初コース	初コース	初コース	0 0 0 2
前4走	2中 3月5日 ③ 5 未勝 7ﾄ16頭 ダ1572 56 内田博 S ⑫⑪⑦ 496 人気2 後方追上 9身 396外393 セイカフォルゴ 1557 1.5	初仔 近親 ベリーヴィーナス	2中 3月12日 ⑤ 7 未勝 6ﾄ16頭 ダ1130 56 勝浦 H ⑮⑮⑫ 508 人気16 後方差詰 7身 357外373 トラストパッキ 1119 1.1	兄弟 タイハクセイ(未勝) マヴィア(未勝)	初仔 近親 ドビュッシー	兄弟 コアレスキング(3勝) シャイニーデジタル(公)	2小 2月13日 ② 8 未勝 7ﾄ8頭 ダ1517 53 原 S ⑥⑧⑧ 516 人気7 後方まま 大差 393中410 パーティーベル 1483 3.4
前3走	3中 4月3日 ④ 6 未勝 11ﾄ12頭 ダ1579 56 内田博 M ②②② 480 人気3 先行一息 10½ 378中421 ネイリッカ 1561 1.8	近親 グランドクララ グランドエロー	3中 4月9日 ⑤ 6 未勝 7ﾄ16頭 ダ1140 56 勝浦 M ⑮⑭⑬ 506 人気5 出遅る 8¼ 372外368 ホウオウノーサ 1126 1.4	近親 マジカルストライク ベルモントサンダー	1中 1月5日 ① 3 新馬 10ﾄ11頭 ダ1597 56 戸崎圭 S ③⑤④ 518 人気9 好位粘る 5身 400中397 エクセスリター 1589 0.8	1小 1月30日 ⑥ 7 新馬 2ﾄ18頭 芝1107 53 角田和 S ⑩⑦⑦ 540 人気16 中位差詰 4¼ 354内353 サンダビューク 1100 0.7	3中 4月9日 ⑤ 8 未勝 12ﾄ16頭 ダ1147 56 内田博 M ⑭⑬⑬ 516 人気8 後方差詰 12¾ 368中379 ホウオウノーサ 1126 2.1
前々走	2東 4月30日 3 10 未勝 14ﾄ16頭 ダ1390 56 内田博 M ③③⑥ 482 人気7 好位一杯 14¾ 358外387 ロードバルドル 1366 2.4	2中 3月20日 7 14 未勝 6ﾄ16頭 ダ1169 53 水沼 M ⑮⑯⑮ 520 人気15 出遅る 大差 378中391 キーチズカンパ 1122 4.7	2東 5月7日 ⑤ 3 未勝 4ﾄ16頭 ダ1268 56 和田竜 S ⑤③③ 502 人気5 好位粘る 4½ 376内369 シャインフォー 1260 0.8	レース診断 上昇度○ 出遅れ。コーナーワークなども若さ目立った	2中 2月27日 ② 7 未勝 1ﾄ15頭 ダ1574 56 戸崎圭 H ⑧⑥⑦ 508 人気3 中位まま 4身 383中404 ガーディアンベ 1567 0.7	2小 2月27日 ⑥ 12 未勝 8ﾄ18頭 芝1108 56 横山和 S ⑱⑰⑰ 532 人気7 出遅る 10½ 359外349 ゲンパチレオニ 1091 1.7	2東 5月7日 ⑤ 6 未勝 1ﾄ16頭 ダ1278 56 内田博 S ⑨⑦⑥ 510 人気13 中位差詰 10身 380内374 シャインフォー 1260 1.8
前走	2東 5月28日 ⑪ 3 未勝 6ﾄ16頭 ダ1249 56 石橋脩 M ⑤⑧⑤ 478 人気9 中位伸 1½ 355中373 マイネルシトラ 1247 0.2	浦和 5月31日 ② Tベスト 8 交流条件 12ﾄ12頭 ダ1308 52 小林捺 M ⑩⑪⑪ 511 人気11 後方差詰 5身 390中391 バーグチャン 1298 1.0	2東 5月28日 ⑪ 6 未勝 15ﾄ16頭 ダ1257 56 大野 M ⑤⑥⑦ 500 人気7 中位差詰 6¾ 355中379 マイネルシトラ 1247 1.0	1福 4月16日 1 10 未勝 10ﾄ16頭 芝1131 56 宮崎 H ⑮⑭⑫ 446 人気10 出遅る 16¼ 355外376 ダテボレアス 1103 2.8	2中 3月20日 7 11 未勝 13ﾄ16頭 ダ1560 56 戸崎圭 S ⑩⑩⑨ 508 人気8 中位一杯 10¾ 385中404 サクセスミノル 1541 1.9	3東 6月4日 ① 13 未勝 13ﾄ18頭 芝1224 56 勝浦 S ⑱⑱⑯ 520 人気12 後方まま 7½ 369中341 ミスボニータ 1211 1.3	3東 6月5日 ② 7 未勝 10ﾄ15頭 ダ1272 56 内田博 S ⑤⑥⑥ 512 人気11 好位一杯 8¾ 370中375 タイセイトリガ 1256 1.6

78 52 ユメ 58内田博

東京7R
枠番連勝

組番	配当
1-1	88.5
1-2	31.6
1-3	19.5
1-4	27.3
1-5	9.9
1-6	12.0
1-7	10.4
1-8	13.9
2-2	☆
2-3	73.4
2-4	☆
2-5	37.2
2-6	45.0
2-7	39.2
2-8	52.3
3-3	☆
3-4	63.4
3-5	23.0
3-6	27.9
3-7	24.3
3-8	32.3
4-4	☆
4-5	32.1
4-6	38.9
4-7	33.9
4-8	45.2
5-5	☆
5-6	14.1
5-7	12.2
5-8	16.3
6-6	☆
6-7	14.8
6-8	19.8
7-7	44.1
7-8	17.2
8-8	82.2

軸馬 1
単穴 12
連 14 9 3

●2022年6月18日・東京7R（3歳未勝利、ダ1400m・良）

1着⑮クラリティスケール
（7番人気）
2着①リゼレインボー
（1番人気）
3着⑫チャールストン
（2番人気）
単⑮1000円
複⑮300円
①180円
⑫160円
馬連①－⑮2830円
馬単⑮→①6140円
3連複①⑫⑮4410円
3連単⑮→①→⑫28380円

16 桃8	15	14 橙7	13	12 緑6	11	10 黄5	9	8 青
パイロ	エイシンヒカリ	ディープブリランテ	シルバーステート	カレンブラックヒル	ザファクター	ザファクター	カレンブラックヒル	スズカコーズウェイ
グリーンライズ	クラリティスケール	シャーマエスパーダ	キョウコウトッパ	チャールストン	ティアップブランカ	ワンダースナイプ	ロデム	アポ
タガノシムナ	エイシンカラット	マルハチメイフェア	ウインアンジェラス	メイショウデンコー	ティアップブロンド	ワンダービジュー	ワンダーセーハ	アンミ
黒鹿	青毛	鹿毛	黒鹿	黒鹿	芦毛	鹿毛	栗毛	栗毛
56 牡3	54 牝3	56 牡3	51 牝3	56 牡3	54 牝3	56 牡3	54 牡3	56 牡3
替柴田大	替菊沢	石川	替▲佐々木	原田和	江田照	替津村	替△永野	替丸田
美和田雄	美菊沢	美高橋裕	美竹内	美小桧山	美奥平雅	美斎藤誠	美佐藤吉	美奥村武
0	0	0	0	0	0	0	0	0
391	468	104	460	340	0	0	210	130
加藤興一	ノルマンディーTR	西森功	由井健太郎	三岡陽	田中昇	山本能成	サンコウ牧場	武田茂男
市川F	栄進牧場	鮫川啓一	川島牧場	高柳隆男	高昭牧場	秋場牧場	サンコウ牧場	まるとみ冨岡牧場
△	△	注	△				◎	△
	△		注	△			○	△
		注	▲	◎			△	
△	◎		▲	○	△		△	
注	△		△	△			◎	▲
△	△	△	B▲	注			B○	
中ダ1133⑤ 東ダ1257⑦ 千ダ1105⑤ 中ダ1554⑪	新ダ11[illegible]② 中芝13[illegible]③	中ダ1125⑥ 新ダ1198⑤	中ダ1130⑤ 東ダ1253⑤ 東芝1371⑦ 中ダ1566⑩	中ダ11[illegible]⑧ [illegible]	千ダ1117⑥ 東ダ1273⑧ 中ダ2017⑨	新ダ1145⑭	中ダ1139⑩ 東ダ1248② 三ダ2165⑮	中ダ1138③ 千ダ1098⑪
36.6② 初騎乗	37.8⑧ 0001	35.8⑤ 0004	35.9⑤ 初騎乗	36.8⑧ 0110	38.3⑥ 0001	39.0⑭ 初騎乗	36.4⑦ 0001	37.2⑥ 0011
0 1 0 10 / 0 1 0 3	0 1 1 3 / 初コース	0 0 0 4 / 初コース	0 1 0 8 / 0 0 0 2	0 1 1 4 / 0 1 1 0	0 0 0 3 / 0 0 0 1	0 0 0 1 / 初コース	0 1 0 5 / 0 1 0 2	0 0 1 2 / 初コース
1東 2月20日 ⑧ 3歳 11 未勝13ト16頭 千ダ1259 56 Mデムーロ S ⑬⑬⑪ 462 人気3 出遅る 10身 369中367 ローヴェロ 1242 1.7	5中 12月25日 ⑦ 2歳 11 未勝4ト16頭 千外1380 54 江田照 M ②②② 446 人気5 先行一杯 6½ 361中371 ニシノメグレス 1369 1.1	1中 1月8日 ② 3歳 12 新馬8ト15頭 千ダ1142 56 石川 M ②③④ 490 人気4 好位一杯 11¾ 349中393 サザンエルフ 1122 2.0	1東 2月20日 ⑧ 3歳 5 未勝12ト16頭 千ダ1253 54 吉田豊 S ⑬⑬⑬ 468 B 人気14 後方差詰 6⅓ 369外359 ローヴェロ 1242 1.1	船橋 2月16日 ③ 日ビット 6 交流条件 1ト11頭 千ダ1516 55 池谷匠 M ⑩⑩⑩ 503 人気4 後直だけ 14¼ 398中399 ロマンスグレー 1488 2.8	初仔 弟妹ティアップソード（現）	兄弟 ワンダーチャオサオ（未勝）	3中 3月27日 ② 3歳 10 未勝2ト16頭 千ダ1139 56 田中勝 M ⑮⑭⑬ 480 人気7 出遅る 16½ 360内379 セイウンハルカ 1111 2.8	初仔 近親エミノディクタス
2中京 3月13日 ② 3歳 11 未勝15ト16頭 千ダ1146 56 Mデムーロ M ⑭⑭⑩ 450 人気4 後方まま 7身 369外377 タガノミア 1134 1.2	2中 3月21日 ⑧ 3歳 8 牝未勝5ト16頭 千ダ1131 54 菊沢 H ⑩⑫⑫ 442 人気4 後方差詰 7身 353内378 イルザ 1119 1.2	2中 3月5日 ③ 3歳 5 未勝10ト16頭 千ダ1135 56 石川 M ⑧⑦⑥ 480 人気4 中位差詰 7¼ 354外381 ミラビリス 1122 1.3	2中 3月12日 ⑤ 3歳 5 牝未勝7ト16頭 千ダ1130 54 吉田豊 H ⑨⑦⑦ 470 B 人気4 中位伸も 2¼ 349外381 ロジヴィクトリ 1126 0.4	2中 3月21日 ⑧ 3歳 9 未勝1ト16頭 千ダ1562 54 山田 S ⑨⑩⑨ 500 人気15 中位まま 10¼ 387中394 ビーザラキエス 1545 1.7	1中 1月10日 ④ 3歳 9 新馬1ト11頭 千ダ2017 54 黛 S ⑦⑦⑥ 462 人気8 中位一杯 大差 396中432 キングズソード 1568 4.9	近親 ワンダープロ	2東 4月23日 ① 3歳 7 未勝16ト16頭 千ダ1260 54 永野 M ⑭⑭⑭ 478 B 人気9 後直だけ 7¼ 375外364 ダンディジャッ 1248 1.2	2中 3月13日 ⑥ 3歳 6 未勝6ト16頭 千ダ1141 56 丸田 M ⑪⑭⑭ 462 人気10 後方差詰 8身 369中372 ガーデンアイル 1127 1.4
2東 5月1日 ④ 3歳 4 未勝7ト16頭 千ダ1262 54 永野 M ⑯⑮⑮ 450 人気4 後方追上 2¾ 374外369 プレミアムクイ 1258 0.4	1新 5月15日 ④ 3歳 2 未勝13ト15頭 千ダ1126 50 今村 H ⑧⑤⑤ 440 人気5 好位伸 1身 343中383 ヴァーチュアス 1125 0.1	3中 3月27日 ② 3歳 6 未勝13ト16頭 千ダ1125 56 石川 M ⑦⑨⑨ 472 人気5 中位差詰 8¼ 354中371 セイウンハルカ 1111 1.4	3中 4月9日 ⑤ 3歳 4 牝未勝2ト16頭 千ダ1133 54 吉田豊 M ⑩⑩⑦ 468 B 人気6 後方追上 3¼ 361中372 パイツィーレン 1127 0.6	2東 5月21日 ⑨ 3歳 2 未勝10ト16頭 千ダ1268 56 原田和 S ④⑥⑤ 502 人気8 中位伸 1¾ 372中368 キタノブレイド 1265 0.3	1福 4月23日 ③ 3歳 6 未勝4ト16頭 千ダ1117 51 西塚 M ⑦⑦⑦ 462 人気9 好位一杯 5身 363内383 ゴッドクインビ 1108 0.9	レース診断 上昇度△ 出遅れて後方。ロスなく回ったが伸びは一息	2東 5月7日 ⑤ 3歳 13 未勝7ト16頭 千ダ1284 56 大野 S ⑯⑮⑮ 476 B 人気7 S後不利 13½ 388内371 シャインフォー 1260 2.4	3中 4月9日 ⑤ 3歳 3 未勝2ト16頭 千ダ1138 56 丸田 M ⑦⑧⑦ 462 人気3 中位伸 3½ 360内378 シルバーキング 1132 0.6
2東 5月28日 ⑪ 3歳 7 未勝9ト16頭 千ダ1257 54 永野 M ⑭⑮⑬ 452 人気8 後方差詰 6½ 377外367 マイネルシトラ 1247 1.0	1新 5月29日 ⑧ 3歳 4 牝未勝5ト15頭 千ダ1132 51 原 H ⑥⑧⑧ 444 人気5 中位伸も 7身 349中383 オースミメッシ [illegible]	3東 6月4日 ① 3歳 5 未勝10ト16頭 千ダ1198 56 石川 S ⑪⑫⑫ 490 人気7 後方追上 5身 377中358 オーロラアーク 1190 0.8	3東 6月4日 ① 3歳 4 牝未勝3ト15頭 千ダ1263 51 横山琉 M ⑧⑤⑤ 464 B 人気2 中位伸も 1¾ 361中376 グットフォーチ 1259 0.4	3東 6月5日 ② 3歳 3 未勝6ト15頭 千ダ1263 56 原田和 S ⑤③③ 504 人気5 好位粘る 4身 369中369 タイセイトリガ 1256 0.7	3東 6月4日 ① 3歳 8 牝未勝15ト15頭 千ダ1273 54 江田照 M ②①① 456 人気6 逃一杯 8身 353中393 グットフォーチ 1259 1.4	1新 5月28日 ⑦ 3歳 14 未勝7ト15頭 千ダ1145 56 斎藤 H ⑬⑪⑨ 446 人気14 出遅る 11身 355中390 クランシリーニ 1126 1.9	2東 5月28日 ⑪ 3歳 2 未勝11ト16頭 千ダ1248 53 西塚 M ⑫⑪⑪ 470 B 人気10 後方伸 1身 360外366 マイネルシトラ 1247 0.1	1福 4月30日 ⑤ 3歳 11 未勝16ト16頭 千ダ1098 53 西塚 H ⑪⑩⑫ 458 人気5 後方差詰 7¾ 350外378 ダイチヴィヴァ 1084 1.4

外目の枠（7枠）で2着に入る

が少ないレースに出走したときに狙ってみてください。
また、展開が読めれば馬券の精度はかなり高くなるので、先行力のチェックもぜひ実践してみてください。

逃げたことがない「隠れ先行馬」の妙味

●2022年12月11日・中山6R(2歳未勝利、芝2000m良)

◎ハウゼ　5番人気1着

勝負条件⑭隠れ先行馬

過去に一度も先行策を取ったことのない馬が、突如として前に行って穴をあける。競馬ファンなら、そんなシーンは何度も目撃していると思います。そんな誰もが気づいていないような隠れた先行馬も、テン1Fを確認すると見つけることができます。この2歳未勝利戦には、そんな隠れ先行馬が潜んでいました。

ハウゼは、9月11日の中山ダート1800mの新馬戦でデビューして10着、10月30日の新潟では芝内回り2000mの未勝利戦に出走して4着に入線していた馬です。

注目したのは10月30日の未勝利戦。ハウゼは②番ゲートからスタートを決めて、先団につけることができそうな位置にいたのですが、100mほど進んだところで鞍上の黛騎手が故意に控えて、後方13番手の位置を選択します。レースVTRを見てもらえれば、好スタートから控えたのが、誰にもわかると思います。

当日の芝コースは、「やや前有利・やや内有利」といった具合の馬場。道中は12秒台前半のラップで淡々と流れ、2番手から抜け出したイージーオンミーが1着、2着にも3～4番手にいたヴァイルマティが入るという、前残りの決着になりました。

好スタートを決めたのに後方に控えたハウゼには、展開が裏目に出ました。前残りの展開なのに「13－12－11－12」の通過順。しかも3コーナーでは内ラチから3頭分外を走り、さらに4コーナーでは7頭外をブン回すという距離ロスの大きな競馬で、勝ち馬からコンマ9秒差の4着に敗れました。

もしもスンナリと先行していれば、展開や馬場の恩恵を受けられるだけでなく、距離ロスもなかったはずなので、勝っていた可能性まであります。


2022年12月11日・中山6R（2歳未勝利、芝2000m） ※テン1F ○内は○走前

	枠番	馬番	馬名	オッズ	テン1F 1位	厩舎コメント
	1	1	ペネトレイトゴー	7.8	②13.2余力あり	
	2	2	ベリーアーリー	457.3		
	2	3	ブライトクラウン	503.6		
	3	4	サロンドブラック	19.5	①13.2余力あり	前走は粘り強かったですね
	3	5	アドマイヤサジー	21.4		
	4	6	アマソナ	74.8		
	4	7	プレシャスストーン	363.8		
	5	8	ユイアングレイス	5.2	②13.5秒余力あり	先行力を生かせる中山は合いそう
3着	5	9	メイテソーロ	8.1	①13.6秒余力あり	
	6	10	アルファホール	137.1	②12.9秒余力あり	
	6	11	ゴールドバランサー	11.8		
	7	12	シャンボール	21.7	①12.9秒余力あり	
2着	7	13	ジュドー	2.2		
1着	8	14	ハウゼ	10.0	①13.0秒完全に控える	
	8	15	ヤギリベリル	471.6		

また、直線のワンペースな脚色も、後方待機よりも先行策が合っていそうで、前に行けるレースなら馬券になるチャンスがあると予測できました。

勝負条件⑧期待値が高い
勝負条件⑩鞍上強化
勝負条件⑫GⅠの裏開催

そのチャンスが、次走の12月11日中山6R2歳未勝利戦（芝2000m）でさっそくやって来ます。未勝利戦の中距離戦で先行策が期待できるテン1Fタイムは、12秒中盤くらいです。出走馬のテン1Fタイムを確認してみると、12秒9～13秒5という遅いタイムで物足りなさを感じます。

陣営のコメントをチェックすると④サロンドブラックがハナ候補になります。しかし、ハウゼの前走はテン1F13秒0ですが、スタートから100mあたりで完全に控えているので、行く気ならばもう少し速いテンの脚は使えていたはず。スタートも上手なので、今回のメンバーでは「先行力上位」と判断できました。

前走の後方からの不利の大きなレースを見れば、陣営も積極策を取る率が見込めます。しかもこの日の中山はGⅠの裏開催で、ジョッキーも黛騎手からベテランの岩田康誠騎手に変わり大幅に鞍上強化されており、勝負条件⑧鞍上強化、⑪GⅠの裏開催にも当てはまっていました。

これでハウゼが一本被りの1番人気だと色気は出ませんが、5番人気なら勝負条件⑧期待値が高いも確保していそうです。

netkeiba.comの公開予想には、次のような予想文を書きました。

12月11日中山06R　総合評価【C】　的中【D】

【レース見解】条件替わりの馬を狙う。

◎14番ハウゼ

中山の小回りこなす、速い馬場若干割引、乗り替わり大幅にプラス、先行力は見せた。前走は一旦先行出来そうな位置から故意に控えて4角出口付近で無理に外へ出そうとしたため、かなり外を回す下手な騎乗をした。直線は盛り返し強さの片鱗を見せた（4着）。直線ワンペースでタフさのありそうな脚色から先行策なら、もっと走る率が見込める。前走の芝の善戦で今回は積極策の率が見込め、先行馬も少なく岩田騎手への鞍上強化で人気薄なら押さえておきたい。

相手8・13・1・11・9　4・5・7・12

【買い目】単勝14番5000　複勝14番5000

岩田騎手は期待に応えてくれました。スタートを決めた後も、馬をうながしながら前へ行き、1コーナーまでに2番手の外をキープします。

あとは逃げるサロンドブラックを前に見ながら、3コーナーで仕掛けて、4コーナーでは先頭。直線では他馬を寄せつけずにリードを広げて、2着に3馬身差をつけて完勝しました。

単勝は10・6倍、複勝は2・7倍。もしもハウゼが前走で先行策を取っていたら、ここまでの好配当

中山 6R

発馬 12.35

二歳未勝利

芝 2000 メートル（右・内回り）A 直線 310.0 メートル

	白1 [1]	黒2 [2]	[3]	赤3 [4]	[5]	青4 [6]	[7]	5 [8]
父	ゴールドシップ(輸)	フェノーメノ(輸)	サトノクラウン(輸)	キタサンブラック(輸)	ハービンジャー(輸)	ルーラーシップ(輸)	ダノンバラード(中)	イスラボニータ(マ中)
馬名	ペネトレイトゴー	ベリーアーリー	ブライトクラウン	サロンドブラック	アドマイヤサジー	アマソナ	プレシャストーン	ユイアングレイス
母・実績	セカンドノホシ 1勝(マ)	シルクプロミス 1勝(中)	レッドセイリング 2勝(中)	ヒムノティック 米(マ)	メジロコウミョウ 1勝(中)	ルージュクール 未勝(マ)	マイネプレセア 2勝(マ)	ポッドルージュ 公(中)
毛色・斤量	芦 55 牡2	青鹿 51 牝2	黒鹿 55 牡2	黒鹿 55 牡2	黒鹿 54 牝2	鹿 54 牝2	青鹿 54 牝2	鹿 55 牝2
騎手	替北村宏	▲土田	替嶋田	替菅原明	戸崎圭	大野	替柴田大	替福永
厩舎	栗森	美松山将	美和田郎	美竹内	美宮田	美高柳瑞	美松山将	美粟田徹
賞金	0	0	0	0	0	0	0	0
馬主名	前川俊行	阿部善武	阿津昌弘	辻子依旦	近藤旬子	越村洋子	ラフィアン	由比泉子
牧場名	日出口牧場	新ラツキー牧場	浦杵臼牧場	日ヤナガワ牧場	洞レイクヴィラF	洞レイクヴィラF	新ビッグレッドF	ひタツヤF
佐藤直	△			△	▲			○
小野智	△			△	注	△		▲
久光	△				△			◎
西田	▲			◎	△			注
中田	注			△	◎			△
本紙武井	○ 西			△	△			▲
最高 1800 / 2000	東2016④	東1511⑰ 三1118⑪	福1529⑬ 天1387⑬	新1523⑦ 東2031③	天1355⑥	東1486⑨ 天1378⑥	東1489⑪ 東2030⑧	天1376⑥ 東2009③
上り最高	〒33.5④	三35.4⑪	天35.0⑬	天34.1⑦	天34.3⑥	天35.0⑨	〒34.2⑧	天34.2⑥
芝重実績	○0000	○0000	○0000	○0000	○0000	○0000	○0000	○0000
母の父	シンボリルドルフ	マヤノトップガン	ゼンノロブロイ	ウォーフロント	キングカメハメハ	リダウツチョイス	マイネルラヴ	フレンチデピュティ
前々走	シンボリルドルフ セカンドサービス 兄弟 スプリングボックス 4・14生	マヤノトップガン ウエルシュクイーン 兄弟 キタノプレッジ 5・30生	ゼンノロブロイ チャールストンハーバー 兄弟 ニシノアナ 4・16生	ウォーフロント オレイト 兄弟 ヨリクンハート 4・21生	キングカメハメハ メジロルルド 兄弟 コウソクスピード 2・14生	リダウツチョイス サンデーヴァレンタイン 兄弟 オタルエバー 2・21生	マイネルラヴ コスモキララ 兄弟 シーグラス 5・14生	4東 10月10日 ③〒6 新馬 2ト13頭 天1376 55大野 S⑧⑥⑥ 468 人気7 中位伸も 6¼ 374内342 シンリョクカ 1366 1.0
前走	4阪 10月29日 ⑧〒2 新馬 6ト11頭 〒内2022 55菅原明 S⑤④④ 450 人気9 中位伸 1¾ 374中347 マイネルエンペ 2019 0.3	3福 11月6日 ②〒11 新馬 11ト16頭 三1118 51土田 M⑩⑪⑫ 402 人気14 後方まま 8¼ 364中354 トラベログ 1105 1.3	4東 10月10日 ③〒13 新馬 3ト13頭 天1387 52原 S⑫⑩⑩ 430 人気13 後方まま 12¾ 378内350 シンリョクカ 1366 2.1	3新 8月21日 ④〒7 新馬 8ト13頭 天外1523 54菅原明 S⑧⑦⑨ 494 人気7 中位まま 13¼ 390外341 ロードプレイヤ 1502 2.1	レース診断 上昇度○ 内を突くも下がってきた馬を気にして伸びず	4中 10月1日 ⑧〒6 未勝新馬 1ト16頭 天外1378 54大野 S⑥⑦⑥ 478 人気6 中位まま 7¾ 383内352 クイーンオブソ 1364 1.4	5東 11月5日 ①〒8 新馬 9ト10頭 〒2030 54柴田大 S⑩⑩⑩ 396 人気10 出遅る 8¾ 394中342 ジェイパームス 2016 1.4	4東 10月30日 ⑨〒4 未勝 10ト10頭 〒2016 55大野 M③⑤④ 464 人気6 中位差詰 9身 375内349 ニシノプロボー 2002 1.4
今走前	5東 11月12日 ③〒4 未勝 1ト11頭 〒2016 55菅原明 S⑨⑧⑧ 448 人気2 出遅る 4¼ 387内335 ドゥレッツァ 2009 0.7	5東 11月20日 ⑥〒17 未勝新馬 17ト17頭 天1511 51土田 M⑧⑥⑧ 404 人気14 中位バテ 大差 368外373 アスパルディー 1480 3.1	3福 11月19日 ⑤〒13 未勝 13ト16頭 天1529 52佐々木 S⑫⑪⑬ 430 人気15 出遅る 10身 380中369 レミージュ 1512 1.7	4東 10月22日 ⑥〒3 未勝 9ト12頭 〒2031 55岩田望 S①①① 492 人気4 逃粘る ¾身 373内347 サスツルギ 2029 0.2	5東 11月12日 ③〒6 未勝新馬 5ト11頭 天1355 54戸崎圭 S⑩⑩⑩ 438 人気5 出遅る 8½ 379内343 ライトクオンタ 1341 1.4	5東 11月20日 ⑥〒9 未勝新馬 12ト17頭 天1486 54大野 M⑥⑤⑤ 484 人気7 好位一杯 3¾ 365中350 アスパルディー 1480 0.6	5東 11月20日 ⑥〒11 未勝新馬 13ト17頭 天1489 54野中 M⑰⑮⑬ 398 人気13 後直だけ 5½ 375内348 アスパルディー 1480 0.9	5東 11月19日 ⑤〒3 未勝 8ト14頭 〒2009 55マーカンド S④④③ 466 人気10 好位伸 3¼ 366中344 スキルヴィング 2003 0.6
全左ダ右中	00000 10010 00000 11000	00000 00000 00000 21010	00000 00000 00000 21010	00000 00000 11000 11000	00000 00000 00000 11000	00000 00000 00000 21011	00000 00000 00000 22000	00000 00000 11000 22000
情報 力拮抗	○有力	入着級	入着級	△連下	△連下	連なら	入着級	▲単穴

賞金	レコード
520万	1.58.9
210	19年11月
130	グランデ
78	マーレ
52	55藤岡佑

中山6R 枠連

組	オッズ	組	オッズ
1-1	—	4-4	☆
1-2	☆	4-5	46.2
1-3	21.5	4-6	☆
1-4	96.9	4-7	30.5
1-5	14.6	4-8	☆
1-6	35.4	5-5	15.5
1-7	9.7	5-6	16.8
1-8	72.8	5-7	4.6
2-2	☆	5-8	34.7
2-3	70.1	6-6	☆
2-4	☆	6-7	11.1
2-5	47.7	6-8	83.4
2-6	☆	7-7	36.7
2-7	31.6	7-8	22.9
2-8	☆	8-8	☆
3-3	37.7		
3-4	67.8		
3-5	10.2		
3-6	24.7		
3-7	6.7		
3-8	50.9		

軸馬 13
単穴 11
連 12 8 4

●2022年12月11日・中山６Ｒ(２歳未勝利、芝2000m・良)

1着⑭ハウゼ

（5番人気）

2着⑬ジュドー

（1番人気）

3着⑨メイテソーロ

（4番人気）

単⑭1060円

複⑭270円

⑬130円

⑨210円

馬連⑬－⑭1150円

馬単⑭→⑬2850円

3連複⑨⑬⑭3150円

3連単⑭→⑬→⑨19780円

15 桃8	14	13 橙7	12	11 緑6	10	9 黄
モーリス(マ中)	デクラレーションオブウォー(中)	モーリス(マ中)	キズナ(帳)	ゴールドアクター(帳)	ゴールドシップ(帳)	ミッキーロケット(帳)
ヤギリベリル	ハウゼ	ジュドー	シャンボール	ゴールドバランサー	アルファホール	メイテソーロ
ヤギリヴィーナス1勝(中)	ハワイアンローズ(公)(マ)	パンデイア未勝(マ)	キララチュール1勝(マ)	ゴールドグローリー1勝(マ)	コスモチョコレイ2勝(中)	フリップフロップ1勝(短)
鹿 55 牡2	鹿 55 牡2	栗 55 牡2	黒鹿 55 牡2	栗 55 牡2	芦 55 牡2	黒鹿 55 牡2
野中	替岩田康	替マーカンド	替田辺	内田博	替丹内	Hドイル
(美)小西	(美)田中博	(美)手塚	(美)上原博	(美)鈴木慎	(美)清水英	(美)武市
0	0	0	0	0	0	0
内田ヤエ子	CHEVALATTACHE	シルクR	前田幸治	居城寿与	ビッグレッドF	了德寺健二HD
(ひ)桑嶋峰雄	(浦)辻牧場	(安)ノーザンF	(浦)高昭牧場	(新)北勝F	(新)ビッグレッドF	(日)アイズS
……… ……… ……… ……… ……… ………	…△… ……… ……… …△… ……… …△…	…◎ B …◎… …▲… …○… …○… …◎…	…△… ……… …△… ……… …△… …△…	…△… …△… …注… …△… …▲… …注…	……… ……… ……… ……… ……… ………	…注… …○… …○… …△… …△… …△…
芝1393⑦	中ダ[illegible]15⑩ 新2[illegible]39④	芝[illegible]⑦ 中[illegible]③	新1491④ 中2051⑥	東2010③	東1516⑨ 東2034⑦	東[illegible]②
芝34.8⑦	芝3[illegible]6④	芝[illegible]③	芝34.6④	芝34.7③	芝35.4⑨	芝[illegible]②
○0000	○0000	○0000	○0001	○0000	○0000	○0000
コンデュイット	キングカメハメハ	ディープインパクト	タイキシャトル	ハービンジャー	ブラックタイド	リンカーン
コンデュイット ダイワノブレス 兄弟 ヤギリジェード 5.22生	キングカメハメハ サンタローズ 兄弟 ハーツオブシャカ 3.11生	3東 6月26日 ⑧芝7 新馬 6ト16頭 芝1366 54 岩田望 S ⑤⑤⑤ 482 人気2 好位一杯 5身 367中355 ミシシッピテソ 1357 0.9	2福 7月16日 ⑤芝4 新馬 13ト13頭 芝1537 54 吉田豊 S ⑥③⑤ 470 人気7 中位差詰 7½ 396外355 フェアエールン 1525 1.2	2福 7月23日 ⑦芝2 新馬 4ト10頭 芝2092 54 内田博 S ④⑨⑤ 458 人気6 後方伸 1½ 398外355 レストア 2089 0.3	ブラックタイド スイートウィリアム 兄弟 コスモチョコラトル 5.2生	リンカーン ケイアイメモリー 兄弟 ケンジン 4.25生
レース診断 上昇度△ 緩い流れを後方で促しながら。ズブさが残る	4中 9月11日 ②芝10 新馬 1ト12頭 芝ダ2015 54 大野 S ⑥⑨⑦ 494 人気4 中位一杯 大差 410内417 タルマエロマエ 1574 4.1	4中 9月18日 ④芝3 未勝 14ト14頭 芝内2027 54 菅原明 S ⑩⑩⑨ 478B 人気4 後方伸 ¾身 375中351 ウインエタンセ 2025 0.2	3新 8月13日 ①芝4 未勝 1ト16頭 芝外1491 54 吉田豊 S ⑨⑨⑨ 470 人気5 脚余す 5½ 366内346 ダノンザタイガ 1482 0.9	4中 9月18日 ④芝6 未勝 3ト14頭 芝内2033 54 内田博 S ⑫⑫⑬ 454 人気3 もまれる 4¾ 378中353 ウインエタンセ 2025 0.8	4東 10月30日 ⑨芝9 新馬 1ト14頭 芝1516 55 野中 S ①①① 472 人気14 逃一杯 7¼ 374内354 エメリヨン 1504 1.2	レース診断 上昇度○ 道中は前に馬を置いて折り合い息の長い末脚
5東 11月13日 ④芝7 新馬 6ト8頭 芝1393 55 野中 S ⑧⑧⑧ 492 人気8 後方まま 16¼ 401外348 トラマンダーレ 1366 2.7	4新 10月30日 ⑥芝4 未勝 2ト14頭 芝内2039 55 黛 M ⑫⑪⑫ 496 人気9 後方追上 5½ 374外366 イージーオンミ 2030 0.9	4中 10月1日 ⑧芝2 未勝 12ト17頭 芝内2027 55 菅原明 M ⑧⑥⑤ 474B 人気2 一旦抜出 ½身 377中358 ビターグラッセ 2026 0.1	4中 9月11日 ②芝6 未勝 7ト9頭 芝内2051 54 吉田豊 S ③②② 478 人気4 先行一杯 8身 370中360 ファイナルビー 2038 1.3	4東 10月9日 ②芝3 未勝 1ト9頭 芝2010 55 内田博 H ⑥⑤④ 448 人気3 中位伸 2½ 379中347 アヴニールドブ 2006 0.4	5東 11月6日 ②芝7 未勝 7ト10頭 芝2034 55 野中 S ①①① 474 人気6 逃一杯 8身 372内360 アームブランシ 2021 1.3	5東 11月20日 ⑥芝2 新馬 4ト9頭 芝2038 55 Hドイル S ⑤④④ 482 人気7 好位伸 ハナ 389中341 マジカルワード 2038 0.0
全左ダ右中 00000 00000 00000 11000	全左ダ右中 00000 00000 00000 21100	全左ダ右中 00000 10011 10011 11000	全左ダ右中 00000 00000 00000 31021	全左ダ右中 00000 10010 11000 10011	全左ダ右中 00000 00000 00000 22000	全左ダ右中 00000 11000 00000 00000
入着級	△連下	○有力	★伏兵	☆特注	入着級	△連下

コーナー通過は「12-11-12」と控えて4着

にはならなかったはず。ハウゼが一度も先行策を取ったことがない「隠れ先行馬」だからこそ、好配当につながったのです。

好スタートを切ったのに、あえて控える競馬を選択する、10月新潟未勝利戦のハウゼのような馬はけっこういます。競馬を教えるためなのか、特に2～3歳の未勝利戦や1勝クラスでは、よく見かける気がします。

また、若手や中堅ジョッキーが厩舎の指示にしたがって、好スタートを決めているのに控えるような場合もあります。

ご存知の通り、競馬は逃げ・先行馬が有利です。過去のレースでは控えていたが、じつは先行力があるハウゼのような馬は美味しい馬券に直結します。競馬新聞の「逃げ」や「先行」マークを信頼するのではなく、過去のレースのスタートやテン1Fタイムから、隠れ先行馬を見つけてみてください。

真田の勝負! 9

距離ロスがあった馬の激走を見抜く!

●2022年12月3日・中京4R（2歳未勝利、芝2000m良）

◎シェイクユアハート　4番人気1着

勝負！⑥のサンライズアリオンの項でもふれましたが、競馬の不利にはいろいろな種類があります。スタートでの出遅れ、馬群から抜け出せない不利や前をカットされる不利は、マスコミに取り上げられることも多いのですが、「距離ロスによる不利」は、意外に取り上げられることがないイメージがあります。

しかし、少しコースの外を通るだけでも、大きな距離ロスが発生するのが競馬で、着順に与える影響は想像以上に大きいというのが実情です。距離ロスを確認することの大切さは書籍や専門誌で紹介されているし、本書でも勝負！①ジャンダルムの項（P32）でふれていますが、やはり重要なので、ここでも繰り返し紹介します。

コーナーで内ラチから1頭分外を走った馬が、どれだけ余分に距離を走ったかは、次の計算式で示すことができます。

2m（直径に換算するため、1m＋1mになる）×3・14÷2＝3・14m

チーム真田では1馬身を2・4mと計算しているので、コーナーで1m外を通ると、半周のコースで、約1・3馬身、タイムにして約0・21秒のロスが発生します。**1周コースで1m外を走り続けると、距離ロスは約2・6馬身、タイムロスは約0・41秒になります。**

特に大きな距離ロスが発生した馬は、次走以降で狙えるケースがあります。2022年12月3日中京4R2歳未勝利戦には、前走で距離ロスの大きかった馬が3頭いました。

その1頭が⑥シェイクユアハート。前走の10月29日新馬戦（阪神芝2000m）は、大外枠の⑪番ゲ

【距離ロス】早見表

半周	距離ロス	馬身	ロスタイム
1m外	3.14m	1.3馬身	0.21秒
2m外	6.28m	2.6馬身	0.41秒
4m外	12.5m	5.2馬身	0.83秒
6m外	18.8m	7.8馬身	1.25秒

1周	距離ロス	馬身	ロスタイム
1m外	6.28m	2.6馬身	0.41秒
2m外	12.5m	5.2馬身	0.83秒
4m外	25.1m	10.4馬身	1.67秒
6m外	37.6m	15.7馬身	2.51秒

1馬身＝2.4m
1馬身＝ 0.16 秒　※チーム真田の基準

ートからの発走で、1～2コーナーでは内ラチから4頭目を走り、3コーナーでも4頭目の外、4コーナーでは4～5頭目の外をブン回す競馬をしていました。詳しくはJRAのレースVTRを確認してください。

各馬の間隔に偏りはありますが、1頭分外を走ると1～2mの幅があるとザックリ考えています。最大の2m幅があったと考えると、シェイクユアハートには約7馬身、1・2秒のロスがあった計算になります。

レースは1・4秒差の8着に敗れましたが、もしもシェイクユアハートが内ラチ沿いを走れていれば、1着馬と0・2秒差の僅差の競馬をしていた計算になります。

⑯アスターブジエと⑨メイショウウイッシンも、前走のコーナーで外を回す競馬をしており、前者のタイムロスは1・4秒、後者のタイムロスは1・1秒になります。タイムロスを考慮すると、どちらの馬も前走で勝ち負けに持ち込めていた計算になります。

勝負条件①適性に合ったコース
勝負条件④近走の敗因の解消が期待できる

シルシの順番は、シェイクユアハートに◎を打ちました。大外枠だった前走とは違って、今回は16頭立ての⑥番ゲート。前走よりも内のコースを確保できそうなので、「勝負条件④近走の敗因の解消が期待できる」と予想できました。

また、前走の直線での脚色に余力を感じた点と、コーナリングにぎこちなさがあっ

前走の距離ロスの計算

馬名	初角	2角	3角	4角	ロスタイム	着差
◎⑥シェイクユアハート	4頭目	4頭目	4頭目	4.5頭目	1.2秒	1.4秒
○⑯アスターブジエ	3.5頭目	4頭目	5頭目	6頭目	1.4秒	0.8秒
▲⑨メイショウウイッシン	2頭目	3頭目	5頭目	6頭目	1.1秒	1.1秒

たので、阪神内回りコースから中京コースに替わることによって、上積みが見込めるのも買い材料でした。

アスタープジエは⑯番ゲートに入ったため評価を○。メイショウイッシンは7番人気（単勝29・2倍）と配当的に魅力だったのですが、ジョッキーの腕に左右される中枠（⑨番ゲート）で、鞍上が新人ジョッキーの鷲頭騎手だったので▲にしました。

レースは、逃げる1番人気ライジングホープに2頭の馬が絡んで、1000m通過タイム59秒4という、わりと締まった流れになりました。

⑥番ゲートからスタートを決めた◎シェイクユアハートは、先行争いには加わらずに、1コーナーまでに内ラチ沿いの中団を確保。道中はずっと内ラチ沿いを走り、直線でも内を突き抜けてきて2馬身差で完勝。前走の1・4秒差8着が嫌気されて人気を下げていましたが、距離ロスを考慮すると、やはり勝ち切る力があったのです。

2着に入線したのは▲メイショウイッシン。こちらもやや縦長の隊列もあって、距離ロス少なくレースを進め、4コーナーで外に持ち出した後は外から伸びてきました。

○アスタープジエは騎手の仕掛け遅れで脚を余して悔しい4着に敗れましたが、力があることは示した内容でした。netkeiba.com の公開予想では、単勝710円、馬連5960円、3連複9350円が的中。チーム真田としても利益を上げることができました。

2022年にはJRAで約3400レースが行なわれましたが、そのうちの約2100レースが、1着馬と2着馬の着差は0・2秒差以内でした。競馬で内ラチ沿いを走り続けられる馬は少数なので、半

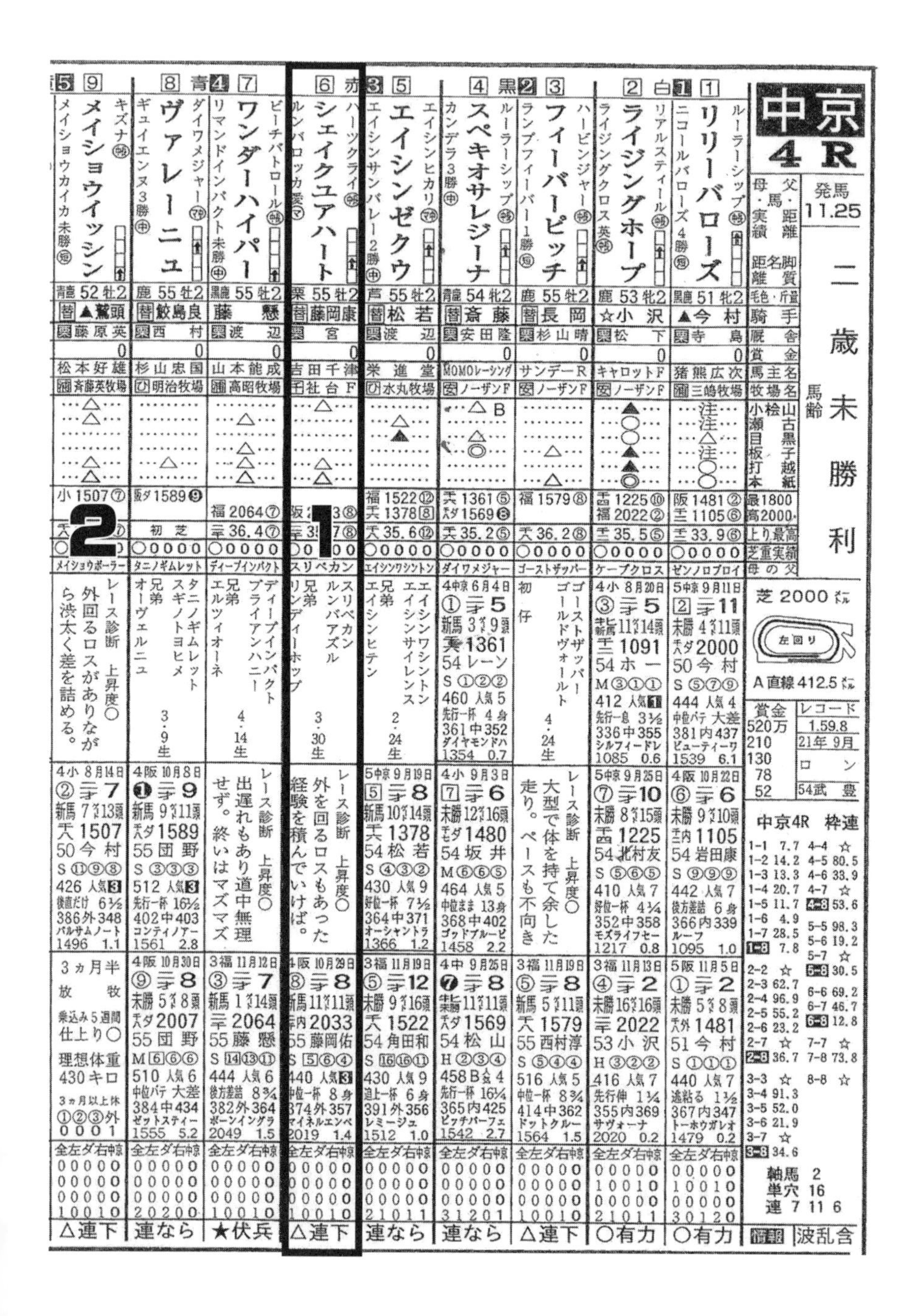

中京 4R

発馬 11.25

二歳未勝利

芝 2000 メートル 左回り　A直線 412.5 メートル

賞金	レコード
520万	1.59.8
210	21年 9月
130	ロン
78	54武豊
52	

枠	馬番	馬名	父	母	毛色・斤量	騎手	厩舎	馬主名	牧場名	母の父	評価
白1	1	リリーバローズ	ルーラーシップ	ニコールバローズ 4勝	黒鹿 51 牝2	▲今村	寺島	猪熊広次	三嶋牧場	ゼンノロブロイ	○有力
白1	2	ライジングホープ	リアルスティール	ライジングクロス 英	鹿 53 牝2	☆小沢	松下	キャロットF	ノーザンF	ケープクロス	○有力
黒2	3	フィーバーピッチ	ハービンジャー	ランプフィーバー 1勝	鹿 55 牡2	替 長岡	杉山晴	サンデーR	ノーザンF	ゴーストザッパー	△連下
黒2	4	スペキオサレジーナ	ルーラーシップ	カンデラ 3勝	青鹿 54 牝2	替 斎藤	安田隆	MOMOレーシング	ノーザンF	ダイワメジャー	連なら
赤3	5	エイシンゼクウ	エイシンヒカリ	エイシンサンバレー 2勝	芦 55 牡2	替 松若	渡辺	栄進堂	水丸牧場	エイシンワシントン	連なら
赤3	6	シェイクユアハート	ハーツクライ	ルンバロッカ 愛	栗 55 牡2	替 藤岡康	宮	吉田千津	社台F	スリペカン	△連下
青4	7	ワンダーハイパー	ビーチパトロール	リマンドインパクト 未勝	黒鹿 55 牡2	藤懸	渡辺	山本能成	高昭牧場	ディープインパクト	★伏兵
青4	8	ヴァレーニュ	ダイワメジャー	ギュイエンヌ 3勝	鹿 55 牡2	替 鮫島良	西村	杉山忠国	明治牧場	タニノギムレット	連なら
5	9	メイショウイッシン	キズナ	メイショウカイカ 未勝	青鹿 52 牡2	替 ▲鷲頭	藤原英	松本好雄	斉藤英牧場	メイショウボーラー	△連下

3 エイシンゼクウ: 兄弟 エイシンヒテン　2・24生

6 シェイクユアハート: 兄弟 リンディーホップ　3・30生

7 ワンダーハイパー: 兄弟 エルツィオーネ　4・14生

8 ヴァレーニュ: 兄弟 オーヴェルニュ　3・9生

9 メイショウイッシン: レース診断 上昇度○ 外回るロスがありながら渋太く差を詰める。

6 シェイクユアハート: レース診断 上昇度○ 外を回るロスもあった 経験を積んでいけば。

7 ワンダーハイパー: レース診断 上昇度○ 出遅れもあり道中無理せず。終いはマズマズ。

3 フィーバーピッチ: レース診断 上昇度○ 大型で体を持て余した走り。ペースも不向き。

9 メイショウイッシン: 3ヵ月半 放牧 乗込み5週間 仕上り○ 理想体重 430キロ

中京4R 枠連

組	オッズ	組	オッズ
1-1	7.7	4-4	☆
1-2	14.2	4-5	80.5
1-3	13.3	4-6	33.9
1-4	20.7	4-7	☆
1-5	11.7	4-8	53.6
1-6	4.9	5-5	98.3
1-7	28.5	5-6	19.2
1-8	7.8	5-7	☆
2-2	☆	5-8	30.5
2-3	62.7	6-6	69.2
2-4	96.9	6-7	46.7
2-5	55.2	6-8	12.8
2-6	23.2	7-7	☆
2-7	☆	7-8	73.8
2-8	36.7	8-8	☆
3-3	☆		
3-4	91.3		
3-5	52.0		
3-6	21.9		
3-7	☆		
3-8	34.6		

軸馬 2
単穴 16
連 7 11 6

情報 波乱含

●2022年12月3日・中京4R（2歳未勝利、芝2000m・良）

1着⑥シェイクユアハート
（4番人気）
2着⑨メイショウイッシン
（7番人気）
3着⑪ドゥヴァンスマン
（3番人気）
単⑥710円
複⑥250円
⑨430円
⑪160円
馬連⑥－⑨5960円
馬単⑥→⑨9950円
3連複⑥⑨⑪9350円
3連単⑥→⑨→⑪57790円

16 桃8	15	14 橙7	13	12 緑6	11	10 黄
オルフェーヴル㊥	ゴールドシップ㊥	マツリダゴッホ㊥	ラブリーデイ㊥	サトノダイヤモンド㊥	ハービンジャー㊥	マクフィ㋮
アスタープジエ	マイネルパーヴェル	アクティビティ	フルーヴ	メイショウシナノ	ドゥヴァンスマン	ハンマ
レッドカーラ2勝㋮	マイネエカテリーナ1勝㊥	カリスマテーラー3勝㊰	ブルーロータス未勝㊥	アルボナンザ4勝㋮	メルヴェイユドール3勝㊥	シンバルII愛㊥
栗55牡2	芦55牡2	黒鹿51牡2	青鹿54牝2	鹿55牡2	栗55牡2	栗54牝2
替鮫島駿	替津村	替★永島	加藤	幸	替西村淳	替横山典
栗中竹	美畠山吉	美加藤和	栗羽月	栗大橋	栗矢作	栗昆
0	0	0	0	0	0	0
加藤久枝	ラフィアン	近藤英二	阿部東亜子	松本好雄	G1レーシング	NICKS
千社台F	新ビッグレッドF	ひ岡田S	ひ三石川上牧場	浦辻牧場	白白老F	浦辻牧場
◎	…	…	…	…	○	△
…	…	…	…	…	▲	◎
注	…	…	…	△	◎	…
○	…	…	…	△	△	…
注	…	…	…	…	◎	…
注	東	東	…	…	▲	△
	東1489⑥	芝1118⑨			福1513④	札1539⑤
福2[illegible]③	東2024⑥	芝ダ1234⑫	福2068⑩	阪2046⑤	東[illegible]④	大ダ1571⑦
芝[illegible]③	天35.4⑥	芝34.6⑨	芝37.2⑩	芝35.7⑤	芝[illegible]④	天37.1⑤
○00[illegible]0	○0000	○0000	○0000	○0000	○[illegible]0	○0000
マンハッタンカフェ	アグネスタキオン	アドマイヤコジーン	ディープインパクト	キングカメハメハ	フジキセキ	シングスピール
マンハッタンカフェ シンデレラロマンス 兄弟 ウィリン 4・5生	4東 10月8日 ①芝6 新馬 16ト17頭 天1489 55 柴田大 S ⑦⑦⑦ 444 人気14 中位まま 11½ 373外354 タイセイクラー 1470 1.9	アドマイヤコジーン ジャスミンリーフ 兄弟 カリスマスピリット 5・23生	ディープインパクト ピンクカメオ 兄弟 モンタナサファイア 3・5生	キングカメハメハ エスジーボナンザ 兄弟 レーヴェン 5・11生	フジキセキ ゴールデンサッシュ 兄弟 セルヴァン 3・31生	2札 8月14日 ②芝5 新馬 7ト11頭 天1539 54 横山和 S ⑥②② 486 人気7 出遅る 3¼ 387中371 アスクメークシ 1533 0.6
レース診断 上昇度○ 発馬後手で4角は最後方も能力を感じる末脚	4東 10月22日 ⑥芝8 未勝 12ト12頭 芝2041 55 柴田大 S ②②② 442 人気7 先行一杯 7身 376中355 サスツルギ 2029 1.2	5中京 9月17日 ③芝9 新馬 5ト10頭 芝1118 51 鷲頭 S ⑨⑨⑨ 442 人気10 出遅る 18身 372内346 トレンディスタ 1089 2.9	レース診断 上昇度△ 仕上り良好。馬込みにいた分やや仕掛け遅れ	レース診断 上昇度○ ジリジリと伸びている上がりを要す展開なら	5東 11月5日 ①芝4 新馬 1ト10頭 芝2024 55 坂井 S ④③④ 484 人気3 好位一息 4¾ 376内344 ジェイパームス 2016 0.8	4阪 10月23日 ⑦芝7 未勝 6ト12頭 大ダ1571 54 横山和 S ⑦⑦⑥ 496 人気7 中位まま 10¼ 385中391 カレンアルカン 1554 1.7
3福 11月12日 ③芝3 新馬 6ト14頭 芝2057 55 藤岡佑 S ⑬⑬⑪ 464 人気7 後方伸 5身 381外357 ボーンイングラ 2049 0.8	5東 11月12日 ③芝6 未勝 4ト11頭 芝2024 55 柴田大 S ①①① 446 人気8 逃一杯 8¾ 371内355 ドゥレッツァ 2009 1.5	5東 11月19日 ⑤芝12 未勝 13ト16頭 芝ダ1234 55 Hドイル S ⑭⑬⑭ 448 人気12 後方まま 大差 384中383 ニジュウダンサ 1198 3.6	3福 11月12日 ③芝10 新馬 11ト14頭 芝2068 54 加藤 S ⑧⑨⑨ 434 人気9 中位一杯 11½ 370中372 ボーンイングラ 2049 1.9	5阪 11月20日 ⑥芝5 新馬 4ト9頭 芝内2046 55 幸 S ⑧⑧⑧ 494 人気7 後直だけ 14½ 385中357 タッチウッド 2022 2.4	3福 11月19日 ⑤芝4 未勝 6ト16頭 天1513 55 北村友 S ⑫⑪⑪ 482 人気5 中位伸も ¾身 382中354 レミージュ 1512 0.1	5阪 11月6日 ②芝9 未勝 4ト12頭 芝ダ1276 54 横山和 M ⑩⑪⑪ 496 人気11 後直だけ 11½ 372外384 アームズレイン 1257 1.9
全左ダ右中京	全左ダ右中京	全左ダ右中京	全左ダ右中京	全左ダ右中京	全左ダ右中京	全左ダ右中京
00000	00000	00000	00000	00000	00000	00000
00000	00000	00000	00000	00000	00000	00000
10010	00000	00000	00000	00000	00000	00000
00000	33000	21101	10010	10010	21010	30210
☆特注	入着級	入着級	入着級	連なら	▲単穴	△連下

数以上のレースの結果に距離ロスの影響があるといってもいいかもしれません。

もちろん、競馬マスコミやセミプロは距離ロスのチェックをしていますが、ＪＲＡの全レース、全頭のレース映像を解析している私にしてみれば、それでも見落としが多いような気がします。

中でも、1～2コーナーの距離ロスは、見落としが多い印象があります。

読者の皆さんが全頭映像チェックを行なうのは難しいと思いますが、特に外を回している馬を見かけたときはチェックしておき、次走以降の条件が合うレースで狙ってみてください。

コーナーで3～5頭分外をブン回しているような馬は、けっこう見かけます。距離ロスは強力なファクターであるわりに、オッズに反映されづらい甘い条件なので、これを実践すれば馬券成績は確実に向上します。

チーム真田のタイム偏差出馬表の馬柱にも、距離ロスがあった馬の馬柱には不利印や短評を入れているので（Ｐ34～35参照）、興味のある方はコンビニプリントから出力してみてください。

「１番人気馬に死角あり」で儲ける！

●2022年6月19日・東京11ＲユニコーンＳ（3歳ＧⅢ、ダ１６００ｍ良）
【危険な人気馬】リメイク　１番人気６着

危険な人気馬を見つけることができれば、馬券で儲けることは可能です。

もちろん、「危険な人気馬がわかっても、何が勝つかがわからない」という声が上がるかもしれません。しかし、危険な上位人気馬がわかっていれば、狙いを極端に絞らなくても、利益につなげやすくなります。

2022年の重賞レースでは、ユニコーンSで1番人気に支持されていたリメイクが死角のある上位人気馬でした。

リメイクは22年2月に1勝クラスを勝ち上がると、昇竜Sと端午Sも勝ち3連勝。6月のユニコーンSでは実績上位の馬でした。

しかし、リメイクは首差しが短めで、昇竜Sや端午Sのレースを見ると、脚の回転の速いピッチ走法で、コンパクトさのある走りをしています。

レースも、馬群の内目でスムーズに追走しながら脚をためて、直線で前が開いたところをスパッと抜けるというもの。一方、抜け出した後に、さらに加速して他馬を引き離すような力強さはありません。これも器用なピッチ走法の馬によくあるレース内容です。

【リメイクの特性】
・ピッチ走法で器用なレースができる
・長い直線や距離延長が苦手

勝負条件⑥上位人気馬に死角がある
勝負条件⑧期待値が高い

ダート1400m戦をピッチ走法で制してきた馬が、1600mに距離を延長し、しかも東京の長い直線となると、不安しかありません。とりあえず、読者の皆さんが走法を見抜けるか否かの話は置いておいて、私はリメイクがユニコーンＳを勝つ確率は５％程度だろうと見積もりました。

下の表はユニコーンＳの単勝オッズ、ファン的中率平均です。ファン的中率平均とは、【80％（控除率20％を引いた数字）÷オッズ】で計算しています。ざっくりいうと、これはファンが考えている各馬の勝率です。単勝３・７倍のリメイクは「21・６％の確率で勝つ」とファンは考えているということです。

一方、私はリメイクが勝つ確率は５％と考えています。リメイクが勝つ確率が21・６％から５％に下がると、リメイク以外の馬の単勝回収率は96・７％に増加します。単勝３・７倍の「リメイクが危険な人気馬」だとわかるだけで、他馬の単勝回収率は１００％近くに上昇するのです。

ユニコーンＳは表のような美味しい状況にあるので、少しのプラス材料がある馬を狙うだけで、期待値

2022年６月19日東京11Ｒユニコーンｓ（３歳ＧⅢ、ダ1600m）

着順	枠番	馬番	馬名	オッズ	ファン的中率平均	→	真田オッズ	単回率
	1	1	ハセドン	4.3	18.6%		22.5%	96.7%
2着	2	2	セキフウ	24.4	3.3%		4.0%	96.7%
	2	3	コンバスチョン	6.0	13.3%		16.1%	96.7%
	3	4	テーオーステルス	111.2	0.7%		0.9%	96.7%
1着	3	5	ペイシャエス	20.1	4.0%		4.8%	96.7%
	4	6	ジュタロウ	6.0	13.3%		16.1%	96.7%
6着	4	7	リメイク	3.7	21.6%	➔	5.0%	18.5%
	5	8	ロードジャスティス	55.0	1.5%		1.8%	96.7%
	5	9	スマートラプター	210.4	0.4%		0.5%	96.7%
	6	10	インダストリア	8.7	9.2%		11.1%	96.7%
	6	11	ヴァルツァーシャル	14.8	5.4%		6.5%	96.7%
3着	7	12	バトルクライ	21.8	3.7%		4.4%	96.7%
	7	13	ティーガーデン	24.8	3.2%		3.9%	96.7%
	8	14	ビヨンドザファザー	70.4	1.1%		1.4%	96.7%
	8	15	タイセイディバイン	40.5	2.0%		2.4%	96.7%

は100%を超えてきます。

プラス材料があると感じたのは、ハセドンとペイシャエスです。

ハセドンはリメイクとは真逆の走法で、初ダートから重厚感のある走りをしており、前走で上がり34秒3の規格外の末脚を見せていました。未知数な部分はありますが、リメイクが危険な人気馬なので、期待値が上がるため、今回は狙えます。

勝負!⑤でも登場しているペイシャエスは、前走で前崩れの展開が向かずに5着に敗れていました。砂を嫌がる馬なので内目の枠は割引ですが、人気薄なので外目追走の形で展開利があれば、買えると判断しました。

netkeiba.com に公開した買い目は次の通りです。

《単勝》1番3300 5番700

《3連複1頭軸》1 - 2 5 6 11 12 各100

《3連複1頭軸》5 - 2 6 11 12 各100

《3連複フォーメーション》15 - 1 2 5 6 - 1 2 5 6 7 8 10 11 12 13 14 各100

ハセドンとペイシャエスの単勝と軸にした3連複44点買いです。かなり手広く買ったのは、勝負の強い根拠が「勝負条件⑥上位人気馬に死角がある」だから。ハセドンやペイシャエスが勝つ確率が極端に

	白1 1	黒2 2	3	赤3 4	5	青4 6	7
父	モーリス	ヘニーヒューズ	ディスクリートキャット	キタサンブラック	エスポワールシチー	アロゲート	ラニ
馬名	ハセドン	セキフウ	コンバスチョン	テーオーステルス	ペイシャエス	ジュタロウ	リメイク
母	クイーンオリーブ	シャボナ	スモーダリング	エーシンエムディー	リサプシュケ	ボダシャスベイブ	サリエル
毛色	栗毛	栗毛	鹿毛	鹿毛	栗毛	黒鹿	栗毛
斤量	56牡3	56牡3	56牡3	56牡3	56牡3	56牡3	56牡3
騎手	横山典	Mデムーロ	田辺	団野	菅原明	武豊	福永
厩舎	安田翔	武幸	伊藤圭	奥村豊	小西	河内	新谷
賞金	1900	4120	3430	900	900	900	2900
総賞金	3060	8520	6280	1860	2080	1750	5341
馬主名	三木正浩	中辻明	ゴドルフィン	小笹公也	北所直人	芳賀美知子	前田幸治
牧場名	杵臼牧場	バンブー牧場	ダーレージャパンF	栄進牧場	高村伸一	アメリカ	ノースヒルズ
持ちタイム	2	中ダ1125③ 東ダ1250① 東ダ1382② 東ダ2013⑧	東ダ1239① 東ダ1353❶ 東ダ2029①	東ダ1133① 阪ダ1246①	1 東ダ1?9⑤ 中ダ1?1①	東ダ1348❶ 東ダ1531②	6
上り最高		東ダ37.2①	東ダ35.4❶	三ダ36.3❸	東ダ35.7⑤	東ダ36.6❶	❶
騎乗成績	2000	2001	初騎乗	0100	1001	2101	2000
クラス実績	1000	1102	1201	0000	0012	0000	2000
当該条件	1000	初コース	1000	初コース	1002	1001	初コース
前走4	5東 11月21日 ⑥ 6着 新馬 4ﾄ8頭 芝2029 55三浦 S⑥⑤⑤ 494 人気4 出遅る 9¾ 384内347 ダノンベルーガ 2013 1.6	園田 11月25日 ③ 兵庫JG 1着 交流GⅢ 10ﾄ12頭 ダ1297 55Mデムーロ H③④④ 472 人気2 中位差切 クビ 381内389 コンバスチョン 1297 0.0	園田 11月25日 ③ 兵庫JG 2着 交流GⅢ 5ﾄ12頭 ダ1297 55三浦 H⑤③③ 500 人気1 好位伸 クビ 383中386 セキフウ 1297 0.0	1中京 1月5日 ① 1着 未勝 8ﾄ15頭 ダ1133 56幸 M①②② 538 人気2 先行抜出 1½ 352中381 デルマシルフ 1139 0.6	2中 2月26日 ① 6着 1勝 7ﾄ10頭 ダ1551 56丸山 M⑥⑥⑦ 488 人気10 中位まま 8½ 378中386 セイルオンセイ 1537 1.4	5阪 11月13日 ③ 1着 新馬 9ﾄ10頭 ダ1536 55武豊 S③①① 474 人気2 楽抜出 12身 377内383 ニューダイアリ 1560 2.4	1中京 1月22日 ⑦ 3着 1勝 2ﾄ8頭 ダ1254 56和田竜 S③④④ 488 人気3 好位伸 1½ 369中356 ワレトール 1252 0.2
前走3	6中 12月11日 ③ 1着 未勝 1ﾄ12頭 ダ1546 55三浦 S⑨⑩⑦ 490B 人気3 後方一気 3身 395外370 マテンロウマジ 1551 0.5	川崎 12月15日 ③ 全日本2歳優 4着 交流GⅠ 1ﾄ14頭 ダ1411 55Mデムーロ S⑧⑨⑩ 462 人気4 中位差詰 9身 376外382 ドライスタウト 1392 1.9	川崎 12月15日 ③ 全日本2歳優 2着 交流GⅠ 5ﾄ14頭 ダ1397 55松山 S⑤④③ 496 人気3 好位伸 2½ 371内373 ドライスタウト 1392 0.5	1阪 3月13日 ⑩ 2着 1勝 1ﾄ13頭 ダ1251 56団野 H③③② 536 人気3 好位伸 3身 346中385 ドンフランキー 1246 0.5	3中 3月26日 ① 伏竜 3着 オープン 2ﾄ8頭 ダ1522 56丸山 S②②② 482 人気8 粘強い ¾身 365中381 デリカダ 1521 0.1	1中京 1月8日 ② 2着 1勝 14ﾄ14頭 ダ1531 56武豊 H⑧③③ 468 人気1 早め進出 1身 374外386 アシエルト 1529 0.2	1東 2月5日 ③ 1着 1勝 11ﾄ16頭 ダ1253 56横山武 M②②② 480 人気1 先行抜出 2½ 359中369 アポロリヤム 1257 0.4
前走2	1東 2月19日 ③ 1着 1勝 3ﾄ12頭 ダ1544 56横山典 S⑫④② 484B 人気5 差抜出 1½ 394中370 ヴァレーデラル 1546 0.2	2月26日 サウジダービー 2着 GⅢ 良 14頭 ダ1382 55Cデムーロ ⑨⑩⑧ アブドゥルアジーズ サウジアラビア 外伸る ½身 パインハースト 1381 0.1	1東 2月20日 ⑧ ヒヤシンス 1着 L 3ﾄ13頭 ダ1353 57川田 S⑤③③ 496 人気2 好位抜出 クビ 355内354 ヘラルドバローロ 1353 0.0	2阪 4月10日 ⑥ 4着 1勝 2ﾄ16頭 ダ1254 56川田 M②①① 526 人気1 逃一息 2¼ 349内382 カセノダンサー 1250 0.4	3中 4月17日 ⑧ 1着 1勝 11ﾄ13頭 ダ1521 56菅原明 S②②② 482 人気3 先行抜出 5身 370中378 ヴァレーデラル 1529 0.8	1東 1月29日 ① 9着 1勝 5ﾄ16頭 ダ1383 56武豊 H⑩⑫⑪ 468 人気1 直伸だけ 8¾ 363内379 リフィキーマジア 1369 1.4	2中京 3月13日 ② 昇竜 1着 オープン 5ﾄ10頭 ダ1235 56福永 M③③③ 480 人気3 好位抜出 2½ 353中367 ワレトール 1239 0.4
前走	2東 5月15日 ⑧ 1着 オープン 3ﾄ13頭 ダ1355 56横山典 M⑬⑬⑬ 478B 人気5 大外一気 ½身 374外343 ホウオウルーレ 1356 0.1	3月26日 UAEダービー 8着 GⅡ 良 16頭 ダ2013 55Cデムーロ ③③⑤ メイダン アラブ首長国 先行一杯 8 10身 クラウンプライ 1597 1.6	3月26日 UAEダービー 11着 GⅡ 良 16頭 ダ2029 55ビュイック ⑥⑥⑤ メイダン アラブ首長国 好位一杯 大差 クラウンプライ 1597 3.2	2阪 4月24日 ⑩ 1着 1勝 1ﾄ15頭 ダ1246 56川田 M⑫⑫⑦ 526 人気1 漸抜出 1¼ 360外364 チェイスザドリ 1248 0.2	2東 5月15日 ⑧ 5着 オープン 8ﾄ13頭 ダ1359 56菅原明 M②③③ 480 人気2 直線先頭 2¼ 352中367 ハセドン 1355 0.4	2東 4月30日 ③ 1着 1勝 7ﾄ11頭 ダ1348 56武豊 M②②② 476 人気2 楽抜出 4身 350中366 イエヴァンポルカ 1355 0.7	2阪 5月1日 ② 端午 1着 オープン 2ﾄ11頭 ダ1232 57福永 S⑤⑤⑤ 478 人気1 好位楽抜 2身 354中353 ワレトール

東京 11R WIN5⑤ 発馬15.45 第27回 ユニコーンステークス(GⅢ) ③3オープン・別定 ダ1600 トネール 560 370 56田辺

記号の説明 / 馬場表示 / 乗替り記号

3連勝はすべて1400m

高いわけではなく、リメイクが飛ぶので期待値が高い2頭を買うという感覚です。

レースは予想通りになりました。中団に待機したリメイクは直線で外目からジワジワと伸びていこうとするのですが、ラスト100m付近で他馬と脚色が一緒になってしまい、6着に敗れます。

勝ったのは直線で内目を伸びてきたペイシャエス。単勝2010円、3連複9万5540円を引っかけることができました。

●2022年6月19日・東京11Rユニコーン S（3歳GⅢ、ダ1600m・良）

1着⑤ペイシャエス
（7番人気）
2着②セキフウ
（9番人気）
3着⑫バトルクライ
（8番人気）

……………………

6着⑦リメイク
（1番人気）
単⑤2010円
複⑤570円
②610円
⑫540円
馬連②－⑤23180円
馬単⑤→②46910円
3連複②⑤⑫95540円
3連単⑤→②→⑫624210円

	15 桃8	14	13 橙7	12	11 緑6	10	9 黄5	8
父	ルーラーシップ	カーリン	ドゥラメンテ	イスラボニータ	マクフィ	リオンディーズ	キングカメハメハ	フォートラーンド
馬名	タイセイディバイン	ビヨンドザファザー	ティーガーデン	バトルクライ	ヴァルツァーシャル	インダストリア	スマートラプター	ロードジャスティス
母	ダイワスピリット	ガリレオズソング	ルミナスパレード	ディアコメット	バイカターキン	インダクティ	ショウナンアクト	フラーティングアウェイ
毛色	鹿毛	鹿毛	黒鹿	栗毛	鹿毛	鹿毛	黒鹿	栗毛
斤量・性齢	56 牡3	56 牡3	56 牡3	56 牡3	56 牡3	56 牡3	56 牡3	56 牡3
騎手	松若	替内田博	ルメール	戸崎圭	三浦	レーン	替石橋脩	替石川
厩舎	栗高野	栗藤岡健	美萩原	美高木	美高木	美宮田	栗西園正	栗安田隆
賞金	2000	900	900	900	900	1600	900	900
総賞金	4240	1750	2130	1958	2160	4630	1345	1600
馬主	田中成奉	スリーエイチR	サンデーR	GリビエールR	西森功	サンデーR	大川徹	ロードHC
生産	日下河辺牧場	日下河辺牧場	安ノーザンF	浦ディアレストC	浦梅田牧場	安ノーザンF	浦桑田牧場	新ケイアイF
印	… …△… …△… … … …△西	…△… … … … … ……西	… … …注… … …△… …	…△… … … …△… …△… …	…△… …△… …△… … …△… …△…	…△… …△… … …△… …▲… …△…	… … … … … ……西	… … … … … B…西
持ち時計	芝2022⑩ 芝1212② 芝1328② 芝1470②	芝2023③ ダ1368⑦ ダ1537⑥	芝1218③ 中芝1343⑤	① ⑤ 東ダ ③ ③	東ダ1243③ 東ダ1357①	芝2008⑤ 東芝1327⑤ 東芝1476①	ダ1131⑤ ダ1245① 東ダ1385⑫ 芝1377⑦	ダ1504⑨ 東ダ1364① ダ1543②
上がり・ダート	初ダート 1 4 1 3	ダ35.2① 初騎乗	初ダート 0 0 0 1	ダ35.6③ 0 0 1 1	ダ34.9④ 1 0 1 1	初ダート 0 0 0 1	ダ37.9① 初騎乗	ダ37.0① 初騎乗
コース成績	0 2 0 2 初コース	0 0 0 1 1 1 0 1	0 0 0 2 初コース	0 0 1 1 0 0 1 0	0 0 0 1 1 0 1 1	1 0 0 2 初コース	0 0 0 1 0 0 0 1	0 0 0 0 1 0 0 0
前走4	2小 2月13日 ② あすなろ 6 1勝 1ト8頭 芝2042 56 松若 S ②①① 512 人気1 先行一杯 4¾ 371 内 376 シーグラス 2034 0.8	1東 1月29日 ① 手2 1勝 12ト16頭 ダ1374 56 石川 H ⑮⑭⑮ 500 人気13 後方伸 3½ 366 中 366 リッキーマジッ 1369 0.5	4東 10月17日 ④ 手1 未勝 7ト11頭 天1369 55 横山武 S ④②② 492 人気1 先行抜出 2½ 366 中 347 チューウィー 1373 0.4	1中京 1月29日 ⑨ 手1 未勝 8ト16頭 ダ1119 56 岩田望 M ①②① 480 人気3 先行楽勝 10身 354 中 365 コブラクロー 1136 1.7	5東 11月13日 ③ オキザリ 3 1勝 2ト16頭 ダ1243 55 三浦 M ⑭⑭⑭ 470 人気4 後方伸 5身 365 外 356 ドライスタウト 1234 0.9	4東 10月30日 ⑦ 手1 未勝 2ト9頭 天1476 55 ルメール S ⑥⑧⑧ 484 人気1 後方一気 ½身 377 外 335 ユイノゴトク 1477 0.1	1中京 2月5日 ⑪ 手1 未勝 1ト16頭 ダ1251 56 武豊 H ①①① 512 人気2 逃切る 1½ 348 内 381 メイショウキッ 1253 0.2	5中京 10月3日 ⑨ 手3 未勝 4ト15頭 ダ1559 55 松山 M ③③② 460 B 人気2 好位粘る 3½ 378 内 393 マリオロード 1553 0.6
前走3	2中京 3月19日 ③ ファルコ 2 GⅢ 3ト18頭 芝1212 56 松若 H ⑧⑨⑨ 514 人気13 中位伸 1¾ 338 中 361 ブルパレイ 1209 0.3	1東 2月13日 ⑥ 手7 1勝 3ト16頭 ダ1368 56 石川 M ⑬⑭⑪ 504 人気3 後方差詰 3身 366 内 363 ブルオール 1363 0.5	5中 12月18日 ⑤ ひいらぎ 1 1勝 8ト10頭 芝外1351 55 横山武 M ④⑤③ 504 人気3 G前差す クビ 351 中 356 ロードカナドブ 1351 0.0	1阪 2月26日 ⑤ 手1 1勝 15ト16頭 ダ1128 56 岩田望 M ⑭⑩⑦ 480 人気1 直抜出 1身 359 外 369 クロジシジョー 1129 0.1	1東 1月29日 ① 手3 1勝 16ト16頭 ダ1376 56 藤岡佑 H ⑩⑩⑪ 480 人気2 中位伸 4¾ 361 外 372 リッキーマジッ 1369 0.7	1中 1月5日 ① ジュニア 1 L 4ト9頭 芝外1349 56 戸崎圭 S ④⑤④ 494 人気2 楽抜出 2½ 366 中 343 ベルウッドブラ 1353 0.4	2阪 4月16日 ⑦ 手5 1勝 4ト16頭 ダ1131 56 武豊 M ②⑤⑥ 512 人気3 好位一杯 7½ 351 内 380 クロジシジョー 1118 1.3	1中京 1月5日 ① 手1 未勝 14ト14頭 ダ1548 56 松山 S ①①① 468 B 人気2 逃楽勝 6身 382 内 372 サドル 1558 1.0
前走2	2阪 4月16日 ⑦ アーリン 2 GⅢ 14ト18頭 芝外1328 56 松若 S ⑧⑥④ 516 人気7 直進伸 クビ 349 中 339 ダノンスコーピ 1327 0.1	2阪 4月23日 ⑨ 手6 1勝 8ト15頭 ダ1537 56 浜中 M ⑩⑨⑧ 504 人気3 後方差詰 2¾ 381 内 383 ヴォルゴグラー 1532 0.5	2中京 3月19日 ③ ファルコ 8 GⅢ 16ト18頭 芝1218 56 横山武 H ⑮⑬⑯ 510 人気3 4角不利 5¼ 343 外 361 ブルパレイ 1209 0.9	2阪 5月1日 ⑫ 端午 6 オープン 8ト11頭 ダ1239 56 岩田望 S ⑧⑧⑧ 482 人気2 直線だけ 4½ 356 中 358 リメイク 1232 0.7	2東 4月23日 ⑪ 手1 1勝 16ト16頭 ダ1357 56 大野 M ⑬⑬⑫ 478 人気1 中位一気 2身 358 外 355 リンクスルーブ 1360 0.3	2中 3月6日 ④ 弥生 5 GⅡ 9ト11頭 芝内2008 56 戸崎圭 S ⑨⑨⑧ 488 人気2 後方追上 2身 375 外 349 アスクビクター 2005 0.3	3中京 5月8日 ② 手1 1勝 12ト12頭 ダ1245 53 角田河 H ②②② 508 人気1 先行抜出 1½ 346 中 379 フォーチュンテ 1247 0.2	1中京 1月23日 ⑧ 手9 1勝 1ト11頭 ダ1561 56 松山 M ②④④ 468 B 人気2 先行一杯 11½ 373 中 404 カフジオクタゴ 1542 1.9
前走	2東 5月8日 ⑥ NHKマイル 10 GⅠ 7ト18頭 天1334 57 松若 M ⑤⑤④ 514 人気10 好位一杯 6½ 346 中 356 ダノンスコーピ 1323 1.1	2東 5月8日 ⑥ 手1 1勝 7ト13頭 ダ1377 56 坂井 S ⑫⑫⑪ 504 人気3 直線一気 1¾ 371 外 352 マウントベル 1380 0.3	3中 4月9日 ⑤ ニュージ 5 GⅡ 2ト11頭 芝外1343 56 ルメール S ⑨⑧⑤ 498 人気2 出遅る 4½ 362 中 348 ジャングロ 1335 0.8	2東 5月15日 ⑧ 青竜 3 オープン 12ト13頭 ダ1357 56 戸崎圭 M ⑨⑥⑦ 486 人気9 S後不利 1身 362 中 366 ハセドン 1355 0.2	2東 5月15日 ⑧ 青竜 4 オープン 7ト13頭 ダ1357 56 三浦 M ⑪⑪⑪ 476 人気4 後方追上 1身 367 外 349 ハセドン 1355 0.2	2東 5月8日 ⑥ NHKマイル 5 GⅠ 11ト18頭 天1327 57 レーン M ⑩⑩⑧ 486 人気2 中位伸も 2身 349 外 346 ダノンスコーピ 1323 0.4	2東 5月15日 ⑧ 青竜 12 オープン 13ト13頭 ダ1385 56 武豊 M ④④③ 508 人気10 好位一杯 18¾ 355 中 391 ハセドン 1355 3.0	2東 5月29日 ⑫ 手1 1勝 13ト16頭 ダ1364 56 松山 M ②②③ 476 B 人気8 先行抜出 1¼ 349 中 370 フィフティシェ 1366 0.2

リメイクが危険馬だと感じた理由は走法によるものでしたが、同様のレースは他にもあります。危険な1番人気馬が見つかれば、それだけで他馬の勝率はアップし、期待値は100％近くにハネ上がります。人気馬の的中率をイメージする習慣をつけておくと、高配当につながるケースがあるので実践してみてください。

危険な人気馬転じて、ここは本命！なぜだ!?

●2022年12月11日・中山11RカペラS（GⅢ、ダ1200m良）

◎リメイク　2番人気1着

①適性に合ったコース
③適性に合った枠順
④近走の敗因の解消が期待できる

距離延長と直線の長さに泣き、ユニコーンSで6着に敗れたリメイクですが、ペイシャエスとの着差はコンマ2秒。不得意な条件でこの結果は、むしろ力を示した内容だったといえます。次走以降、距離短縮があれば注視すべき存在です。

ちなみに、ユニコーンSの直線の止まり方（仕掛けられてからの加速や反応は速いが、ラスト100mあたりで脚色が鈍る）は、距離が長かった馬や早仕掛けの馬によく見られる特徴なので覚えておいてください。

リメイクが次に出走した浦和競馬のテレ玉杯オーバルスプリントは、3番人気で2着に入線。しかも淡々と流れるレースで、外目を追走する形になり、走法的にはあまり向かない競馬になりました。そして12月のカペラSに出走してきました。

脚の回転が速めでコンパクトさのある走りをしており、コーナーをスムーズに回って脚をためられる同馬にとって、中山ダート1200mは適条件です。しかも距離ロスなくレースが進めやすい内枠に入りました。ここは勝負です。

私は次の予想文を netkieba.com にアップしました。

【レース見解】

本命は◎06番リメイク。同馬は脚の回転が速めでコンパクトさのある走りをしておりコーナリングが上手く今回の距離短縮とコーナーきつい中山小回り替わりは走法的にプラスになる。4走前の端午Sを02番ゲートから道中馬群のインで脚を溜め、直線抜け出す競馬で勝っているように馬群で溜める競馬が向く。今回は06番ゲートからなので自然とその競馬になる率が見込める。コーナリングが上手いので馬群のインで競馬をすれば必然的に脚が溜まる事になる。コーナーのきつい中山なのでそのアドバンテージは阪神よりも大きくなる。3走前の東京ダ1600mで行なわれたユニコーンS（GⅢ）は短距離小回り向きの同馬の走りから、1600mと長い直線は全く向かないレースだった。それでも勝ち馬（ペイシャエス）から0・2秒差の内容なら力を示したと判断できる。ユニコーンSの内容から、短距離戦なら同馬は世代上位の力があると判断できるレースで、今回内目の枠から得意の競馬ができれば上位と見る。先行馬は多く相手は差し馬を上位に取る。

レースは前半3F32秒2のハイペースになる中、中団をスムーズに追走。4コーナーで外に持ち出すと、バタバタになる先行馬を外から一気に差し切りました。豪快な末脚を使ったように見えますが、こ

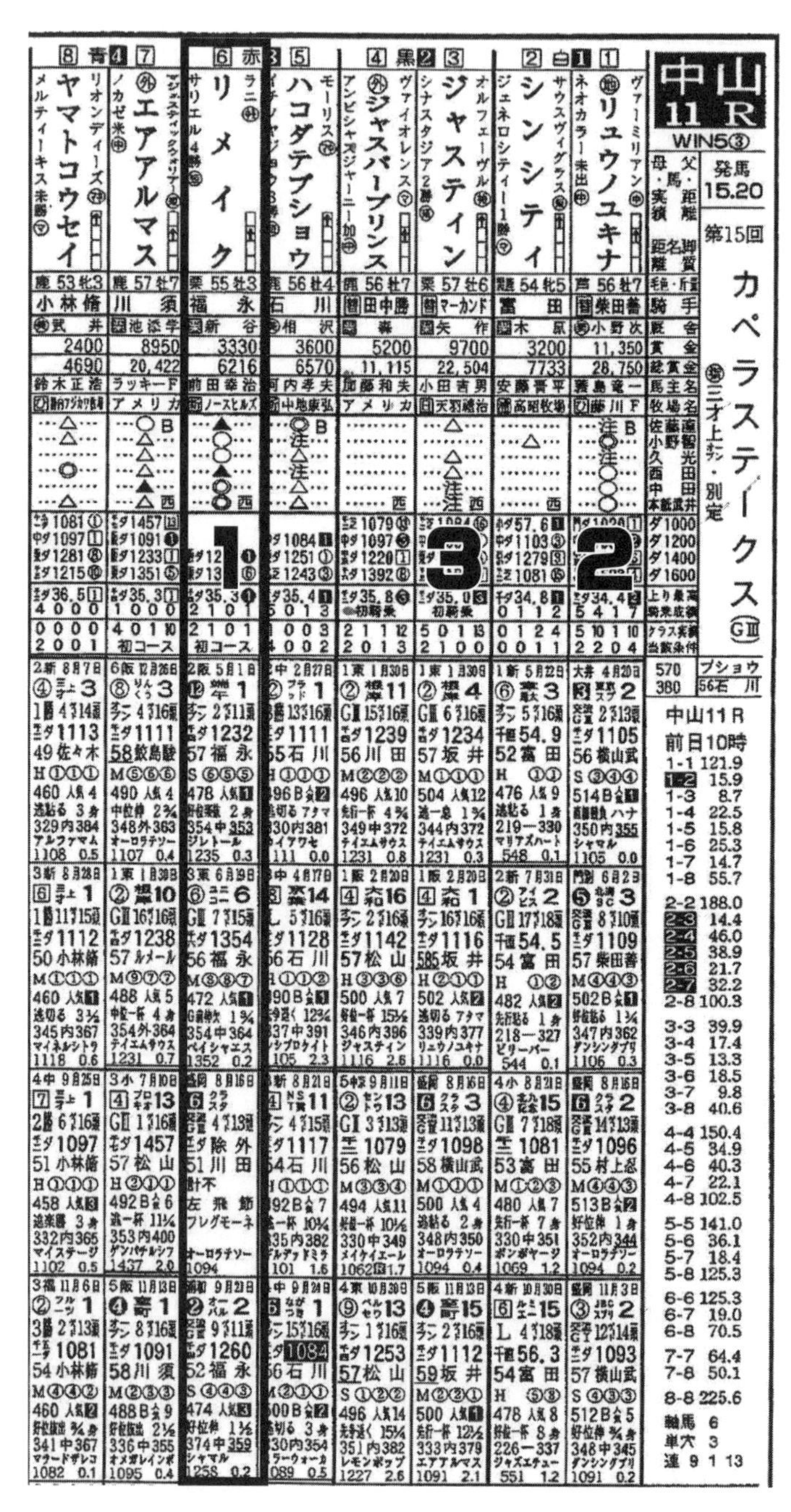

中山 11R WIN5③ 発馬 15.20 第15回 カペラステークス GⅢ ㊝三才上オープン・別定

	1	2	3	4	5	6	7	8
枠	白1	白1	黒2	黒2	赤3	赤3	青4	青4
父	ヴァーミリアン	サウスヴィグラス	オルフェーヴル	ヴァイオレンス	モーリス	ラニ	マジェスティックウォリアー	リオンディーズ
馬名	リュウノユキナ	シンシティ	ジャスティン	ジャスパープリンス	ハコダテブショウ	リメイク	エアアルマス	ヤマトコウセイ
母	ネオカラー 未出	ジェネロシティー 1勝	シナスタジア 2勝	アンビシャスジャーニー 加	イチノシャジョウ 3勝	サリエル 4勝	ノカゼ 米	メルティーキス 未勝
毛色・斤量	芦 56 牡7	栗 54 牝5	栗 57 牡6	鹿 56 牡7	鹿 56 牡4	栗 55 牡3	鹿 57 牡7	鹿 53 牝3
騎手	柴田善	富田	坂井	田中勝	石川	福永	川須	小林脩
厩舎	小野次	木原	矢作	森	相沢	新谷	池添学	武井
賞金	11,350	3200	9700	5200	3600	3330	8950	2400
総賞金	28,750	7733	22,504	11,115	6570	6216	20,422	4690
馬主名	蓑島竜一	安藤晋平	小田吉男	加藤和夫	河内孝夫	前田幸治	ラッキーF	鈴木正浩
牧場名	藤川F	高昭牧場	天羽禮治	アメリカ	中地康弘	ノースヒルズ	アメリカ	[illegible]
佐藤直	注B		△		○B	▲	○B	△
小野智	◎	△			注	○	△	△
久光	注		△		注	○	△	
西田	○		△		注	▲	△	◎
中田	○		注		△	◎	▲	
本紙武井	○ 西	西	注 西	西	△	◎ 西	△ 西	△
持ちタイム	門ダ1028① 2	ホダ57.6① 中ダ1103① 東ダ1279⑤ 孟ダ1081①	孟ダ1084 3	孟ダ1079③ 中ダ1097③ 東ダ1220① 大ダ1392⑥	孟ダ1084① 中ダ1251① 東ダ1243③	孟ダ12..① 東ダ13..⑥ 1	孟ダ1457⑬ 阪ダ1091① 阪ダ1233① 東ダ1351⑤	孟ダ1081① 中ダ1097① 東ダ1281⑧ 阪ダ1215⑩
上り最高・騎乗成績	孟ダ34.4③ 5417	千ダ34.8① 0112	孟ダ35.0③ 初騎乗	孟ダ35.8③ 初騎乗	孟ダ35.4① 5013	孟ダ35.3① 2101	孟ダ35.3① 1000	孟ダ36.5① 4000
クラス実績・当該条件	5 10 1 10 2204	0124 0011	5 0 1 13 2100	2 1 1 12 2013	1003 4002	2101 初コース	4 0 1 10 初コース	0000 2001
前走4	大井 4月20日 ③ 東京スプ 2 交流GⅢ 2ｱ13頭 孟ダ1105 56 横山武 S③④④ 514B 公6 直線鋭く ハナ 350内355 シャマル 1105 0.0	1新 5月22日 ⑥ 韋駄天 3 オープン 5ｱ16頭 千直54.9 52 富田 H ①③ 476 人気9 逃粘る 1身 219−330 マリアズハート 548 0.1	1東 1月30日 ② 根岸 4 GⅢ 6ｱ16頭 孟ダ1234 57 坂井 M①①① 504 人気12 逃一息 1¾ 344内372 テイエムサウス 1231 0.3	1東 1月30日 ② 根岸 11 GⅢ 15ｱ16頭 孟ダ1239 56 川田 M②②② 496 人気10 先行一杯 4¾ 349中372 テイエムサウス 1231 0.8	2中 2月27日 ② ブラッド 1 3勝 13ｱ16頭 孟ダ1111 55 石川 H①①① 496B 公2 逃切る アタマ 330内381 ケイアイワセ 1111 0.0	2阪 5月1日 ⑫ 端午 1 オープン 2ｱ11頭 孟ダ1232 57 福永 S⑤⑤⑤ 478 人気1 好位差し 2身 354中353 ジレトール 1235 0.3	6阪 12月26日 ⑧ りんくう 3 オープン 4ｱ16頭 孟ダ1111 58 鮫島駿 M⑤⑥⑥ 490 人気4 中位伸 2¾ 348外363 オーロラテソー 1107 0.4	2新 8月7日 ④ 三条 3 1勝 4ｱ14頭 孟ダ1113 49 佐々木 H①①① 460 人気4 逃粘る 3身 329内384 アルファマム 1108 0.5
前走3	門別 6月2日 ⑤ 北海道SC 3 交流GⅢ 8ｱ10頭 孟ダ1109 57 柴田善 M④④③ 502B 公1 好位粘る 1¾ 347内362 ダンシングプリ 1106 0.3	2新 7月31日 ② アイビス 2 GⅢ 17ｱ18頭 千直54.5 54 富田 H ①② 482 人気2 先行粘る 1身 218−327 ビリーバー 544 0.1	1阪 2月20日 ④ 大和 1 オープン 16ｱ16頭 孟ダ1116 585 坂井 H②①① 502 人気2 逃切る アタマ 339内377 リュウノユキナ 1116 0.0	1阪 2月20日 ④ 大和 16 オープン 2ｱ16頭 孟ダ1142 57 松山 H③③⑥ 500 人気7 好位一杯 15½ 346内396 ジャスティン 1116 2.6	3中 4月17日 ⑧ 京葉 14 L 5ｱ16頭 孟ダ1128 56 石川 H①①② 490B 公1 逃失く 12¾ 337内391 シャンブロケイト 1105 2.3	3東 6月19日 ⑥ ユニコーン 6 GⅢ 7ｱ15頭 孟ダ1354 56 福永 M③⑧⑦ 472 人気1 中位伸欠 1¾ 354中364 ペイシャエス 1352 0.2	1東 1月30日 ② 根岸 10 GⅢ 16ｱ16頭 孟ダ1238 57 ルメール M⑨⑦⑦ 488 人気5 中位一杯 4身 354外364 テイエムサウス 1231 0.7	3新 8月28日 ⑥ 三条 1 1勝 11ｱ15頭 孟ダ1112 50 小林脩 M①①① 460 人気1 逃切る 3½ 345内367 マイネルシトラ 1118 0.6
前走2	盛岡 8月16日 ⑥ クラスタ 2 交流GⅢ 14ｱ13頭 孟ダ1096 55 村上忍 M④④③ 513B 公2 好位伸 1身 352内344 オーロラテソー 1094 0.2	4小 8月21日 ④ 北九州 15 GⅢ 7ｱ18頭 芝1081 53 富田 M①②③ 480 人気7 先行一杯 7身 330中351 ボンボヤージ 1069 1.2	盛岡 8月16日 ⑥ クラスタ 3 交流GⅢ 11ｱ13頭 孟ダ1098 58 横山武 M①①① 500 人気4 逃粘る 2身 348内350 オーロラテソー 1094 0.4	5中京 9月11日 ② エニフ 13 GⅠ 3ｱ13頭 芝1079 56 松山 M③③④ 494 人気11 好位一杯 10½ 330中349 メイケイエール 1062 1.7	3新 8月21日 ④ NST 11 オープン 4ｱ15頭 孟ダ1117 54 石川 H①①① 492B 公7 逃一杯 10¾ 335内382 デルアップドミラ 1101 1.6	盛岡 8月16日 ⑥ クラスタ 交流GⅢ 4ｱ13頭 孟ダ除外 51 川田 計不 左飛節 フレグモーネ オーロラテソー 1094	3小 7月10日 ④ プロキオン 13 GⅢ 1ｱ16頭 孟ダ1457 57 松山 H②①① 492B 公2 逃一杯 11¼ 353内400 ゲンパチルシフ 1437 2.0	4中 9月25日 ⑦ 三ツ星 1 2勝 6ｱ16頭 孟ダ1097 51 小林脩 H①①① 458 人気3 逃楽勝 3身 332内365 マイステージ 1102 0.5
前走	盛岡 11月3日 ③ JBCスプ 2 交流GⅠ 12ｱ14頭 孟ダ1093 57 横山武 S④③③ 512B 公5 好位伸 ¾身 348中345 ダンシングプリ 1091 0.2	4新 10月30日 ⑥ ルミエ 15 L 4ｱ18頭 千直56.3 54 富田 H ⑤⑧ 478 人気8 好位一杯 6身 226−337 ジャズエチュー 551 1.2	5阪 11月13日 ④ 室町 15 オープン 2ｱ16頭 孟ダ1112 59 坂井 M②②① 500 人気1 先行一杯 12½ 333内379 エアアルマス 1091 2.1	4東 10月30日 ⑨ ペルセウス 13 オープン 1ｱ16頭 孟ダ1253 57 松山 S①②② 496 人気14 好位一杯 15¼ 351内382 レモンポップ 1227 2.6	4中 9月24日 ⑥ ながつき 1 オープン 15ｱ16頭 孟ダ1084 56 石川 M②①① 500B 公2 逃切る 3身 330内354 テラーウォーカ 1089 0.5	浦和 9月21日 ② オーバル 2 交流GⅢ 9ｱ11頭 孟ダ1260 52 福永 S④④③ 474 人気1 好位伸 1½ 374中359 シャマル 1258 0.2	5阪 11月13日 ④ 室町 1 オープン 8ｱ16頭 孟ダ1091 58 川須 M②③③ 488B 公9 好位抜出 2½ 336中355 オメガレインボ 1095 0.4	3福 11月6日 ② フルーツ 1 3勝 2ｱ13頭 孟ダ1081 54 小林脩 M④④② 460 人気2 好位抜出 ¾身 341中367 マテードザレコ 1082 0.1

570 380 ブショウ 56石川

中山11R 前日10時

組	オッズ
1-1	121.9
1-2	15.9
1-3	8.7
1-4	22.5
1-5	15.8
1-6	25.3
1-7	14.7
1-8	55.7
2-2	188.0
2-3	14.4
2-4	46.0
2-5	38.9
2-6	21.7
2-7	32.2
2-8	100.3
3-3	39.9
3-4	17.4
3-5	13.3
3-6	18.5
3-7	9.8
3-8	40.6
4-4	150.4
4-5	34.9
4-6	40.3
4-7	22.1
4-8	102.5
5-5	141.0
5-6	36.1
5-7	18.4
5-8	125.3
6-6	125.3
6-7	19.0
6-8	70.5
7-7	64.4
7-8	50.1
8-8	225.6

軸馬 6
単穴 3
連 9 1 13

●2022年12月11日・中山11Rカペラ S（3歳GⅢ、ダ1200m・良）

1着⑥リメイク
（2番人気）
2着①リュウノユキナ
（1番人気）
3着③ジャスティン
（7番人気）
単⑥520円
複⑥190円
①160円
③290円
馬連①－⑥1000円
馬単⑥→①2200円
3連複①③⑥2800円
3連単⑥→①→③11080円

枠・馬番	桃8 16	桃8 15	橙7 14	橙7 13	緑6 12	緑6 11	黄5 10	黄5 9
父	フェノーメノ(外)	スペイツタウン(米)	ドレフォン(米)	アイルハヴアナザー(中)	キズナ(外)	サウスヴィグラス(米)	サウスヴィグラス(米)	フリオーソ(外)
馬名	レディオマジック	(外)ピンシャン	カルネアサーダ	オメガレインボー	オーヴァーネクサス	(地)アティード	ヒロシゲゴールド	クロジシジョー
母	ストリートキャット 未出	ビューティアンドライト 米	ハラペーニョペパー 3勝	ワイキューブ 4勝	オーヴァーアンダー 1米	ロックフォーティ 未出	エフテーストライク 3勝	サイレンスラヴ 未勝
毛色・斤量・性齢	黒鹿 56 牡5	栗 56 牡5	芦 53 牝3	栗 56 牡6	鹿 56 牡5	栗 56 牡4	青鹿 56 牡7	青鹿 55 牡3
騎手	藤岡佑	松岡	菅原明	岩田康	大野	田辺	北村宏	戸崎圭
調教師	佐々木晶	森	加用	安田翔	松下	加藤士	北出	岡田
賞金	2400	5000	2400	4300	3600	2250	7760	2400
総賞金	5830	9623	5786	16,145	8220	5222	19,345	6838
馬主	Him Rock HD	冨士井直哉	吉田照哉	原禮子	ヒダカBU	高瀬正志	ウエストヒルズ	河内孝夫
生産者	タバタF	アメリカ	社台F	岡田S	須崎牧場	小林仁	斉藤正男	増尾牧場
印1	………	………	………	△ B	△	△	B	………
印2	………	………	………	△	………	▲	………	△
印3	………	………	△	○	………	▲	△	………
印4	△	………	………	△	………	………	………	………
印5	………	………	………	△	………	△	………	△
印6	西	西	西	▲ 西	西	△	西	△ 西
持ち時計1	札ダ57.8 1	東ダ1334 7	函ダ58.3 1	中ダ1433 2	中ダ1430 2	中芝1070 ②	小ダ1011 ①	中芝1119 ⑧
持ち時計2	中ダ1109 ⑤	中ダ1094 8	阪ダ1116 ①	阪ダ1095 ②	阪ダ1105 4	中ダ1103 ①	函ダ1086 ②	新ダ1102 ❶
持ち時計3	阪ダ1236 ①	東ダ1218 ⑥	中芝1092 ①	阪ダ1227 ⑦	中ダ1218 ⑥	中ダ1185 14	京ダ1251 4	中ダ1238 ❸
持ち時計4	中ダ1476 ⑭	東ダ1391 ⑦		東ダ1349 1	東ダ1379 ③		新ダ1357 2	
上がり	千ダ34.7 1	中ダ36.2 8	千ダ35.1 1	中ダ35.3 ②	中ダ35.5 4	中ダ35.3 ①	中ダ34.9 ②	中ダ35.4 8
騎手成績	1 1 0 1	0 0 0 1	初騎乗	1 2 1 4	初騎乗	2 1 1 0	2 1 0 2	1 0 0 0
距離成績	0 0 0 1	2 0 0 7	0 0 0 0	1 3 4 7	1 0 0 2	0 0 0 1	3 5 3 16	0 1 0 1
コース成績	初コース	0 0 0 1	初コース	0 0 1 0	初コース	1 1 0 0	1 2 0 4	初コース
前走① 日付	5中京 9月11日	名古 5月3日	1函 6月11日	3中京 5月15日	3阪 6月26日	2福 7月10日	門別 6月2日	2阪 5月1日
レース・着順	② 浜松 7	① かきつばた 7	① 三十上 2	④ 栗東 3	④ 花のみち 1	④ [illegible] 1	⑤ 北海道SC 4	⑫ 端午 7
クラス・頭数	3勝 15ト16頭	交流GⅢ 10ト12頭	牝1勝 8ト12頭	L 4ト16頭	3勝 16ト16頭	2勝 6ト16頭	交流GⅢ 7ト10頭	オープン 9ト11頭
時計	中ダ1111	名ダ1334	千ダ58.6	中ダ1231	阪ダ1244	福芝1073	門ダ1111	阪ダ1240
斤量・騎手	54 藤岡佑	57 川田	52 鮫島駿	565 横山和	57 北村友	57 田辺	57 武豊	56 幸
ペース・通過	H ⑮⑭14	M ②③⑤	H ③③③	H ⑫⑮⑮	M ⑭⑫⑥	M 4③②	M ③②②	S ⑥⑦⑤
馬体重・人気	490 人気11	474 人気5	454 人気1	466 B 人気1	498 人気4	520 人気2	482 B 人気4	430 人気5
短評・着差	前塞る 5¾	先行一杯 8身	好位伸 2½	後方伸 ½身	中位差切 ½身	好位差切 4身	先行粘る 2¾	中位一杯 5¼
前後半	352内358	中392	348中356	354中359	356外368	345中360	345内366	356中360
勝ち馬	クロジシジョー	イグナイター	チェイスザドリーム	レディバグ	ローウェル	フレーズメーカー	ダンシングプリンス	リメイク
勝ち時計・差	1102 0.9	1318 12 1.6	582 0.4	1230 0.1	1245 0.1	1080 0.7	1106 0.5	1232 0.8
前走② 日付	5中京 9月25日	5中京 9月10日	1函 7月3日	1函 7月9日	5中京 9月10日	2福 7月23日	3新 8月21日	3新 8月14日
レース・着順	⑦ 桶狭間 4	❶ エニフS 4	⑧ 三十上 1	⑨ マリーン 4	❶ エニフS 6	❼ [illegible] 3	④ NST賞 3	❷ [illegible] 1
クラス・頭数	3勝 14ト16頭	L 2ト16頭	1勝 10ト11頭	オープン 12ト14頭	L 8ト16頭	3勝 5ト15頭	オープン 10ト15頭	2勝 12ト15頭
時計	中ダ1242	中ダ1218	千ダ58.3	函ダ1443	中ダ1218	福芝1070	新ダ1109	新ダ1102
斤量・騎手	57 団野	58 松山	52 鮫島駿	565 横山和	56 北村友	56 田辺	575 石橋脩	54 戸崎圭
ペース・通過	M ⑪⑪⑩	M ⑦⑤⑤	H ①①①	S 7⑦⑤	M ⑩⑪⑪	M ①②②	H ②②②	H ⑧⑧⑧
馬体重・人気	492 人気12	474 人気5	460 人気1	464 B 人気1	502 人気10	514 人気1	468 B 人気6	436 人気2
短評・着差	中位差詰 3¾	好位一息 1身	直線抜出 1½	中位伸も 2¼	中位差詰 1¼	先行粘る 2½	先行粘る 5¾	G前差す アタマ
前後半	362外363	340中364	348内351	376中367	343中369	338中361	337中372	344中358
勝ち馬	ファシネートゼット	チェーンオブラブ	スズカサウスゾ	フルデプスリーダー	チェーンオブラブ	クインズメリッサ	ギルデッドミラー	ファーンヒル
勝ち時計・差	1236 0.6	1216 0.2	586 0.3	1440 0.3	1216 0.2	1066 0.4	1101 0.8	1102 0.0
前走③ 日付	4阪 10月23日	4中 9月24日	1札 7月24日	1札 8月7日	4阪 10月8日	4中 9月17日	4阪 10月9日	5中京 9月11日
レース・着順	⑦ 茨木 1	❻ ながつき 8	② [illegible] 1	⑥ エルムS 3	① 大スポ杯 4	③ 習志野 1	② オパール 15	② 浜松 1
クラス・頭数	3勝 16ト16頭	オープン 11ト16頭	牝2勝 5ト9頭	GⅢ 3ト14頭	オープン 7ト16頭	3勝 14ト16頭	L 14ト16頭	3勝 6ト16頭
時計	阪ダ1236	中ダ1094	札芝1092	札ダ1444	阪ダ1105	中ダ1103	阪芝内1108	中ダ1102
斤量・騎手	54 田辺	58 松岡	52 鮫島駿	56 横山和	56 北村友	57 田辺	575 和田竜	54 菱田
ペース・通過	H ⑬⑨⑨	M ③②②	H 1②②	S ④③③	M ⑨⑧⑦	M ⑭⑭⑫	M ⑤⑤⑧	H ⑨⑪⑩
馬体重・人気	498 人気5	478 人気5	456 人気3	466 B 人気2	504 人気5	514 人気1	476 B 人気13	432 人気4
短評・着差	直線一気 クビ	先行一杯 6¼	先行抜出 1¼	好位伸 ½身	中位差詰 2¾	楽抜出 3身	好位一杯 13¼	G前差す クビ
前後半	355外365	332中362	335中357	370中365	350外355	350外353	343中365	347外355
勝ち馬	ジョディーズマロン	ハコダテブショウ	ラキエータ	フルデプスリーダー	デュアリスト	メズメライザー	トウシンマカオ	ランドボルケーノ
勝ち時計・差	1236 0.0	1084 8 1.0	1094 0.2	1442 0.2	1100 0.5	1108 0.5	1086 2.2	1103 0.1
前走④ 日付	5東 11月20日	4東 10月30日	5阪 11月5日	5阪 11月13日	4阪 10月22日	4阪 10月22日	5阪 11月13日	4阪 10月8日
レース・着順	⑥ 霜月 9	⑨ ペルセウス 12	① 室町 1	❹ 京阪杯 2	⑥ オータム 1	⑥ オータム	❹ 京阪杯 16	① 大スポ杯 2
クラス・頭数	オープン 6ト14頭	オープン 8ト16頭	3勝 15ト16頭	オープン 12ト16頭	オープン 6ト16頭	オープン 11ト16頭	オープン 5ト16頭	オープン 2ト16頭
時計	東ダ1255	東ダ1248	阪ダ1116	阪ダ1095	阪ダ1236	阪ダ 落馬	阪ダ1114	阪ダ1104
斤量・騎手	56 田辺	57 菅原明	52 鮫島駿	565 ムーア	57 北村友	57 坂井	575 武豊	54 菱田
ペース・通過	S ⑬⑬⑫	S ⑤④④	M ②②②	M ⑨⑥⑥	H ⑥⑥⑥	H	M ①①②	M ⑥⑥⑦
馬体重・人気	500 人気8	476 人気7	458 人気3	464 B 人気3	504 人気4	510 人気3	476 B 人気10	440 人気3
短評・着差	出遅る 4¾	好位一杯 12¼	先行抜出 1¼	中位伸 2½	中位差切 ハナ	スタート直後	逃一杯 13¼	中位伸 2身
前後半	375内360	357内374	349中367	342中353	349内371		333中381	349中355
勝ち馬	ドライスタウト	レモンポップ	ウォームライト	エアアルマス	ケイアイドリー	オーヴァーネク	エアアルマス	デュアリスト
勝ち時計・差	1247 0.8	1227 2.1	1118 0.2	1091 0.4	1236 0.0	1236	1091 2.3	1100 0.4

れはコーナーのきつい中山だからこそ使えた脚だといえます。

レースランクはBかCで少し迷いましたが、通常よりも投資額を増やしていたため、それなりに勝つことができました。

ユニコーンSで1番人気を嫌って儲け、適条件になったカペラSでは勝負をして儲ける。競走馬の特性がわかれば、リメイクのように1粒で二度美味しい思いをできることもあります。

新潟直千はウイニングゲートがモノをいう!

●2022年10月29日・新潟7R(3歳上1勝クラス、芝直線1000m良)

◎リーゼントフラム　3番人気1着

P27でも説明しているウイニングゲートとウイニングポジションの考え方が、最も強烈に使えるのが新潟の直線芝1000mの競馬です。

通常のトラックコースの場合、開催直後の内有利・前有利の馬場の「外枠+追込」で凡走した馬を開催後半の内ラチ沿いが荒れた外伸び馬場で狙う。もしくは、外有利・差し有利の馬場の「内枠+逃げ」で凡走した馬を開催替わりの内有利の馬場で狙うというのが、ウイニングゲート&ポジションの基本線になります。

新潟芝直線1000mの場合、ポジショニングの影響がやや下がり、ゲートの影響が強くなるコースなので、**【直線競馬の内枠で敗戦→今回外枠】**が単純に狙えます。他のコースに比べて分析時間が少なく、予想精度も確保しやすいので、これはぜひ身に付けていただきたい作戦です。

　ご存知の通り、直線競馬は外枠が圧倒的に有利です。過去5年の直線競馬の成績表1を掲載しておきますが、7枠の複勝率が28・1％、8枠が35・1％と群を抜いて高くなっています。

　次に7枠・8枠で1～3番人気を抽出した成績が表2です。1～3番人気に絞った理由は、人気薄には単純に能力が劣る馬が多く含まれているため、新潟1000mのような施行数の少ないコースは、傾向をつかむうえでは、人気サイドに絞ったほうがわかりやすいからです。

　表2にあるように、直線競馬の7枠・8枠の1～3番人気は、単勝回収率が86％、複勝回収率が100％と優秀です。どういう理由かはわかりませんが、昔から新潟の直線1000mは、複勝が甘くなる傾向があります。

　本来、人気サイドの回収率は80％前後に強く収束す

表1●新潟芝直線1000m枠順別成績

枠番	着別度数	勝率	連対率	複勝率	単回値	複回値
1枠	2- 7- 5-207/221	0.9%	4.1%	6.3%	48	85
2枠	6- 8- 7-206/227	2.6%	6.2%	9.3%	32	36
3枠	9- 9- 11-200/229	3.9%	7.9%	12.7%	119	84
4枠	6- 15- 5-206/232	2.6%	9.1%	11.2%	19	46
5枠	14- 5- 7-209/235	6.0%	8.1%	11.1%	39	31
6枠	18- 14- 17-185/234	7.7%	13.7%	20.9%	65	80
7枠	24- 26- 33-212/295	8.1%	16.9%	28.1%	82	97
8枠	39- 35- 32-196/302	12.9%	24.5%	35.1%	92	100

表1～3の集計期間は2018年1月1日～22年12月31日

表2●7枠・8枠の1～3番人気の成績

人気	着別度数	勝率	連対率	複勝率	単回値	複回値
1番人気	21- 10- 14- 24/ 69	30.4%	44.9%	65.2%	95	95
2番人気	15- 13- 6- 26/ 60	25.0%	46.7%	56.7%	110	105
3番人気	5- 13- 7- 29/ 54	9.3%	33.3%	46.3%	50	103
1～3人気	41- 36- 27- 79/183	22.4%	42.1%	56.8%	86	100

る傾向があるため、直線競馬における【外枠】のファクターが、いかに強力であるかがわかると思います。

ベースの回収率が高いので、【外枠】に少しの工夫をするだけで、儲けることができます。

表3は、前走で不利を受けていた馬の成績です。▲は大きめな不利、△は通常の不利、注は軽微な不利、×は馬が力を出せなかった参考外のレースを示しているのですが、【外枠+前走不利】という条件だけで、単勝回収率140%、複勝回収率123%にハネ上がります。

この前走不利の表には、前走で新潟直線コースの内枠に入った馬は含まれておりません。たとえ前走でなくとも、過去に直線コースの内枠で力を出せなかった馬が、外枠に入った場合も、前走不利に匹敵する効果があります。

勝負条件③適性に合った枠順

勝負条件④近走の敗因が解消できる

勝負条件⑥上位人気馬に死角がある

新潟直千の【内枠→外枠】で簡単に獲れたレースが、10月29日新潟7R(3歳以上1勝クラス)です。

本命を打ったのは⑰リーゼントフラムです。同馬の前走(10月16日)は新潟芝

表3●7枠・8枠の1～3番人気で前走不利があった馬の集計

不利印	着別度数	勝率	連対率	複勝率	単回値	複回値
▲	0- 0- 1- 0/ 1	0.0%	0.0%	100.0%	0	160
△	7- 4- 2- 1/ 14	50.0%	78.6%	92.9%	171	150
×	4- 4- 2- 9/ 19	21.1%	42.1%	52.6%	92	108
注	9- 3- 6- 9/ 27	33.3%	44.4%	66.7%	163	119
注～▲	20-11-11-16/ 61	32.8%	50.8%	68.9%	140	123

1000mで、18頭立て⑤番ゲートからの競馬で6着に敗れていました。しかし、不利な内枠からのレースで、勝ち馬とコンマ2秒差はかなり優秀な内容です。

3走前（5月7日）にも直線競馬に出走しており、このときも運悪く16頭立て⑥番ゲートに入ってしまったのですが、それでも2着に入線しています。枠順さえよければ、千直の1勝クラスでは勝ち切る力があることは容易に想像できます。

前走や3走前とは違って、今回は18頭立て⑰番ゲートに入るので、【内枠→外枠】の強力な恩恵が期待できます。

それに加えて、1番人気に支持されていた⑮シーズザデイは速い上がりの脚がなく切れ負けするリスクがあり、2番人気の⑱キリシマタウンはスタートのうまくない今村騎手なので、「勝負条件⑥上位人気馬に死角がある」にも該当しています。有利な枠に入っているのだから、少しのプラスアルファがあるだけでも、期待値は確保できます。

馬券は⑰リーゼントフラムの単勝、軸にした馬連流し、そして3連単の1着固定・2着固定フォーメーションを購入しました。結果は、リーゼントフラムが勝ち、2着に⑯テンジュイン（5番人気）、3着に⑫テセウス（4番人気）が入線。単勝510円、馬連1490円、3連単1万6230円が的中、まずまずの配当でした。

他のコースとは違って、新潟直線芝1000mの外枠は、少しのプラス要素があれば投資対象になる簡単なコースです。積極的に狙っていってみてください。

新潟 7R

発馬 13.15

三歳以上1勝クラス 定量 芝1000

	1	2	3	4	5	6	7	8	9	10
枠	白1	白1	黒2	黒2	赤3	赤3	青4	青4	黄5	黄5
父	ロードカナロア㋮	ディープブリランテ㊥	ベーカバド㊥	スクリーンヒーロー㊦	モーリス㋮	スクリーンヒーロー㊦	ロードカナロア㋮	キズナ㊓	エイシンヒカリ㋮	エピファネイア㊓
馬名	ドナテッラ	ラインアルテア	ルドラクシャ	ミーハディビーナ	メリヴェイユ	サンライズシューズ	ラナキラ	㊞リュッカ	クレイジーリッチ	㊞オールマイフレンズ
母	フェニーチェ4勝㊥	ヤサカオディール4勝㊋	ヴァリュー未㋮	マイネホコモモラ1勝㋮	イントゥザストーム3勝㊋	フェアリーブレス2勝㋮	ラベ3勝㋮	フミノサチヒメ4勝㋮	エーシンマンタ未勝㋮	レアプラチナ1勝㋮
毛色・斤量	鹿 51 牝4	黒鹿 53 牝3	鹿 52 牝5	青鹿 54 牝5	鹿 51 牝3	栗 55 牝4	鹿 55 牝4	鹿 54 牝5	栗 57 牝4	青鹿 53 牝4
騎手	替★永島	替◇藤田菜	▲原	替☆秋山稔	△小林凌大	替武藤	丸山	替☆小沢	丹内	替△横山琉
厩舎	美加藤征	美武藤	美松山将	美和田雄	美伊藤圭	美牧	美尾関	美鈴木伸	美小手川	美新開
賞金	400	400	400	400	400	400	400	70	400	60
総賞金	710	700	1910	1268	597	857	1323	1835	1103	67
馬主名	ローレルR	大澤繁昌	ミルF	ノルマンディーTR	岡本眞二	呉本昌時	ノースヒルズ	星加浩一	江川伸夫	松田整二
牧場名	新村上欽哉	日日高大洋牧場	新村上雅規	安岡田S	安グランド牧場	安チャンピオンズF	新ノースヒルズ	浦谷口牧場	浦信岡牧場	浦富塚F
小桧山		△	注				○			
瀬古		△	△		△		○			
目黒							○			
板子					△	▲	○			
打越			△		△		▲	△		
本紙			△		○		◎			
芝1000	函ダ59.9⑦	新55.9⑥	新55.2⑧	新55.5⑤	新55.7⑤	新55.4⑤	新55.5③	新55.0④	函ダ59.4④	中ダ1296❶
芝1200	中ダ1118⑦	東1113⑨	中1096②	札1091⑨	新1111⑪	小1093⑭	函1092⑤	小1094⑯	新1109⑪	新1105⑥
芝1400	東1227⑭	東ダ1291⑯	東1246❷	新1231④	新ダ1143⑧	新1234⑪		京1219⑤	新ダ1108❼	中2047⑬
芝1600	東1356⑫	新ダ1150⑪	新ダ1153⓫	中1359⑨	中ダ1210⑬	中ダ1282⑫		京1372⑬	東1372⑩	阪1357⑦
上り最高	天35.1⑫	千32.9⑥	千33.0⑧	千32.8⑫	千33.2⑤	千32.6⑤	千32.7③	千32.7②	天34.8⑬	天34.4⑦
騎乗成績	初騎乗	初騎乗	0 1 1 1	0 0 0 2	1 0 0 2	初騎乗	0 0 1 0	初騎乗	0 0 0 1	初騎乗
クラス実績	0 0 0 8	0 0 0 5	0 2 1 9	0 0 0 26	0 0 0 1	0 0 1 7	0 1 1 4	0 2 2 11	0 0 0 11	0 0 0 4
当該条件	初コース	0 0 0 2	1 2 1 8	0 0 0 3	0 0 0 1	0 0 1 1	0 0 1 0	0 2 2 7	初コース	初コース
前走4	1函 6月11日 ① 三才上 7 / 牝1勝 11ト12頭 / ダ59.9 / 55 菱田 / H ⑩⑩⑩ / 472 人気8 / 後方まま 10¾ / 356外362 / チェイスザドリ / 582 1.7	2中 3月5日 ③ 三牝 11 / 1勝 7ト16頭 / ダ1150 / 56 丹内 / M ⑪⑪⑩ / 470 人気16 / 後方まま 6¼ / 366内384 / エイシンメブリ / 1140 1.0	1新 5月7日 ① 四才上 12 / 1勝 3ト16頭 / 千直57.1 / 55 斎藤 / H ⑬⑥ / 466 人気16 / 追上一杯 13¾ / 228—343 / トミケンルーア / 548 2.3	2福 7月24日 ⑧ 三才上 4 / 1勝 11ト16頭 / 芝1104 / 52 佐々木 / M ⑨⑩⑩ / 440 人気16 / 中位伸る 3身 / 350中354 / オードゥメール / 1099 0.5	2東 5月28日 ⓬ 三牝 13 / 未勝 16ト16頭 / ダ1210 / 52 永野 / H ②②② / 448 人気7 / 先行一杯 16¾ / 346中403 / オールフラッグ / 1181 2.9	1小 1月22日 ③ 四才上 14 / 1勝 18ト18頭 / 芝1093 / 54 西村淳 / M ⑤⑥⑦ / 454 人気8 / 中位一杯 6½ / 340中353 / ララマカロン / 1082 1.1	1福 4月17日 ② 四才上 6 / 1勝 14ト16頭 / 芝1111 / 55 荻野極 / M ⑤②③ / 458 人気❶ / 好位一杯 3½ / 348中363 / ハッピーペコ / 1105 0.6	2新 7月30日 ① 三才上 17 / 1勝 8ト18頭 / 千直56.7 / 55 津村 / H ⑤⑫ / 414 人気5 / 好位一杯 9¼ / 223—344 / カゼノタニノア / 551 1.6	1函 7月3日 ⑧ 三才上 8 / 1勝 5ト11頭 / ダ59.7 / 57 菱田 / H ⑪⑩⑨ / 498 人気9 / 後方差詰 8¼ / 359内356 / カルネアサーダ / 583 1.4	2小 2月20日 ④ 四才上 13 / 1勝 15ト17頭 / 芝1111 / 53 藤田菜 / M ⑭⑬⑯ / 444 人気11 / S後不利 5¾ / 356中355 / シュアーヴアリ / 1102 0.9
前走3	1函 6月25日 ❺ 三才上 9 / 1勝 10ト12頭 / ダ1002 / 55 菱田 / M ⑥⑨⑨ / 474 人気11 / 後方まま 9¼ / 363中359 / ボメラート / 586 1.6	1新 5月15日 ④ 三才 6 / 1勝 10ト16頭 / 千直55.9 / 56 武藤 / H ⑫⑬ / 466 人気12 / 後方詰め 5¼ / 230—329 / セリノーフォス / 551 0.8	2新 7月30日 ① 三才上 3 / 1勝 16ト18頭 / 千直55.2 / 52 原 / H ①① / 466 人気6 / 先行粘る ¾身 / 219—333 / カゼノタニノア / 551 0.1	3新 8月21日 ④ 奨5 / 1勝 13ト18頭 / 千直55.5 / 55 佐々木 / H ⑥④ / 442 人気10 / 好位一息 1¼ / 226—329 / ルルルージュ / 553 0.2	1函 7月17日 ⑫ 三才 6 / 未勝 3ト12頭 / ダ59.8 / 51 小林凌大 / H ①①① / 450 人気8 / 逃一杯 4身 / 344内370 / フウゲツムヘン / 592 0.6	2小 2月26日 ⑤ 奨18 / 1勝 1ト18頭 / 芝1121 / 55 柴山雄 / M ④⑤⑫ / 456 人気16 / 好位バテ 大差 / 340内381 / ジュストコル / 1083 3.8	2福 7月16日 ❺ 三才上 2 / 牝1勝 4ト16頭 / 芝1095 / 55 田辺 / M ①①① / 456 人気4 / 逃惜敗 アタマ / 338内357 / ケリアテソーロ / 1095 0.0	3新 8月21日 ④ 奨18 / 1勝 6ト18頭 / 千直57.3 / 55 木幡巧 / H ③⑧ / 418 人気17 / 先行一杯 12¼ / 225—348 / ルルルージュ / 553 2.0	1函 7月10日 ⑩ 三才上 12 / 1勝 7ト12頭 / ダ1490 / 54 鷲頭 / M ⑤⑦⑦ / 502 人気11 / 中位バテ 大差 / 368外418 / ローヴェロ / 1453 3.7	1福 4月17日 ② 四才上 12 / 1勝 8ト16頭 / 芝1117 / 55 丹内 / M ⑦⑨⑪ / 444 人気15 / 中位一杯 6¾ / 351中366 / ハッピーペコ / 1105 1.2
前走2	2札 8月20日 ③ 三才上 8 / 1勝 4ト12頭 / ダ1001 / 52 西塚 / M ⑥⑥⑥ / 468 人気10 / 中位一杯 3¾ / 362内358 / ファンタジック / 595 0.6	1函 6月12日 ② 三才上 11 / 1勝 10ト12頭 / ダ1010 / 54 丹内 / H ⑩⑩⑩ / 460 人気9 / 後方まま 14¼ / 355内371 / ダンスウィズザ / 587 2.3	3新 8月21日 ④ 奨2 / 1勝 17ト18頭 / 千直55.3 / 55 原 / H ①① / 466 人気❷ / 逃粘る クビ / 222—331 / ルルルージュ / 553 0.0	3新 9月4日 ⑧ 奨12 / 1勝 1ト18頭 / 千直56.3 / 55 佐々木 / H ⑯⑮ / 442 人気13 / 出遅る 7身 / 235—328 / ボンクラージュ / 551 1.2	2札 8月28日 ⑥ 三才 1 / 未勝 6ト12頭 / ダ1004 / 52 小林凌大 / M ①①① / 454 人気7 / 逃切る クビ / 357内366 / ベルベリス / 1005 0.1	2新 7月30日 ① 三才上 5 / 1勝 18ト18頭 / 千直55.4 / 53 小沢 / H ⑬⑩ / 460 人気4 / 一瞬鋭 1½ / 228—326 / カゼノタニノア / 551 0.3	4中 9月18日 ❹ 三才上 6 / 1勝 7ト16頭 / 芝外1112 / 55 田辺 / M ⑦⑦⑨ / 452 人気❶ / 中位差詰 4身 / 352中360 / タッカーシルバ / 1106 0.6	3新 9月4日 ⑧ 奨3 / 1勝 15ト18頭 / 千直55.3 / 55 菅原明 / H ①① / 420 人気8 / 逃粘る 1身 / 222—331 / ボンクラージュ / 551 0.2	4中 9月11日 ② 三才上 11 / 1勝 8ト12頭 / ダ1125 / 57 西村淳 / H ⑤⑤⑤ / 502 人気11 / 好位一杯 8身 / 339内386 / ネイチャーカレ / 1111 1.4	1新 5月21日 ⑤ 奨6 / 1勝 10ト13頭 / 芝内1105 / 55 勝浦 / S ③③③ / 446 人気12 / 好位一杯 5身 / 358中347 / ウルトラソニッ / 1097 0.8
前走	2札 9月3日 ⑦ 三才上 12 / 1勝 4ト12頭 / ダ1009 / 52 西塚 / M ④⑥⑥ / 472 人気12 / 中位バテ 8½ / 360内367 / ユスティニアン / 594 1.5	4新 10月23日 ④ 三才上 8 / 1勝 1ト15頭 / 千直56.6 / 55 武藤 / H ⑦③ / 452 人気14 / 好位一杯 4½ / 227—339 / ティアナグラン / 559 0.7	3新 9月4日 ⑧ 奨17 / 1勝 8ト18頭 / 千直56.9 / 55 原 / H ③⑪ / 464 人気6 / 先行一杯 10½ / 223—346 / ボンクラージュ / 551 1.8	4新 10月16日 ② 三才上 12 / 1勝 6ト18頭 / 千直56.3 / 52 佐々木 / H ⑧⑦ / 440 人気14 / 中位一杯 4½ / 226—337 / セルレア / 555 0.8	4新 10月16日 ② 三才上 5 / 1勝 16ト18頭 / 千直55.7 / 51 小林凌大 / H ⑥⑤ / 446 人気❷ / 好位一息 1身 / 225—332 / セルレア / 555 0.2	4小 8月28日 ⑥ 三才上 11 / 1勝 9ト11頭 / 芝1122 / 54 小沢 / M ⑪⑪⑪ / 464 人気9 / 追走一杯 大差 / 345内377 / ワンダーカタリ / 1079 4.3	4新 10月16日 ② 三才上 3 / 1勝 3ト18頭 / 千直55.5 / 55 丸山 / H ⑪⑤ / 446 人気5 / 中位伸 ¾身 / 228—327 / セルレア / 555 0.0	4新 10月23日 ④ 三才上 14 / 1勝 7ト15頭 / 千直58.2 / 55 西村淳 / H ④⑦ / 428 人気4 / 先行バテ 13¾ / 225—357 / ティアナグラン / 559 2.3	4中 9月19日 ❺ 三才上 12 / 1勝 5ト15頭 / ダ1127 / 57 丹内 / M ⑨⑧⑧ / 496 人気12 / S後退る 8¾ / 351外376 / トップザイズラ / 1112 1.5	5ヵ月余 放牧 / 乗込み3週間 仕上り○ / 連対体重 430～446 / 3ヵ月以上休 ①②③外 0 0 0 1

120 77 ライトオ 56大西

新潟7R 枠番連勝

組	オッズ
1-1	☆
1-2	☆
1-3	94.3
1-4	30.1
1-5	☆
1-6	51.8
1-7	83.3
1-8	36.0
2-2	☆
2-3	70.2
2-4	22.4
2-5	☆
2-6	38.5
2-7	62.0
2-8	26.8
3-3	☆
3-4	13.2
3-5	☆
3-6	22.7
3-7	36.6
3-8	15.8
4-4	60.0
4-5	34.5
4-6	7.2
4-7	11.6
4-8	5.0
5-5	☆
5-6	59.3
5-7	95.3
5-8	41.3
6-6	71.0
6-7	20.0
6-8	8.6
7-7	☆
7-8	13.9
8-8	16.6

軸馬 7
単穴 18
連 16 5 12

●2022年10月29日・新潟７Ｒ（３歳上１勝クラス、芝直線1000m・良）

1着⑰リーゼントフラム
（3番人気）
2着⑯テンジュイン
（5番人気）
3着⑫テセウス
（4番人気）
単⑰510円
複⑰170円
⑯210円
⑫190円
馬連⑯－⑰1490円
馬単⑰→⑯3000円
3連複⑫⑯⑰3290円
3連単⑰→⑯→⑫16230円

	18 桃8	17 桃8	16	15 橙7	14 橙7	13	12 緑6	11
父	トゥザワールド	ロードカナロア	ジョーカプチーノ	ドゥラメンテ	モーリス	メイショウボーラー	ダノンレジェンド	タイキシャトル
馬名	キリシマタウン	㊞リーゼントフラム	㊞テンジュイン	シーズザデイ	ティフォーザ	㊞キャットリング	テセウス	㊞モメチョッタ
母	チェリースマイル 未出	ブロードストリート 4勝	キクノセンヒメ 3勝	ラーチャブルック 公	サッカーマム 米	キネオソレイユ 公	テルミドール 1勝	エイシンオーガスタ 公
斤量・性齢	栗 51 牡3	鹿 57 牡5	鹿 54 牝5	鹿 55 牡3	鹿 55 牝4	青鹿 54 牝4	青鹿 57 牡4	黒鹿 55 牝6
騎手	★今村	西村淳	☆松本	富田	斎藤	☆亀田	杉原	城戸
厩舎	天間	矢作	千田	川村	安田隆	藤沢則	奥平雅	石毛
	400	90	150	400	400	70	400	220
	1655	521	2514	777	700	168	3001	1865
馬主	西村新一郎	三浦大輔	中村政夫	荒井元明	ロードHC	榊原浩一	ミルF	清水敏
生産	田原橋本牧場	下河辺牧場	新井昭二	スマイルF	ケイアイド	岡田S	ミルF	栄進牧場
予想印	▲ ◎ ▲ … 注 注	△ … △ ◎ ◎ △西	△ … ◎ … △ △西	◎ ▲ … △ … △西	… … △ △ … △西	… … … … … 西	△ 注 △ 注 ○ ▲	… … 注 … … …
持ち時計	函ダ59.5② 中ダ1127②	新 [illegible]7② 新 [illegible]3⑦ 大 [illegible]1⑭ 阪 1[illegible]7⑰	新 [illegible]4④ [illegible]	三ダ1124⑬ 小 1082⑤ 阪 1231① 京 1362⑭	新 55.6⑦ 小 1083⑩ 阪 1222⑦ 阪 1365①	三 1307⑫ 函 1094⑬ 新 1222⑯ 新 1351⑪	新 [illegible]⑧ [illegible]	新 55.5⑧ 福 1097④ 東 1232⑬ 函ダ1280⑪
上がり	初芝 初騎乗	千 33.0② 初騎乗	千 33.4④ 初騎乗	三 35.0⑤ 0 0 0 1	千 32.6⑦ 初騎乗	三 34.7⑬ 0 0 0 3	千 32.9② 1 4 1 5	千 32.4⑧ 0 1 1 5
成績	0 1 0 0 初コース	0 1 0 4 0 1 0 1	0 1 2 7 0 0 0 2	0 0 0 4 初コース	0 0 0 7 0 0 0 1	0 0 0 7 初コース	0 4 1 12 0 3 1 8	0 1 1 14 0 2 2 13
前4走	1函 6月12日 ② 2歳 2 未勝 2ﾃ10頭 芝ダ59.5 53 小林脩 H ⑤③③ 440 人気3 好位伸 1¾ 351外361 エバニスタ 592 0.3	1福 4月24日 ④ 4歳上 5 1勝 10ﾃ12頭 芝ダ1096 57 荻野極 M⑤②③ 466 人気3 先行一息 3½ 349中377 ヘクサンハーバ 1090 0.6	3小 7月23日 ⑦ 太宰 16 1勝 15ﾃ17頭 芝 1084 55 松山 M⑥④③ 450 人気8 外々回る 8¾ 335外349 マッドクール 1069 1.5	1小 2月5日 ⑦ かささぎ 8 1勝 9ﾃ18頭 芝 1098 56 菱田 M③③④ 498 人気9 好位一息 4¼ 340中358 ゼットレヨン 1091 0.7	1中京 1月9日 ③ 4歳上 16 牝1勝 1ﾃ16頭 芝ダ1316 54 中井 H ①①② 446 人気11 逃バテ 大差 349内441 エコロマンボ 1255 6.1	1函 7月3日 ⑧ 3歳上 14 牝1勝 11ﾃ14頭 芝ダ1480 51 古川奈 M⑦⑪⑪ 428 人気12 後方まま 16身 361中403 フローラルビア 1454 2.6	1新 5月7日 ① 4歳上 5 1勝 11ﾃ16頭 千直56.0 57 菊 H ⑦⑦ 444 人気4 好位一息 6¾ 225—335 トミケンルーア 548 1.2	3新 8月21日 ④ 桃花 13 1勝 11ﾃ18頭 千直56.4 55 城戸 H ⑰⑰ 460 人気12 後方まま 6½ 236—328 ルルルージュ 553 1.1
前3走	1函 7月3日 ⑧ 2歳 3 未勝 8ﾃ12頭 芝ダ59.6 54 角田和 H ②②③ 444 人気2 粘り強く 1¼ 351内363 タイガークリス 594 0.2	1新 5月7日 ① 4歳上 2 1勝 6ﾃ16頭 千直55.7 57 坂井 H ⑨⑦ 466 人気7 中位伸 5身 227—330 トミケンルーア 548 0.9	4小 9月3日 ❼ 3歳上 6 牝1勝 9ﾃ15頭 芝 1090 55 松若 M②③② 460 人気11 好位一息 1¼ 343中347 クァンタムレル 1088 0.2	4小 8月28日 ⑥ 3歳上 5 1勝 7ﾃ11頭 芝 1082 54 富田 M④④③ 502 人気4 伸一息 1¼ 332外350 ワンダーカタリ 1079 0.3	2阪 4月2日 ③ 4歳上 15 1勝 2ﾃ17頭 芝内1223 52 角田和 S②③④ 438 人気12 先行一杯 7¾ 349内360 メイショウホシ 1210 1.3	1函 7月16日 ⑪ 3歳上 12 牝1勝 6ﾃ14頭 芝 1120 55 菱田 M④⑤⑥ 424 人気14 好位一杯 5身 356中364 スウィートプロ 1112 0.8	2新 7月30日 ① 3歳上 16 1勝 7ﾃ18頭 千直56.3 57 杉原 H ⑩⑫ 442 人気8 中位一杯 7¼ 227—336 カゼノタニノ 551 1.2	3新 9月4日 ⑧ 驀進 14 1勝 4ﾃ18頭 千直56.5 55 岩部 H ⑱⑱ 462 人気18 後方まま 8¾ 236—329 ボンクラージュ 551 1.4
前2走	1札 7月24日 ② 2歳 1 未勝 6ﾃ12頭 芝ダ59.7 54 角田和 H ③③③ 440 人気2 好位差切 ½身 350中362 メルシー 598 0.1	1新 5月28日 ⑦ 4歳上 7 1勝 16ﾃ16頭 芝内1098 57 勝浦 M⑤⑤④ 470 人気7 中位一杯 2½ 347中351 ジャストザビア 1094 0.4	5中京 9月19日 5 3歳上 14 1勝 1ﾃ15頭 芝 1117 55 和田竜 M⑧⑨⑧ 456 人気8 中位一杯 7¼ 351中366 シャウビンダー 1105 1.2	5中京 9月19日 5 3歳上 7 1勝 5ﾃ15頭 芝 1110 55 鮫島駿 M②④④ 496 人気5 一瞬脚 3身 348外362 シャウビンダー 1105 0.5	2新 7月30日 ① 3歳上 7 1勝 15ﾃ18頭 千直55.6 52 角田河 H ⑯⑭ 438 人気7 後方差詰 3身 230—326 カゼノタニノ 551 0.5	1札 8月6日 ⑤ 3歳上 12 1勝 5ﾃ14頭 芝 1307 55 古川吉 S⑩⑩⑪ 420 人気14 後方まま 9身 369内357 エーブラス 1293 1.4	3新 9月4日 ⑧ 驀進 2 1勝 17ﾃ18頭 千直55.2 57 杉原 H ③① 444 人気9 先行粘る ½身 223—329 ボンクラージュ 551 0.1	4新 10月16日 ② 3歳上 7 1勝 8ﾃ18頭 千直55.8 52 原 H ⑪⑫ 468 人気16 後方差詰 1½ 229—329 セルレア 555 0.3
前走	2札 8月13日 ① 3歳上 2 1勝 5ﾃ11頭 芝ダ59.5 52 角田和 H ①②② 440 人気1 逃粘る 2½ 348内363 クローリスノキ 591 0.4	4新 10月16日 ② 3歳上 6 1勝 5ﾃ18頭 千直55.7 57 菱田 H ⑧⑦ 470 人気8 後方まま 1身 226—331 セルレア 555 0.2	4新 10月23日 ④ 3歳上 4 1勝 3ﾃ15頭 千直56.1 55 和田竜 H ⑦⑥ 458 人気10 中位差詰 1¼ 227—334 ディアナグラン 559 0.2	4阪 10月10日 ❸ 3歳上 11 1勝 4ﾃ14頭 芝ダ1124 55 鮫島駿 M②②② 496 人気3 先行一杯 10身 347中377 スリードレフォ 1108 1.6	5中京 9月19日 5 3歳上 10 1勝 7ﾃ15頭 芝 1112 55 富田 M⑥⑤⑧ 432 人気12 伸一息 3½ 351中361 シャウビンダー 1105 0.7	4新 10月22日 ③ 3歳上 16 1勝 7ﾃ18頭 芝内1222 54 亀田 M⑧⑨⑩ 420 人気18 中位一杯 6¼ 351中362 ウインバグース 1211 1.1	4新 10月23日 ④ 3歳上 3 1勝 10ﾃ15頭 千直56.1 57 杉原 H ②① 452 人気1 先行粘る 1¼ 222—339 ディアナグラン 559 0.2	4新 10月23日 ④ 3歳上 2 1勝 13ﾃ15頭 千直56.1 55 城戸 H ⑨⑩ 468 人気6 中位伸 1¼ 230—331 ディアナグラン 559 0.2

前走の直線 1000ｍ
は⑤番ゲートで6着
（0秒2差）

通常のトラック成績は度外視するのが直千のコツ

●2022年7月31日・新潟11RアイビスSD(GⅢ、芝直線1000m良)

◎ビリーバー　7番人気1着

勝負条件③適性に合った枠順
勝負条件⑤過去に実力馬と遜色のないレースをしている
勝負条件⑧期待値が高い

前項に続き、新潟芝直線1000mのレースを取り上げます。

同コースはJRA唯一無二の特殊な形状なので、通常のトラックコースの成績はあまり気にする必要はありません。重視すべきは過去の直線競馬での実績や対戦比較で、これがあれば、さらに勝負しやすくなります。

2022年のアイビスサマーダッシュで◎を打ったビリーバーにも、強力なモノサシがありました。ビリーバーは20年のアイビスサマーダッシュで⑫番ゲートから馬群をさばく競馬で3着に入線しました。このときの1着馬が直千で3勝を挙げたジョーカナチャン、2着が直千で4勝を挙げ〝直線の王〟と呼ばれていたライオンボスです。

しかもビリーバーのレース内容は、道中で余分に馬を動かす無駄な動きがあり、仕掛けたタイミングも遅いという下手乗りでした。まともなら、直千のトップレベルと差のない能力を秘めていると予測できます。これは「勝負条件⑤過去に実力馬と遜色のないレースをしている」に合致します。

しかし、ビリーバーはここから13戦連続で大敗を繰り返します。そのため、このアイビスサマーダッシュでは7番人気に甘んじていました。

ところが、その成績を精査してみると……。

●20年8月・キーンランドC　6着
●20年10月・ルミエールAD　**6着**【新潟芝1000m】18頭立て⑥番ゲート
●20年11月・京阪杯　11着
●21年1月・淀短距離S　13着
●21年4月・コーラルS　13着
●21年5月・韋駄天S　**7着**【新潟芝1000m】16頭立て②番ゲート
●21年6月　パラダイスS　13着
●21年7月・アイビスSD　**11着**【新潟芝1000m】16頭立て⑬番ゲート
●21年8月・朱鷺S　17着
●21年10月・ルミエールAD　**6着**【新潟芝1000m】18頭立て②番ゲート
●21年12月・タンザナイトS　10着
●22年2月・北九州短距離S　5着
●22年5月・韋駄天S　**4着**【新潟芝1000m】18頭立て⑪番ゲート

新潟 11R

WIN5⑤

発馬 15.45

第22回 サマースプリントシリーズ

アイビスサマーダッシュ (GⅢ)

(国際)(特指) 三才上オープン・別定

枠・馬番	1 白1	2 白1	3 黒2	4 黒2	5 赤3	6 赤3	7 青4	8 青4	9 黄5	10 黄5
父	バトルプラン(中)	ヨハネスブルグ(マ)	マクフィ(マ)	ロードカナロア(マ)	ヴァンセンヌ(マ)	シャンハイボビー(マ)	ダンカーク(中)	アドマイヤムーン(中)	インヴィンシブルスピリット(欧)	ゴールドシップ(中)
馬名	ライオンボス	トウショウピスト	オールアットワンス	スティクス	ロードベイリーフ	(外)マリアズハート	キタイ	マウンテンムスメ	(外)パーティナシティ	ジュニパーベリー
母	ウーマンインレッド 未出(マ)	シーイズトウショウ7勝(マ)	シュプリームギフト5勝(マ)	ベンテシレイア2勝(中)	ショウナンアオバ 未勝(マ)	マリアズダンス 米(マ)	コウヨウルビー 未勝(中)	ヤマガール1勝(中)	ケリーズドリーム 英(欧)	エキナシア3勝(中)
毛色・斤量	栗 58 牡7	鹿 56 牡10	鹿 54 牝4	鹿 54 牝4	黒鹿 56 牡5	鹿 55 牝6	鹿 54 牝6	栗 54 牝4	鹿 56 牡6	鹿 54 牝5
騎手	坂井	江田照	石川	藤田菜	西村淳	菊沢	大幡巧	Mデムーロ	岩田望	嶋田
厩舎	和田郎	土田	中舘	武幸	森田	菊沢	杉浦	中野栄	高橋忠	手塚
賞金	7450	3650	2950	2400	2400	5000	2400	2400	2400	2400
総賞金	15,980	14,318	7750	4952	8880	12,740	6695	7151	7020	7460
馬主名	和田牧場	トウショウ産業	吉田勝己	シルクR	ロードHC	ノルマンディーTR	西村憲人	西村新一郎	ゴドルフィン	ミルF
牧場名	対馬正	トウショウ牧場	ノーザンF	ノーザンF	大北牧場	アメリカ	谷川牧場	[illegible]	イギリス	ミルF
予想	…… △ △ △ ▲ △	…… …… …… …… …… ……	△ …… ▲ ◎ △ ▲	…… …… …… △ …… ……西	△ △ …… 注 △ 注西	◎ ◎ 注 ▲ 注 ○	…… …… …… …… …… ……	注 …… ▲ ◎ …… △	…… …… …… …… …… ……西	…… …… △ △ …… B△
持ち時計	新53.9① 中1075⑤ ダ1212[8] ダ1549⑬	新54.9⑧ 東1074⑦ 京1200② 新1336①	新54.2① 東1082③ 阪1210⑩	新55.4⑩ 小1069① 阪1207⑤ ダ1254❸	新54.9② ③ ⑤ 阪③	新54.8① 中1077① 阪1210⑫ ダ1121⑬	大1465⑰ 東1081① 東1207⑤ 新1349①	新55.3④ 函1083① 東1237⑧ 中1385⑩	ダ1104❶ 小1088[1] ダ1231② 京1371⑩	新54.8[1] 中1079⑬ 東1222④ ダ1135[3]
上り最高・騎乗成績	千32.0① 初騎乗	千32.1⑧ 0 0 0 9	千32.0① 1 0 0 1	千33.5⑩ 初騎乗	② 0 1 0 0	千32.4① 2 0 0 0	芝34.4① 1 0 0 3	千33.3④ 初騎乗	芝35.1⑥ 0 0 0 1	千32.2[1] 3 1 4 10
クラス実績・当該条件	3 3 0 7 4 3 0 2	1 1 2 41 0 0 0 4	2 0 2 4 1 0 0 1	0 0 0 5 0 0 0 1	0 1 0 4 0 1 0 0	2 3 0 10 2 0 0 0	0 0 1 6 初コース	0 0 0 3 1 0 0 1	0 0 0 3 初コース	0 0 2 3 2 0 1 2

距離	
芝	1000 1200 1400 1600
1000	620 / 410 ライトオ 56大西

1	5新 10月31日 ⑧ルミエー 13 L 9ｱ18頭 千直56.2 58菱田 H ⑧⑦ 536 人気3 中位一杯 6½ 226―336 マリアズハート 551 1.1	6中 12月5日 ②ラピスラ 16 L 15ｱ16頭 芝外1087 57江田照 M⑥⑤③ 494 人気15 直線不利 4¾ 339中348 エーポス 1079 0.8	3新 21年7月 ②アイビス 1 GⅢ 14ｱ16頭 千直54.2 51石川 H ④① 448 人気1 先行抜出 ¾身 222―320 ライオンボス 543 0.1	2小 2月13日 ②北九短距 18 オープン 2ｱ18頭 芝1108 54浜中 M②②③ 492 人気5 先行バテ 13¼ 338中370 ビオグラフィー 1087 2.1	2小 2月13日 ②北九短距 16 オープン 3ｱ18頭 芝1097 56横山和 M⑪⑨② 498 人気11 内々回る 6身 342内355 ビオグラフィー 1087 1.0	1中 1月15日 ⑤カーバン 2 オープン 13ｱ16頭 芝外1088 54大野 H⑦⑨⑧ 504 人気6 中位伸 クビ 339外349 サンライズオネ 1087 0.1	5中 12月5日 ②ラピスラ 14 L 4ｱ16頭 芝外1086 54丹内 M②③③ 518 人気14 先行一杯 4½ 338内348 エーポス 1079 0.7	2中 3月12日 ⑤四上オ 2 2勝 16ｱ16頭 芝外1088 53永野 M①①① 468 人気5 逃惜敗 クビ 340中348 シュアーヴアリ 1088 0.0	4中 9月25日 ⑥ながつき 16 オープン 11ｱ16頭 ダ1113 56津村 H⑦⑦⑥ 502 人気5 中位一杯 6¾ 336中377 ロイヤルパール 1102 1.1	4新 8月14日 [1] 稲妻 1 3勝 16ｱ16頭 千直54.8 53嶋田 H ③① 476B 気3 楽抜出 3½ 226―322 ビアイ 554 0.6
2	1中 1月15日 ⑤カーバン 9 オープン 15ｱ16頭 芝外1095 57嶋田 H①①① 554 人気12 逃一杯 4身 331内364 サンライズオネ 1087 0.8	1中 1月15日 ⑤カーバン 7 オープン 3ｱ16頭 芝外1093 54内田博 H⑬⑪⑫ 500 人気15 後方差詰 3身 342中351 サンライズオネ 1087 0.6	5阪 11月28日 ⑧京阪杯 8 GⅢ 4ｱ16頭 芝内1095 53石川 S⑤④④ 446 人気5 好位一杯 3¾ 346内349 エイティーンガ 1088 0.7	3中京 5月8日 ②鞍馬 11 オープン 8ｱ18頭 芝1078 54斎藤 S②②② 500 人気6 先行一杯 4½ 337中341 シゲルピンクル 1071 0.7	2中 3月5日 ③オーシャ 13 GⅢ 15ｱ15頭 芝外1088 56亀田 M⑪⑪⑩ 482 人気14 中位一杯 5½ 344中344 ジャンダルム 1079 0.9	2中 3月5日 ③オーシャ 7 GⅢ 1ｱ15頭 芝外1083 54大野 M⑧⑧⑨ 502 人気6 脚余す 2¼ 341内342 ジャンダルム 1079 0.4	1中京 1月10日 ④淀短距 17 L 17ｱ17頭 芝1095 54池添 M⑥②② 516 人気12 先行バテ 10身 336中359 スマートクラー 1079 1.6	3中 3月27日 ❷四上オ 3 2勝 2ｱ13頭 芝外1095 53永野 M①①① 464 人気2 逃粘る 2½ 336内359 イルクオーレ 1091 0.4	5阪 11月14日 ④醍醐 15 オープン 3ｱ16頭 ダ1130 56吉田隼 M⑭⑬⑬ 512 人気11 後方まま 8¾ 361外369 デュアリスト 1116 1.4	5新 10月31日 ⑧ルミエー 3 L 14ｱ18頭 千直55.3 53嶋田 H ⑤③ 468B 気1 好位粘る 1身 223―330 マリアズハート 551 0.2
3	3中 4月10日 ⑥春雷 5 L 14ｱ16頭 芝外1075 57田辺 S①②② 544 人気13 先行一息 4½ 332中343 ヴェントヴォー 1068 0.7	1新 5月22日 ⑥韋駄天 15 オープン 7ｱ16頭 千直55.5 54丸山 H ④[4] 486 人気16 好位一杯 4¼ 222―333 マリアズハート 548 0.7	1阪 2月19日 ③京都牝馬 10 牝GⅢ 10ｱ18頭 芝内1210 54藤岡康 S⑬⑫⑭ 446 人気14 中位一杯 7½ 353中344 ロータスランド 1197 1.3	1新 5月22日 ⑥韋駄天 10 オープン 6ｱ16頭 千直55.4 52斎藤 H ①① 494 人気7 先手速く 3¾ 219―335 マリアズハート 548 0.6	1新 5月22日 ⑥韋駄天 2 オープン 12ｱ16頭 千直54.9 54西村淳 H ⑨⑩ 488 人気10 中位伸 ¾身 227―322 マリアズハート 548 0.1	3中 4月17日 [8]京葉 13 L 2ｱ16頭 ダ1121 55三浦 H⑫⑭⑭ 496 人気9 後方まま 8¾ 351中370 レシプロケイト 1105 1.6	1福 4月23日 ③福島牝馬 15 牝GⅢ 16ｱ16頭 芝1491 54古川吉 H①①① 518 人気16 逃バテ 13身 350内385 アナザーリリッ 1470 2.1	3中 4月17日 ⑧袖ケ浦 1 2勝 12ｱ14頭 芝外1086 54武豊 M①②② 470 人気1 先行抜出 1身 341中345 ラストリージョ 1088 0.2	6阪 12月5日 ②ギャラク 13 オープン 11ｱ16頭 ダ1254 56国分優 H④④④ 516 人気13 好位一杯 9¼ 345中387 パティスティー 1239 1.5	3中 4月10日 ⑥春雷 13 L 12ｱ16頭 芝外1079 53嶋田 S③④③ 484B 気9 好位一杯 6¾ 336中343 ヴェントヴォー 1068 1.1
4	3ヵ月半 外厩放牧 乗込み3週間 仕上り○ 連対体重 518～544 3ヵ月以上休 ①②③外 0 0 0 5	2福 7月17日 ⑥福島TV 16 オープン 15ｱ16頭 芝1110 57野中 S⑩⑫⑩ 480 人気16 中位一杯 9身 355外355 オパールシャル 1094 1.6	1新 5月22日 ⑥韋駄天 6 オープン 4ｱ16頭 千直55.2 55津村 H ⑥⑥ 456 人気5 中位まま 2½ 224―328 マリアズハート 548 0.4	3小 7月3日 ②CBC賞 7 GⅢ 15ｱ17頭 芝1069 52幸 H①②② 496 人気6 先行一杯 6¼ 319中350 テイエムスパー 1058R 1.1	3小 7月3日 ②CBC賞 6 GⅢ 9ｱ17頭 芝1069 54和田竜 H⑬⑪⑧ 478 人気8 後方差詰 6身 327内342 テイエムスパー 1058R 1.1	1新 5月22日 ⑥韋駄天 1 オープン 16ｱ16頭 千直54.8 54菊沢 H ⑥⑥ 500 人気2 中位一気 ¾身 224―324 ロードベイリー 549 0.1	3東 6月26日 ⑧パラダイ 15 L 8ｱ16頭 芝1220 51柴田大 S①①① 502 人気13 逃一杯 10½ 345中362 リフレイム 1202 1.8	1函 6月19日 ④UHB杯 1 3勝 3ｱ16頭 芝1083 55横山武 M①①① 460 人気3 逃切る クビ 337内346 シュアーヴアリ 1084 0.1	8ヵ月休 放牧 乗込み6週間 仕上り○ 連対体重 486～512 3ヵ月以上休 ①②③外 0 1 0 1	1新 5月22日 ⑥韋駄天 8 オープン 15ｱ16頭 千直55.3 53嶋田 H ④⑤ 478B 気1 好位一杯 3身 222―331 マリアズハート 548 0.5

記号の説明

厩舎左側の(美)(栗)は
(美)＝関東・美浦所属
(栗)＝関西・栗東所属
賞金左の記号は重の巧拙を表します
◎…得意△…苦手

馬場表示

❶ ➊ [1] ①
↓ ↓ ↓ ↓
不良 重馬場 稍重 良馬場
開催日の馬場状態

乗替り記号

(替)…ベスト10外の騎手からベスト10への乗替り
(替)…それ以外

開催場所・月日
開催日・着順
条件・枠・頭数
距離・タイム
斤量・騎手名
ペース・通過順
馬体重・人気
戦評・馬身差
前半・上り③F
①②着時計・秒

●2022年７月31日・新潟11ＲアイビスＳＤ（ＧⅢ、芝直線1000m・良）

1着⑯ビリーバー
（7番人気）
2着⑰シンシティ
（2番人気）
3着⑤ロードベイリーフ
（14番人気）
単⑯1730円
複⑯400円
⑰210円
⑤1160円
馬連⑯－⑰3070円
馬単⑯→⑰8250円
3連複⑤⑯⑰49980円
3連単⑯→⑰→⑤267060円

18 桃8	17 桃8	16 桃8	15 橙7	14 橙7	13 橙7	12 緑6	11 緑6
キズナ	サウスヴィグラス	モンテロッソ	キズナ	カレンブラックヒル	タートルボウル	アドマイヤムーン	キングカメハメハ
レジェーロ	シンシティ	ビリーバー	クリスティ	オヌシナニモノ	ヴェントヴォーチェ	トキメキ	アヌラーダプラ
ロックフェアレディ	ジェネロシティー 1勝	デイドリーマー 1勝	ホワイトアルバム 2勝	グラントリノ 1勝	ランウェイスナップ	リーベストラウム 3勝	ボロンナルワ 未出
黒鹿 54 牝5	黒鹿 54 牝5	黒鹿 54 牝7	芦 54 牝5	鹿 56 牡5	鹿 56 牡5	栗 54 牝5	鹿 54 牝5
団野	富田	杉原	松若	今村	福永	松山	ホー
西村	木原	石毛	杉山晴	高橋忠	牧浦	斎藤誠	荻原
2850	2400	2400	3800	2400	3800	2400	3600
7110	6133	11,882	9290	8316	8890	7442	7500
山本剛士	安藤晋平	ミルF	新浦英稔	ニットー商事	エデンA	ミルF	キャロットF
新冠橋本牧場	高昭牧場	ミルF	荻伏三好F	大狩部牧場	下河辺牧場	ミルF	ノーザンF
…………西	△ △ △西	△ △	△ 初 B…西	△ …西	◎ ○ ○ ○ ○ ◎西	▲ △ △	△ △ △ ○ △
新57.8⑪ 小1076⑨ 阪1228⑪ ダ1156⑯	新54.9③	新54.5③	ダ1367⑫ 大1475④ 東1211⑫ 東1323⑩	新55.2⑦ ダ1095❶ ダ1247❺ ダ1181⑨	新55.1① 中1068①	新54.9④ 中1080⑦ 新1232① 東1342③	中1084① 東1210① 中1348⑥
芝33.9② 0 0 0 1	0 0 1 0	千32.0③ 3 0 3 23	大33.6④ 2 0 0 4	千32.7⑦ 初騎乗	千32.7① 初騎乗	千32.3④ 1 0 0 0	芝33.3① 初騎乗
1 2 0 12 0 0 0 1	0 0 2 2 0 0 1 0	0 0 1 19 0 0 1 5	1 1 1 12 初コース	0 0 0 4 0 0 0 1	1 0 0 3 1 0 0 0	0 0 0 1 1 0 0 1	1 0 0 2 初コース
1中京 1月10日 ④ 16 L 16ト17頭 芝1090 55小崎 M①①① 426 人気11 逃一杯 7身 335内355 スマートクラー 1079 1.1	4中 9月25日 ⑥ ながつき 3 オープン 6ト16頭 ダ1103 54田中健 H①①① 474 人気9 逃粘る クビ 331内372 ロイヤルパール 1102 0.1	5新 10月31日 ⑧ ルミエール 6 L 2ト18頭 千直55.4 53杉原 H ⑬⑬ 462 人気17 脚余す 1½ 230―324 マリアズハート 551 0.3	1阪 2月19日 ③ 京都牝馬 15 GⅢ 13ト18頭 芝内1219 55武豊 S⑱⑰⑭ 494 人気7 出遅る 12¾ 359外352 ロータスランド 1197 2.2	1中 1月16日 ⑥ ジャニュ 5 オープン 10ト16頭 ダ1111 56斎藤 H②②② 486 人気3 一旦抜出 1¼ 339中372 アポロビビ 1109 0.2	4阪 10月9日 ① オパール 5 L 11ト16頭 芝内1086 55川田 S④③③ 512 人気1 好位一杯 2¼ 345中341 サヴォワールエ 1082 0.4	1中 1月16日 ⑥ サンライ 5 3勝 13ト16頭 芝外1091 55松岡 M⑭⑬⑬ 506 人気10 後方追上 1身 348外343 ロードベイリー 1089 0.2	5中 20年12月 ⑥ 3 3勝 3ト16頭 芝外1099 53横山武 H⑥④④ 466 人気2 好位伸 2½ 339中360 サンノゼテソー 1095 0.4
1中京 1月30日 ⑩ シルクロ 16 GⅢ 12ト18頭 芝1097 54小崎 M③⑥⑦ 420 人気17 外々回る 10¾ 344外353 メイケイエール 1081 1.6	1中 1月16日 ⑥ ジャニュ 15 オープン 15ト16頭 ダ1125 54田中健 H①①① 464 人気4 逃一杯 9身 339内386 アポロビビ 1109 1.6	5阪 12月18日 ⑤ タンザナ 10 オープン 7ト15頭 芝内1089 52杉原 M⑧⑦⑦ 460 人気14 中位一杯 2½ 345内344 ナランフレグ 1085 0.4	2阪 4月9日 ⑤ 阪神牝馬 7 GⅡ 10ト11頭 芝外1333 54松若 S①①① 488 人気6 逃一息 2½ 353中352 メイショウミモ 1328 0.5	2中 3月20日 ❼ 7 オープン 2ト16頭 ダ1106 54斎藤 M③③③ 484 人気1 好位一杯 3¼ 340内366 スマートダンデ 1100 0.6	2小 2月13日 ② 北九州短距 4 オープン 11ト18頭 芝1088 56吉田隼 M⑤⑥⑧ 518 人気4 一瞬脚 ½身 340中348 ビオグラフィー 1087 0.1	2中 3月12日 ⑤ アクアマ 2 3勝 3ト15頭 芝外1081 53松岡 M④③② 504 人気4 好位伸 ¾身 333内348 チェアリングソ 1079 0.2	3中 21年4月 ⑤ 1 3勝 6ト16頭 芝外1084 55横山武 M④⑤⑤ 476 人気3 中位差切 ½身 339中345 スワーヴシャル 1085 0.1
2阪 4月30日 ⑪ 16 オープン 15ト16頭 ダ1156 55小崎 M③⑤⑩ 418 人気13 好位バテ 大差 350外406 デュアリスト 1105 5.1	1阪 2月20日 ④ 15 オープン 13ト16頭 ダ1139 52田中健 H①②② 474 人気9 先行一杯 13½ 340中399 ジャスティン 1116 2.3	2小 2月13日 ② 北九州短距 5 オープン 10ト18頭 芝1089 54杉原 M⑯⑭⑫ 464 人気17 後方追上 1½ 346内343 ビオグラフィー 1087 0.2	2東 5月14日 ⑦ 京王SC 12 GⅡ 5ト12頭 芝1211 54松若 S⑧⑥⑦ 490 人気11 中位一杯 5¼ 354内343 メイケイエール 1202 0.9	1新 5月22日 ⑥ 7 オープン 13ト16頭 千直55.2 54藤田菜 H ⑥⑧ 484 人気3 中位まま 2¾ 225―327 マリアズハート 548 0.4	3中 4月10日 ⑥ 1 L 9ト16頭 芝外1068 55西村淳 S⑤④⑤ 518 人気1 好位抜出 3身 337中331 タイセイビジョ 1073 0.5	3中 4月9日 ⑤ 2 3勝 8ト16頭 芝外1080 55松岡 M②②② 510 人気5 先行粘る 1¾ 334中346 ジュビリーヘッ 1077 0.3	2札 8月15日 ② UHB賞 1 オープン 3ト16頭 芝1088 53横山武 S②②② 484 人気1 先行抜出 ハナ 343中345 タイセイアベニ 1088 0.0
3小 7月3日 ② CBC賞 16 GⅢ 3ト17頭 芝1084 54団野 H③⑤④ 422 人気9 好位一杯 15½ 323中361 テイエムスパー 1058 2.6	1新 5月22日 ⑥ 3 オープン 5ト16頭 千直54.9 52富田 H ①① 476 人気9 逃粘る 1身 219―330 マリアズハート 548 0.1	1新 5月22日 ⑥ 4 オープン 11ト16頭 千直55.0 53杉原 H ⑭⑭ 464 人気6 後方追上 1身 229―321 マリアズハート 548 0.2	3阪 6月18日 ① 15 L 16ト16頭 芝外1358 55松若 S④③⑤ 492 人気12 好位一杯 16½ 351外374 ウインカーネリ 1329 2.9	4中京 6月5日 ② 11 オープン 16ト16頭 ダ1110 56松若 M④④③ 476 人気6 好位一杯 5½ 346中364 オーロラテソー 1102 0.8	1函 6月12日 ② 函館SS 7 GⅢ 8ト16頭 芝1077 56西村淳 M⑪⑩⑨ 518 人気2 中位まま 3¾ 336中341 ナムラクレア 1072 0.5	1新 5月8日 ② 1 3勝 3ト16頭 千直55.1 55松山 H ⑤⑥ 516 人気2 好位抜出 クビ 222―329 ジャズエチュー 551 0.0	11ヵ月半 骨折放牧 乗込み6週間 仕上り○ 連対体重 462～484 3ヵ月以上休 ①②③外 4 0 0 1

絶望的に見える二ケタ着順が並んでいますが、大敗のほとんどはトラックコースでのもので、直線競馬では善戦しています。しかも不利な内枠に入っているレースが多く、ようやく外枠（⑬番）を引いた21年のアイビスサマーダッシュは、包まれて窮屈になる少しかわいそうな競馬でした。

直線競馬ではトップホースと遜色のない能力があり、枠順や展開に恵まれないレースが続いてきた馬が、今回は8枠⑯番ゲートを引いて、7番人気で単勝17・3倍。これは採算が合うはずです。

データ的にアプローチをするなら、⑰シンシティを狙うのも正解です。同馬は7走前の新潟ダート1200mの芝スタート地点で、テン1F11秒4（通常は11秒9前後）を騎手がうながす程度でマークしており、現役屈指の初速のあるスタート巧者です。

前走の韋駄天Sでは、⑤番ゲートから外に切れ込むときに余分に脚を使いながら逃げての3着。こちらも【内枠→外枠】の狙い目パターンです。しかし、シンシティは2番人気で単勝5・0倍。過去の対戦馬のレベルとオッズを考え、予想は◎ビリーバー、○シンシティに決定しました。

レースは、テンの脚が速いシンシティが馬ナリで外ラチ沿いを確保してすんなり逃げました。ビリーバーは差し場を探しながら後方を追走。開幕週で内ラチ沿いに進路を取った馬もおり、馬群が多少バラける展開になったことも功を奏し、シンシティの横に少し開いたスペースから割って差し抜けて1着。シンシティがそのまま2着に粘り込み、3着には内枠で人気を落としていた⑤ロードベイリーフ（14番人気）が入線。netkeiba.comに公開していた予想でも、3連複4万9980円が的中しました。

直線競馬は新潟でしか行なわれていないため、ビリーバーのような、トラックコースで凡走続きの馬が人気を落としているケースがよくあります。競馬新聞の馬柱だけを見て「もう終わった馬」と判断するのは早計で、過去の直千のレース内容を精査することが大切です。

前作『馬券億り人のコース戦略！』にも書きましたが、**新潟芝直線1000mは、枠の出し入れだけで儲けられる簡単なコースです。**勝負の感覚をつかんで、新潟開催では儲けてください。

これがローカル芝の馬場読みの極意

●2022年7月24日・福島12R（3歳上1勝クラス、芝1200m良）

◎オードウメール　3番人気1着

中央4場（東京、中山、京都、阪神）に比べて、ローカル競馬場の芝コースは荒れやすい傾向があります。

新潟を除くと外回り・内回りコースがないので、ローカルは同じ馬場を使い続ける。コース幅も狭く仮柵の設定も限られているため、開催が進むと芝が荒れてきます。最終週になると、極端に内が荒れて、内枠がまったく上位に入線できないアンフェアな馬場になることもあります。

元パチプロの私にいわせれば、競馬場の馬場はパチンコにおける「釘」です。釘の開け閉めで当日の収支が決まるので、釘をチェックしないパチプロは存在しません。変化の激しいローカルの馬場は、釘の変化が激しいパチンコ店と同じです。

状況を把握せずに賭け始めるのは、必敗の行為といっても過言ではありません。読者の皆さんも、そのことを肝に銘じて、馬場と向き合ってください。

ローカルの馬場の変化をつかんで、大きく賭けたレースが、夏の福島の最終週、7月24日福島12R（3歳以上1勝クラス）です。

馬場が変化しやすいローカル競馬場では、その日の馬場の推移に注視したほうが好結果は出やすいと思っています。

7月24日の福島で行なわれた新馬戦を除く芝のレースは、新馬戦を除くと、3R、7R、10R、そして12Rの4つです。下の表を見ると、逃げ馬こそ上位に入線していませんが、先行馬が多く入着しており、枠番は外枠が優勢。P29のイラストに照らし合わせると、内ラチ沿いが荒れてきたBの馬場に近いのではないかと、ざっくり想像できます。

実際にレース映像を確認すると、その確信は深まります。

3Rの3歳未勝利戦は、1着・2着に道中2番手を追走したマイネルビジョンとマイレーヌが入線しました。

マイレーヌは直線では内ラチから3頭分を空けたコースを選択しており、勝ったマイネルビジョンはマイレーヌよりもさらに1頭分外、3着のビターグラッセは内ラチから6頭目を差して3着に入線しています。

マイレーヌの鞍上は馬場読みができる戸崎騎手が内ラチを空けて走って

2022年7月24日福島・芝レースの成績（新馬除く）

クラス	R	距離	馬場	枠番	馬番	馬名	人気	着順	通過順位	直線のコース取り	単勝	複勝
未勝利	3	芝1800	良	7	11	マイネルビジョン	2	1	2-2-2-2	内ラチから5頭目	300	120
				6	9	マイレーヌ	3	2	2-2-2-1	内ラチから4頭目		140
				1	1	ビターグラッセ	1	3	9-7-9-7	内ラチから6頭目		130
未勝利	7	芝2000	良	5	9	シャドウマッドネス	2	1	7-7-6-6	内ラチから6頭目	560	240
				8	15	ノアチェリー	3	2	4-6-4-1	内ラチから7頭目		320
				6	12	ディセンシー	14	3	11-9-7-7	内ラチから8頭目		4140
2勝	10	芝1800	良	3	3	エリオトローピオ	2	1	4-3-4-4	内ラチから1頭目	310	150
				4	4	ヤマニンサルバム	3	2	1-1-2-2	内ラチから2頭目		190
				2	2	フィデリオグリーン	8	3	9-9-1-1	内ラチから7頭目		500

おり、同じく馬場読みができる田辺騎手のビターグラッセも内枠でありながら外を回しており、内が利かない馬場ではないかと想像できます。このレースだけを見ると、Bの馬場に近いイメージです。

7Rの3歳未勝利戦は先行馬に頼りない馬が多く「前半5F61秒4＝後半62秒5」の前崩れの展開になりました。上位入線馬が通ったコースも内ラチから6〜8頭目なので、P29のイラストでいうCの馬場に近いかもしれないという思いも沸いてきます。馬場の判断は10R（芝1800m）を見てから確定させたいという状況です。

そして10Rの白河特別。勝ったのは4コーナー4番手から内ラチ沿いを差し切ったエリオトローピオ、戸崎騎手が鞍上のヤマニンサルバムも内から2頭目を走って2着に入線しています。3着のフィデリオグリーンはマクって大きく外へ進路を取ったが、内がまだ利いていたこともあって、自爆したような騎乗になりました。

3Rと7Rの結果と映像では、馬場はBかCか迷うところですが、10Rで内を回してきた馬2頭が上位に入線している点から、馬場はBの確率が高いと判断できました。

勝負条件②馬場状態に合った位置取り
勝負条件③適性に合った枠順

馬場が確定した後は、12Rの出走馬の中から、ウイニングポジションとウイニングゲートに合致した馬を探していきます。馬場Bのウイニングポジションとウイニングゲートは、【先行・好位×中枠】です。

12Rは1200m戦にしては逃げ・先行馬が少なく、JRAで逃げて連対を経験したことのある馬は

	1 白1	2 白1	3 黒2	4 黒2	5 赤3	6 赤3	7 青4	8 青4
父	トーセンファントム(中)	トーセンラー(中)	エイシンフラッシュ(中)	ジョーカプチーノ(マ)	ロードカナロア(マ)	エスケンデレヤ(マ)	アドマイヤオーラ(中)	エイシンフラッシュ(中)
馬名	(地)トーセンアマンダ	エシェロン	フラッシュアーク	ジョーブリッランテ	ラコンタール	アンコールプレス	(地)サンセットオーラ	(地)イデアエスクロー
母	トーセンミネルバ1勝	ノーモアクライ3勝	ジョリーダンス7勝	ジョーアラマート1勝	リュラ未勝(中)	ショウリノホホエミ1勝(マ)	セトウチダイヤ(公)(中)	マスイデア4勝
毛色・斤量・性齢	鹿 55 牝4	黒鹿 54 牝3	芦 49 牝3	栗 54 牡3	鹿 54 牡3	黒鹿 54 牡5	鹿 57 牡7	鹿 54 牝4
騎手	菊沢	杉原	▲原	戸崎圭	三浦	▲大塚	江田照	▲水沼
調教師	南田	南田	青木	清水久	国枝	和田雄	村田	本間
賞金	490	400	400	400	400	400	70	60
総賞金	667	897	1067	2147	878	510	624	116
馬主	Mr.ホース	ミルF	小林薫	上田江吏子	金子真人HD	景郷伸治	N.S.R.C	益田修一
生産者	エスティF	山岡牧場	錦岡牧場	山際牧場	ノーザンF	木村牧場	サンローゼン	西川富岡牧場
佐藤直文		△	▲	◎	△			
小野智美		△	○	◎	△			
久光匡治		△	○	▲	△		△	
西田美佐子			◎	注	△		△	
中田博士		△	注	○	◎	初		
本紙武井		△	▲	◎西	△	B	△	
持ち時計（芝1000/1200/1400/1600）	三ダ1095⑨ 福1113⑭ 三ダ1119⑤	新56.8① 中1093⑧	大1508⑤ 福 東 東	小1078③	東1216⑤ 東1348⑤	新ダ1135⑬ 大ダ1544①	門ダ1025⑥ 福1092⑤ 盛ダ1389① 新1354⑨	新57.3⑬ 函1106⑯ 新1262⑧ 盛ダ1473⑤
上り最高	三35.7⑭	千34.0①	西34.4③	三34.0③	西33.7①	初芝	天33.5⑨	千34.4⑬
騎乗成績	0 0 0 2	1 1 0 4	0 0 0 1	初騎乗	初騎乗	初騎乗	初騎乗	初騎乗
クラス実績	0 0 0 5	0 0 0 2	0 0 0 0	0 1 2 2	0 0 0 3	0 0 0 6	0 1 0 11	0 0 0 1
当該条件	0 0 0 1	0 1 0 3	1 0 0 0	初コース	初コース	初コース	0 0 0 3	初コース
前走4	5新 10月31日 ⑧三才上12 1勝 8ト14頭 三ダ1137 53杉原 M②②② 464 人気13 先行一杯 15¾ 345中392 セルフメイド 1111 2.6	4中 9月25日 ⑥カンナS 6 オープン 7ト10頭 三外1102 54杉原 M③③③ 456 人気9 好位一杯 8½ 341中361 コラリン 1088 1.4	2中 3月5日 ③3歳 8 未勝 1ト16頭 天内1508 54丸山 S①①① 468 人気7 引掛る 5¼ 369内359 エピファニー 1499 0.9	1中 1月9日 ③若竹 3 1勝 10ト12頭 三外1092 56北村宏 H⑤④② 496 人気4 直線伸 2½ 337外355 リトス 1088 0.4	5東 11月7日 ②2歳 1 新馬 13ト13頭 西1243 55戸崎圭 S⑥⑥⑥ 464 人気1 楽抜出 1¾ 382外337 チャオバンビーノ 1246 0.3	4新 8月28日 ⑤三才上14 1勝 13ト15頭 大ダ1577 54永野 S⑩⑮⑮ 558 人気11 後方まま 大差 389中402 ゼローソ 1545 3.2	1小 1月29日 ⑤四才上13 1勝 13ト16頭 三1097 57丹内 S⑨⑥⑦ 456 人気12 中位一杯 5¼ 350外347 ジューンベロシティ 1089 0.8	笠松 1月13日 ③三才上 1 C13 2ト8頭 西ダ1328 56黒沢愛 M①①① 490 人気1 逃楽勝 4身 382中413 ハーディン 1337 0.9
前走3	2福 11月13日 ③三才上14 1勝 9ト15頭 三1113 51原 S⑤⑮⑥ 464 人気15 もまれる 5¾ 356中357 クムシラコ 1103 1.0	2福 11月14日 ④福島2歳S 14 オープン 9ト16頭 三1108 55杉原 H⑫⑪⑪ 464 人気15 後方まま 8身 347中361 ウインマーベル 1095 1.3	2東 5月7日 ⑤3歳 3 未勝 9ト18頭 天1347 54戸崎圭 S③③③ 464 人気5 好位伸 ¾身 361中345 ラッキークロー 1347 0.0	3中 3月26日 ①3歳 8 1勝 10ト13頭 三外1099 56松岡 M⑬⑧⑨ 498 人気2 中位まま 5身 346外353 ジャスパークロー 1091 0.8	5東 11月28日 ⑧ベゴニア 5 1勝 2ト8頭 天1348 55戸崎圭 S⑮⑤⑥ 468 人気5 出遅る 1身 364内342 レッドラディエンス 1347 0.1	4中 9月11日 ①三才上13 1勝 1ト16頭 大ダ1573 54横山琉 H⑯⑮⑭ 552 人気16 出遅る 大差 388中411 ホウオウセレシオン 1536 3.7	1福 4月17日 ② 9 1勝 5ト15頭 三1109 57藤 H⑮⑭⑭ 460 人気13 後方差詰 2¼ 352中357 ニューアリオン 1105 0.4	笠松 1月28日 ④三才上 6 C1 9ト8頭 大ダ1473 56馬渕繁 H①②③ 492 人気4 逃バテ 14身 内436 ヴィエノワズリ 1445 2.8
前走2	2中 2月27日 ②四才上13 1勝 4ト16頭 三ダ1145 55菊沢 H②⑥⑦ 474 人気15 好位一杯 10½ 345内400 レゴリス 1127 1.8	5中 12月11日 ③黒松 8 1勝 4ト9頭 三外1093 55嘉藤 M③④④ 460 人気9 中位一杯 4¾ 343内350 ニシノレバンテ 1085 0.8	3東 6月4日 ①3歳 2 未勝 2ト18頭 西1215 54戸崎圭 S④③③ 462 人気2 好位伸 2½ 348内346 ミスボニータ 1211 0.4	2阪 4月9日 ⑤3歳 8 1勝 3ト16頭 三内1091 56和田竜 M⑧⑨⑦ 494 人気7 中位まま 5身 344中347 ソウテン 1083 0.8	1東 2月12日 ⑤3歳10 1勝 2ト14頭 西1230 56戸崎圭 S⑭⑬⑬ 480 人気1 出遅る 8½ 371中344 レディバランタイン 1216 1.4	1中 1月16日 ⑥四才上11 1勝 14ト16頭 三ダ1139 57柴田大 M⑯⑯⑯ 568 人気16 後方まま 8½ 363中376 ロードミッドナイト 1124 1.5	2東 4月24日 ②四才上 9 1勝 3ト12頭 天1360 55永野 S⑫⑪⑪ 456 人気10 出遅る 8¼ 382中337 ココリホウオウ 1347 1.3	笠松 2月10日 ④三才上 1 C9 2ト7頭 西ダ1319 56馬渕繁 M①①① 485 人気1 逃切る 1身 377内409 チェリーヒック 1321 0.2
前走	2福 7月9日 ③三才上 9 1勝 4ト16頭 1095 53藤田菜 M⑩⑩⑩ 472 人気14 中位まま 11¾ 354中373 ナックドロップ 1075 2.0	2福 7月3日 ②三才上 5 1勝 5ト11頭 三1102 54杉原 S③④④ 454 人気7 2¾ 352内350 トーセンサンダー 1097 0.5	2福 7月3日 ②3歳 1 未勝 8ト16頭 三1092 54戸崎圭 M②②② 460 人気1 G前差す クビ 338中354 セイグッドバイ 1093 0.1	3小 7月9日 ③三才上 3 1勝 12ト13頭 三1078 54団野 H⑪⑫⑩ 500 人気8 後方伸 ¾身 338外340 エイシンスポッター 1076 0.2	3東 6月25日 ⑦三才上 5 1勝 7ト15頭 西1216 54戸崎圭 S⑤③⑥ 482 人気3 好位一息 6¼ 357中348 シナモンスティック 1206 1.0	6ヵ月余 骨折放牧 乗込み3週間 仕上り○ 連対体重 544キロ 3ヵ月以上休 ①②③外 1 0 0 3	1新 5月8日 ②四才上 9 1勝 11ト12頭 大外1354 53今村 S⑫⑫⑫ 458 人気12 後方差詰 3身 379外335 エアミアーニ 1349 0.5	3東 6月19日 ⑥三才上14 1勝 6ト16頭 西ダ1274 54原 M④④④ 480 人気14 好位一杯 大差 356外394 コングールナツ 1243 3.1

福島 12 発馬 16.30 三歳以上1勝クラス (混)(定量)

レコード 1.07.0 05年6月 シルキーラグーン 54田中勝

福島12R

枠連	オッズ
1-1	☆
1-2	17.3
1-3	40.6
1-4	☆
1-5	45.7
1-6	45.5
1-7	☆
1-8	☆
2-2	5.9
2-3	6.1
2-4	23.3
2-5	6.9
2-6	6.8
2-7	17.5
2-8	20.1
3-3	☆
3-4	54.5
3-5	16.1
3-6	16.0
3-7	41.1
3-8	47.2
4-4	☆
4-5	61.4
4-6	61.1
4-7	☆
4-8	☆
5-5	☆
5-6	18.1
5-7	46.3
5-8	53.2
6-6	☆
6-7	46.1
6-8	52.9
7-7	☆
7-8	☆
8-8	☆

軸馬 4 単穴 12 連 16 10 5

ゼロ。前に行きそうなのは、②エシェロン、③フラッシュアーク、⑧イデアエスクロー、⑩オードゥメールあたり。先行馬が少ないレースの場合、やや外目の枠であっても、すんなりと2～3番手を確保できるので、ウイニングゲートは外枠に多少ズレても問題ありません。

中枠の先行馬に該当するのはイデアエスクローとオードゥメールの2頭。イデアエスクローはＪＲＡ未勝利で中央再転入から3連続で二ケタ着順を続けており能力的に劣るため、ウイニングポジションと

●2022年7月24日・福島12R（3歳上1勝クラス、芝1200m・良）

1着⑩オードゥメール
（3番人気）
2着③フラッシュアーク
（1番人気）
3着⑯スターライトキス
（7番人気）
単⑩480円
複⑩170円
③170円
⑯360円
馬連③－⑩1220円
馬単⑩→③2750円
3連複③⑩⑯6480円
3連単⑩→③→⑯29060円

⑯ 桃8	⑮	⑭ 橙7	⑬	⑫ 緑6	⑪	⑩ 黄5	⑨
スマートファルコン(中)	グランプリボス(マ)	マツリダゴッホ	ミッドナイトリュート	トゥザグローリー(中)	スクリーンヒーロー	ルーラーシップ	ジョーカプチーノ
(地)スターライトキス	モズゴールドメダル	(地)シアープレジャー	マイサンライズ	(地)ドラゴンゴクウ	ミーハディビーナ	オードゥメール	オリアメンディ
ヴンダーゾンネ 3勝	モズキンメダリスト 米1勝	ケリーケイズプレジャー 米	マイキティ 米	トーセンウーノ 1勝	マイネホコモモラ 1勝	オーシュペール 3勝	ベストラ[illegible]
栗 55 牝7	芦 52 牝3	鹿 53 牝5	黒鹿 55 牝4	鹿 54 牡3	青鹿 52 牝5	鹿 52 牝3	鹿 55 牝4
松岡	吉田豊	△小林脩	木幡育	野中	▲佐々木	菅原明	岩部
新開	林	嘉藤	和田郎	根本	和田雄	斎藤誠	石毛
120	400	230	40	370	400	400	400
1162	510	1004	178	781	1041	1137	696
岡田牧雄	キャピタルS	岡田牧雄	和田牧場	福本次雄	ノルマンディーTR	中村智幸	ミルF
岡田S	坪田晃宣	岡田S	アメリカ	福本次雄	岡田S	ケイアイF	ミルF
△ △ △	△ △	△ △ △ △	△ △ B	○ 注 ◎ ○ ▲ 注		注 ▲ 注 ▲ △ ○	
新55.0	中ダ1119① 東ダ1271⑬ 新1375⑫	新56.5⑬ 中1087⑥ 東1231⑭ 札ダ1313①	新ダ1156⑭ 福1101④ 新1299⑩ 中1378⑮	東ダ1021② 中1095⑤ 東1226③ 中1360⑩	札ダ1001⑩ 札1091⑨ 新1231④ 中1359⑨		東1528⑭ 中1086⑤ 東1224⑧ 東1349⑭
千32.2④ 0 0 1 1	芙37.3⑫ 初騎乗	千33.4⑬ 初騎乗	三35.1④ 0 0 0 1	三34.5⑨ 0 0 0 2	三34.1⑥ 初騎乗	三34.8③ 0 0 0 1	三33.9⑩ 0 0 0 1
0 0 2 23 0 0 1 4	0 0 0 2 初コース	0 0 0 10 0 0 1 5	0 0 0 3 0 0 0 3	0 0 0 7 0 0 0 1	0 0 0 22 0 0 0 5	0 0 1 4 0 0 0 1	0 0 0 14 0 0 0 3
1福4月17日 ②4歳上9 1勝9ト16頭 芝1114 55松岡 M⑭⑭⑭ 506人気12 後直だけ4¾ 355外359 ハッピーペコ 1105 0.9	4中9月18日 ③3歳1 牝未勝4ト16頭 三ダ1119 51小林脩 H③③③ 434人気10 先行抜出2身 345内374 ハローメリール 1122 0.3	2福11月13日 ③3歳上4 1勝15ト16頭 芝1103 52原 S⑨⑦⑤ 434人気11 中位差詰3¾ 353中350 チャイカ 1097 0.6	笠松11月20日 ①3歳上1 C2 9ト9頭 ダ1337 54森島貴 M①①① 528人気1 逃切る1½ 389内409 フレンドワール 1340 0.3	2中3月21日 ⑧3歳10 1勝2ト13頭 芝外1360 56丸山 M⑨⑫⑬ 472人気10 後直だけ9身 364外353 サーマルウイン 1346 1.4	1小1月29日 ④4歳上10 1勝9ト13頭 千ダ1001 55黛 H⑫⑪⑫ 442人気13 出遅る9身 359内360 キュウドウクン 587 1.4	1東2月5日 ③3歳未勝4 牝未勝14ト16頭 芝1223 54石川 S②②② 454人気12 先行一息2½ 353中353 シークルーズ 1219 0.4	中京3月13日 ②4歳上14 牝1勝16ト16頭 芝1349 55城戸 S⑦⑦⑦ 456人気15 後一息8身 364外356 ブアンバサダ 1336 1.3
1福4月30日 ⑤4歳上10 1勝4ト11頭 芝1110 55西村淳 S⑨⑨⑩ 512人気10 後方まま5¾ 360内350 アセンダント 1101 0.9	1中1月22日 ⑦3歳14 1勝7ト16頭 三ダ1135 51小林脩 H⑬⑬⑪ 444人気8 出遅る10½ 351外384 アイヴォリードレ 1119 1.6	2福11月20日 ⑤3歳上4 1勝12ト16頭 芝1101 52原 M⑪⑩⑪ 432人気14 中位伸も2¾ 348中353 ジャガード 1097 0.4	1福4月17日 ②4歳上14 1勝10ト15頭 芝1113 55川須 H①②② 512人気15 先行一杯4½ 341中372 ニューアリオン 1105 0.8	2東4月24日 ②3歳8 1勝4ト16頭 三ダ1263 56野中 H⑫⑫⑫ 466人気11 後直だけ13½ 359外383 レッドゲイル 1242 2.1	1小2月6日 ⑧4歳上12 1勝5ト14頭 千ダ1008 55原田和 M⑬⑬⑫ 442人気13 後方まま8¾ 365内360 エルズリー 593 1.5	3中3月26日 ①3歳3 1勝1ト13頭 芝外1093 54石川 M④⑤③ 456人気4 好位粘る1¾ 345内348 ジャスパークロ 1091 0.2	中京3月27日 ⑥4歳上15 1勝9ト18頭 芝1107 55岩部 M⑭⑫⑪ 456人気17 出遅る6身 358外349 ゲルセンム 1098 0.9
1新5月21日 ⑤4歳上9 1勝1ト13頭 芝内1107 55富田 S⑫⑫⑫ 516人気10 後方差詰6½ 371中336 ウルトラソニッ 1097 1.0	1東2月5日 ③3歳13 1勝6ト16頭 東ダ1271 54津村 M④⑥⑥ 442人気12 中位一杯10½ 364内383 リメイク 1253 1.8	1小1月23日 ④4歳上14 1勝2ト16頭 芝1115 55吉田隼 H③④⑤ 436人気9 好位一杯8身 339内376 スズノヤマト 1102 1.3	1新5月8日 ②4歳上14 1勝1ト15頭 三ダ1156 55川須 H④④⑤ 522人気7 出遅る大差 348内408 アルマセクメト 1121 3.5	2東5月8日 ⑥3歳13 1勝13ト13頭 東ダ1402 56野中 S⑨⑨⑧ 460人気13 中位一杯15½ 367外379 ビヨンドザファ 1377 2.5	1福4月23日 ③4歳上13 牝1勝7ト13頭 芝1111 52原 H⑫⑫⑫ 442人気13 出遅る7¾ 349中362 ダブルアンコー 1098 1.3	3中4月16日 ⑦3歳13 1勝12ト16頭 芝外1119 54石川 H⑮⑮⑮ 452人気7 大出遅れ大差 369中350 ブレスレスリー 1087 3.2	1福4月16日 4歳上10 1勝9ト16頭 ダ1092 55鵜田 M⑤⑤⑤ 458人気11 後一杯7½ 346中376 ロットピーク 1079 1.3
2福7月9日 ③3歳上3 1勝3ト11頭 芝1094 55松岡 H⑨⑨⑨ 508人気8 中位伸1身 347内347 ヤマニンガラッ 1092 0.2	5ヵ月半 放牧 乗込み3週間 仕上り○ 連対体重 434キロ 3ヵ月以上休 ①②③外 0 0 0 2	6ヵ月休 転厩放牧 乗込み4週間 仕上り○ 連対体重 418～447 3ヵ月以上休 ①②③外 0 0 0 1	2福7月3日 ②3歳上4 1勝11ト11頭 芝1101 55木幡育 S①①① 506B人気8 逃一息2½ 350内351 トーセンサンダ 1097 0.4	2福7月9日 ③3歳上4 1勝11ト11頭 芝1095 54藤田菜 H⑩⑩⑩ 466人気6 後方差上1½ 350外345 ヤマニンガラッ 1092 0.3	1新5月22日 ⑥4歳上14 1勝8ト16頭 芝内1231 55黛 S⑭⑬⑬ 438人気15 後方まま8¼ 363中352 トーカイキング 1217 1.4	2福7月9日 ③3歳上5 1勝1ト11頭 芝1095 52菅原明 H②④④ 452人気3 枠一息1½ 342内353 ヤマニンガラッ 1092 0.3	3ヵ月余 放牧 乗込み1週間 仕上り○ 連対体重 450キロ 3ヵ月以上休 ①②③外 0 0 0 1

前走の①番ゲートで前が壁になる不利。5着に敗れる。

ウイニングゲートが重なる狙える馬はオードゥメール1頭しかいません。

オードゥメールは速い馬場では切れ負けするタイプです。馬柱をチェックしても、ダート戦で勝ち上がっており、芝での最速上がりが34秒8である点からも、この特徴は想像できると思います。

走法的には跳びが大きめで、本来は小回りコースは向かないのですが、内ラチ沿いが荒れてきて余分に外を回すような馬場では、実質的に緩いコーナーの競馬場と同じになります。この日の福島のような、内ラチ沿いが荒れてきて、時計がかかり、余分に外を回す馬場はプラス材料だと判断できます。

また、オードゥメールは前走の直線で前が壁になる不利があり、力が出せませんでした。今回の枠とメンバー構成なら、先行位の外目を追走できそうで、不利を受けるリスクは少ないはずです。

オードゥメールはウイニングゲートとウイニングポジションに一致する（勝負条件②馬場状態に合った位置取り、勝負条件③適性に合った枠順）だけでなく、**「勝負条件①適性に合ったコース」**、**「勝負条件④近走の敗因の解消が期待できる」**、**「勝負条件⑦展開利が見込める」**などの条件が重なっていました。

10Rの結果から、まだ内が利く馬場の率があったため、1番人気の③フラッシュアークが切れずに自信度はCにしましたが、それ以外のファクターは満点に近かったため、大きく勝負をしました。

レースは二の脚を使って先頭に立ったフラッシュアークが内ラチ沿いをやや開けて逃げ込みを図るものの、さらに馬場のいい好位外目の3番手を追走していたオードゥメールがゴール前で差し切って1着。単勝480円、馬連1220円、3連複6480円が的中となりました。

馬場の傾向をつかむために、上位に入線している枠順や位置をチェックするのは大切です。そして時間に余裕があるなら、レース映像も確認すれば、馬場の把握はより強固になります。

特にこの日の福島のように、馬場が荒れてくる最終週、しかも金曜日に雨が降ったような馬場が刻々と変化する日は、映像確認が力を発揮します。

一粒で二度美味しい例…まず、その一粒目

●2021年5月2日・阪神10R端午S(3歳OP、ダ1400m稍重)
◎レディバグ　3番人気1着

馬の特性がわかれば、その特性に合う条件で勝負し、逆に合わない条件では見送ることができるので、1粒で二度以上美味しい思いをできます。先述したリメイクなどもそのパターンでしたが、ここで取り上げるレディバグも大勝負に二度成功した馬です。

レディバグの馬体重は440キロ台で、ダート馬にしては小さな馬体です。走法的にも脚の回転が速くコンパクトさがあり、キビキビした軽い走りをしています。

レディバグは2021年3月27日の伏竜S(中山ダート1800m)では、14頭立ての⑤番ゲートからスタートを決めて、内ラチ沿いの3～4番手を追走していました。しかし1コーナーの入り口と、4コーナーの出口で、砂を被ったときに、手応えほどに進んでいかない場面を見せていました(VTRでご確認ください)。砂を嫌がるタイプではないかと想像できます。

砂を気にする場面は、20年12月2日園田の兵庫ジュニアグランプリでも見せていました。スタートを決めたものの、1コーナー入口で砂を嫌がる仕草を見せ、道中でもポジションを上げられずにいました。

しかし直線で外に持ち出すと伸びていき、脚を余しながらも、1着デュアリストにコンマ1秒差の2着に食い込んでいます。

【レディバグの特性】

・小さな馬体で脚の回転の速いコンパクトな軽い走法

・砂を嫌がるところがある

勝負条件③適性に合った枠順

阪神 10 WIN5② 発馬 15.00 端午ステークス (指)三オープン 別定	白1 1	2	黒2 3	4	赤3 5	6	4 7
父	モーリス(予)	パイロ(予)	ヘニーヒューズ(短)	クロフネ(予)	ヘニーヒューズ(短)	ミッキーアイル(マ)	マクフィ(マ)
馬名	ハコダテブショウ	ミコブラック	ゲンパチフォルツァ	ラストサムライ	ゼンノアンジュ	デュアリスト	ルーチェドーロ
母	イチノヤジョウ(短)	ベニーブラック(マ)	アイラブリリ(短)	ミラクルアイドル(短)	ウインアンジェラス(マ)	デュアルストーリー(短)	アラフネ(マ)
毛色	鹿毛	青鹿	鹿毛	芦毛	鹿毛	栗毛	栗毛
斤量 性齢	56 牡3	54 牝3	56 牡3	56 牡3	54 牝3	57 牡3	56 牡3
騎手	和田竜	幸	ルメール	内田博	鮫島駿	北村友	戸崎圭
調教師	相沢	浅見	堀井	栗田徹	浅見	安田隆	高橋裕
賞金	900	680	900	900	900	2150	1000
総賞金	1420	1400	1700	1731	1940	4930	3260
馬主	河内孝夫	古賀慎一	平野武志	玉腰勇吉	大迫久美子	サンデーR	ディアレストC
生産者	中地康弘	シンボリ牧場	飛野牧場	三嶋牧場	川島牧場	ノーザンF	アラキF
持木秀康			△		◎	○	◎
広田晶彦	△		△			▲	
加茂聡			注			▲	△
市場丈也			△			◎	
田崎泰			◎	△		注	
本紙須藤	B…東		△東	東		注	B△東
ダ1200	中ダ1131①	門ダ1130❷	中ダ1114①	中ダ1115①	京ダ1233①	阪ダ1119❶	千ダ[illegible]❶
ダ1400	東ダ1251①	東ダ1252④		東ダ1264③	東ダ1380⑨	京ダ1236①	京ダ[illegible]④
ダ1600	高ダ1243③	東ダ1401⑩	東ダ1370❸	新ダ1106④		川ダ1430⑦	川ダ14[illegible]③
ダ1800		新ダ1552❸					門ダ15[illegible]⑩
上り最高	高ダ36.7①	スダ37.4❸	東ダ35.6❸	東ダ36.9①	京ダ35.9①	京ダ36.5❶	千ダ35.3❶
騎乗成績	初騎乗	初騎乗	初騎乗	初騎乗	0002	2101	0011
クラス実績	0000	0103	0001	0000	0012	1101	0113
当該条件	初コース	初コース	初コース	初コース	0001	初コース	初コース
前走4	5東 11月23日 ⑦ 2歳 3 新馬 4ㇳ18頭 ダ1243 55 石川 S⑤④④ 478 人気6 好位伸 6¾ 374中348 オンラインドリ 1232 1.1	門別 10月15日 ③ エーデル 2 交流 9ㇳ15頭 ダ1130 54 岩田康 H⑭⑭⑩ 472 人気4 後方追込 4身 356外374 ソロユニット 1122 0.8	1中 1月9日 ② 3歳 1 新馬 12ㇳ16頭 ダ1132 56 武藤 M③③② 496 人気2 好位抜出 1¼ 357中375 リワードマレン 1134 0.2	4中 10月4日 ⑨ 2歳 2 未勝 11ㇳ16頭 ダ1120 55 ルメール H⑥⑦⑦ 454 人気2 好位伸 クビ 345外375 ビーマイベイビ 1120 0.0	4京 10月25日 ⑥ なでしこ 1 1勝 4ㇳ10頭 ダ1233 54 岩田康 S①①① 500 人気5 逃楽勝 5身 353内359 ミスズグランド 1242 0.9	2中京 9月26日 ⑥ ヤマボウシ 1 1勝 3ㇳ9頭 ダ1236 54 北村友 M①①① 480 人気3 逃楽勝 7身 350内366 レッドソルダー 1247 1.1	門別 11月3日 ④ JBC2歳 10 交流GⅢ 6ㇳ14頭 ダ1556 55 横山武 H②①③ 494 人気2 先行バテ 10¼ 内419 ラッキードリー 1534 2.2
前走3	5中 12月6日 ② 2歳 1 未勝 8ㇳ16頭 ダ1131 55 石川 H④④② 480 人気1 先行抜出 ½身 340中391 ステディシュシ 1132 0.1	5東 11月28日 ⑧ カトレア 10 オープン 10ㇳ11頭 ダ1401 54 吉田隼 M⑧⑦⑨ 472 人気8 後方まま 大差 360外395 レモンポップ 1364 3.7	1東 1月30日 ❶ 3歳 3 1勝 8ㇳ13頭 ダ1370 56 武藤 S⑦⑦⑥ 500 人気8 中位伸 1¾ 366中356 タイセイスラッ 1367 0.3	4東 10月24日 ⑤ 2歳 3 未勝 7ㇳ13頭 ダ1264 55 ルメール S⑤④④ 458 人気1 好位伸 4¾ 365中372 エンテレケイア 1256 0.8	園田 12月2日 ② 兵庫JG 3 交流GⅡ 7ㇳ11頭 ダ1277 54 岩田康 M②②② 499 人気2 先行一息 4½ 367内383 デュアリスト 1269 0.8	園田 12月2日 ② 兵庫JG 1 交流GⅡ 1ㇳ11頭 ダ1269 55 福永 M①①① 488 人気1 逃切る ½身 365内377 レディバグ 1270 0.1	園田 12月2日 ② 兵庫JG 4 交流GⅡ 8ㇳ11頭 ダ1287 55 戸崎圭 M⑤④④ 500 人気3 中位まま 10½ 375中389 デュアリスト 1269 1.8
前走2	5中 12月27日 ⑧ 2歳 15 1勝 16ㇳ16頭 ダ1132 55 戸崎圭 H⑪⑨⑨ 478 人気9 S後ヨレ 8¾ 345外387 プロパーティオ 1117 1.5	2中京 3月13日 ❶ 昇竜 10 オープン 12ㇳ13頭 ダ1258 54 高倉 H⑪⑬⑬ 496 人気13 後方まま 11¾ 353外388 カレンロマチェ 1236 2.2	1東 2月21日 ⑧ ヒヤシンス 5 L 9ㇳ12頭 ダ1375 56 武豊 S②②② 496 人気6 先行一息 3¾ 363中365 ラペルーズ 1368 0.7	1中 1月5日 ① 3歳 1 未勝 10ㇳ16頭 ダ1125 56 田辺 H⑥⑥⑥ 466 人気1 好位抜出 1½ 349中376 リュヌダムール 1128 0.3	1東 2月21日 ⑧ ヒヤシンス 9 L 3ㇳ12頭 ダ1380 54 鮫島駿 S⑤⑥⑦ 498 人気8 出遅る 6¾ 369中366 ラペルーズ 1368 1.2	川崎 12月16日 ③ 全日本2歳 7 交流GⅠ 2ㇳ14頭 ダ1430 55 北村友 M④④③ 486 人気1 好位一杯 10½ 368内410 アランバローズ 1407 2.3	川崎 12月16日 ③ 全日本2歳 3 交流GⅠ 6ㇳ14頭 ダ1425 55 戸崎圭 M③③④ 496B 人気8 好位一息 8身 367中405 アランバローズ 1407 1.8
前走1	1東 2月20日 ⑦ 3歳 1 1勝 16ㇳ16頭 ダ1251 56 石川 S①①① 488B 人気11 逃切る 2½ 359内367 マイグレーショ 1255 0.4	3中 3月27日 ① 伏竜 14 オープン 3ㇳ14頭 ダ1561 54 津村 M⑬⑭⑬ 484 人気14 後方まま 大差 383中404 ゴッドセレクシ 1521 4.0	2中 3月6日 ③ 3歳 1 1勝 1ㇳ16頭 ダ1114 56 津村 H⑤⑤② 498 人気1 好位抜出 3½ 342内372 ノアヴィグラス 1120 0.6	3中 3月28日 ② 3歳 1 1勝 15ㇳ16頭 ダ1115 55 菅原明 H⑥⑥⑤ 468 人気8 好位抜出 ½身 346中369 サイファーシチ 1116 0.1	2中京 3月13日 ❶ 昇竜 12 オープン 13ㇳ13頭 ダ1264 54 太宰 H④④④ 490 人気6 好位一杯 15¼ 343中405 カレンロマチェ 1236 2.8	2中京 3月13日 ❶ 昇竜 2 オープン 11ㇳ13頭 ダ1237 57 北村友 H③②② 498 人気1 先行伸 ½身 340中379 カレンロマチェ 1236 0.1	2中京 3月13日 ❶ 昇竜 4 オープン 10ㇳ13頭 ダ1238 56 中井 H⑪⑧⑧ 496B 人気7 中位伸る 1身 348外375 カレンロマチェ 1236 0.2

レコード 1.21.5 12年3月 イン オラリオ 56浜中

阪神10R

組番	オッズ	組番	オッズ	組番	オッズ	組番	オッズ
1-1	☆	2-2	☆	3-3	37.9	4-4	☆
1-2	93.1	2-3	15.4	3-4	20.0	4-5	20.6
1-3	42.5	2-4	44.0	3-5	7.2	4-6	22.5
1-4	☆	2-5	15.8	3-6	7.8	4-7	39.2
1-5	43.7	2-6	17.3	3-7	13.7	4-8	90.5
1-6	47.8	2-7	30.1	3-8	31.8	5-5	54.4
1-7	83.0	2-8	69.6	6-6	50.2	5-6	8.1
1-8	☆	7-7	☆	6-7	15.4	5-7	14.1
8-8	☆	7-8	62.1	6-8	35.7	5-8	32.6

軸馬 10 単穴 6 連 3 11 13

●2021年5月2日・阪神10R端午S（3歳OP、ダ1400m・稍重）

1着⑦ルーチェドーロ
（7番人気）
2着⑫レディバグ
（3番人気）
3着⑪スマッシャー
（6番人気）
単⑦1290円
複⑦330円
⑫240円
⑪270円
馬連⑦−⑫3950円
馬単⑦→⑫9620円
3連複⑦⑪⑫12760円
3連単⑦→⑫→⑪84860円

	16 桃8	15	14 橙7	13	12 緑6	11	10 黄5	9	8 青
父	ディープブリランテ(中)	パイロ(マ中)	スウェプトオーヴァーボード(マ)	リ…	ホッコータルマエ(中)	マジェスティックウォリアー(短)	ヘニーヒューズ(短)	ヘニーヒューズ(短)	アグネスデジタル(マ中)
馬名	ペプチドサンライズ	クインズメリッサ	ショウナンバサロ	ワーズワース	レディバグ	スマッシャー	フルヴォート	スペクタクル	ラストリージョ
母	ペプチドヴィーナス(短)	ケイアイアテナ(短)	レディトリス(マ)	ラブディラン(短)	フェバリットガール(短)	スマッシュ(マ)	リーチコンセンサス(マ)	スフィンクス(マ)	コスモマクスウェル(中)
毛色	鹿毛	鹿毛	芦毛	黒鹿	青鹿	鹿毛	鹿毛	栗毛	鹿毛
斤量・性齢	56 牡3	54 牝3	56 牡3	56 牡3	54 牝3	56 牡3	56 牡3	56 牡3	54 牝3
騎手	富田	藤懸	浜中	替武豊	酒井	坂井	川田	替横山武	替国分優
調教師	栗木原	栗宮本	栗吉村	栗清水久	栗北出	栗吉岡	栗西村	北武藤	北蛯名利
賞金	900	900	900	900	750	900	900	900	1000
総賞金	1720	1430	1317	1330	1880	1710	1620	1620	2580
馬主	沼川一彦	ケイアイS	国本哲秀	カナヤマH	ゴールドアップC	ヒダカBU	キャロットF	佐々木雄二	ブルースターズF
生産者	日Fヤナキタ	新新冠橋本牧場	上水牧場	谷岡牧場	ゴールドアップC	宮内牧場	ノーザンF	橋本牧場	新ブルースターズF
印1				△	△	注	▲	△	
印2	△			△		○	注		
印3		△		△		◎	○	△	
印4		△		注	△	▲	○		
印5	△		▲			△	○	△	
印6	△			▲	△	○	◎	△東	東
持ち時計	阪ダ1118 1	中京ダ1122① 阪ダ1257①	京ダ1118❶ 中京ダ1259 11 中京芝1274⑭	阪ダ1237 東ダ1391 東芝1356	[illegible]	[illegible]	京ダ1233 2 中京ダ1545③	中ダ1115① 中京ダ1246 6 1084 3 函芝1252 8	新ダ1123 1 阪芝1220⑯ 川ダ1433⑧ 東芝1357⑪
上り	ダ36.9 1	ダ36.5①	ダ37.1❶	ダ36.3	ダ36.0③	ダ36.9①	ダ35.9 2	37.4 3	ダ36.7 1
騎手成績	1100	1000	2003	1000	1111	2200	1100	初騎乗	初騎乗
距離成績	0000	0000	0001	0001	0111	0000	0000	0001	1004
コース成績	初コース	1000	初コース	1000	1000	1200	2000	初コース	初コース
前4走	初仔 近親ペプチドウォヘッド	兄弟 ケイアイマリブ（現） ケイアイユニバース（現）	2中京 9月26日 ⑥ 4 未勝 9ト10頭 ダ1136 54浜中 M⑦⑥③ 474 人気5 中位差詰 6¼ 354中382 エリオット 1125 1.1	兄弟 カシアス（2勝） コパノラクラク（1勝）	5阪 11月14日 ③ 1 新馬 9ト16頭 ダ1256 54酒井 M⑧⑧④ 450 人気9 中位差切 5身 359外371 ヒヤ 1264 0.8	5阪 11月15日 ④ 2 未勝 10ト15頭 ダ1258 55坂井 H⑧④② 460 人気10 一旦先頭 クビ 351中385 ビーアイフェリ 1257 0.1	2中京 10月3日 ⑧ 3 新馬 15ト16頭 ダ1545 55松山 M③②③ 494 人気1 先行粘る 4身 380外382 ハンディーズピ 1539 0.6	3新 8月22日 ③ 1 未勝 5ト15頭 ダ1125 54武藤 H④②② 484 人気2 先行抜出 2½ 344内381 バクシン 1129 0.4	門別 10月15日 ❸ エーデル 4 交流GⅢ 1ト15頭 ダ1135 54柴田大 H⑤⑤③ 448 人気3 好位粘る 6½ 346内389 ソロユニット 1122 1.3
前3走	6阪 12月19日 ⑤ 1 新馬 12ト14頭 ダ1139 55古川吉 S①①① 444 人気1 逃楽勝 8身 366内373 サンライズアポ 1152 1.3	2中京 9月21日 ⑤ 1 新馬 1ト9頭 ダ1122 54川又 S①①① 456 人気4 逃楽勝 8身 357内365 ナサ 1135 1.3	4京 10月11日 ❷ 1 未勝 3ト16頭 ダ1118 55浜中 M①①① 472 人気10 逃切る クビ 347内371 ドローム 1118 0.0	1東 2月13日 ⑤ 1 新馬 11ト16頭 ダ1391 56戸崎圭 H③②① 508 人気4 先行抜出 3身 351中382 スミソニアン 1396 0.5	園田 12月2日 ② 兵庫JG 2 交流GⅢ 2ト11頭 ダ1270 54酒井 M③③③ 444 人気4 好位伸 ½身 368中374 デュアリスト 1269 0.1	5阪 11月29日 ⑨ 2 未勝 15ト16頭 ダ1263 55坂井 M⑦⑦⑤ 462 人気2 中位伸 2½ 365中373 メディーヴァル 1259 0.4	4京 10月18日 ❹ 2 未勝 2ト13頭 ダ1233 55川田 M⑦⑦⑤ 494 人気1 中位伸 クビ 354内359 サヴァ 1233 0.0	5東 11月14日 ③ オキザリ 3 1勝 11ト16頭 ダ1250 55武藤 M③④③ 496 人気11 好位伸 2¼ 351中378 バクシン 1247 0.3	川崎 12月16日 ③ 全日本2歳優 8 交流GⅠ 5ト14頭 ダ1433 54柴田大 M⑤⑥⑥ 450 人気10 好位一杯 12身 371内409 アランバローズ 1407 2.6
前々走	2阪 3月28日 2 2 1勝 8ト16頭 ダ1126 55富田 M④④④ 452 人気6 好位伸 1¾ 353中373 ディオスクーロ 1123 0.3	4京 10月25日 6 なでしこ 1勝 11ト10頭 ダ除外 54川又 456 右前球節部挫創のため ゼンノアンジュ 1233	6阪 12月13日 ④ 1 1勝 10ト11頭 ダ1124 55浜中 M③③② 476 人気6 先行抜出 1¼ 353中371 ワイズマンハー 1126 0.2	1阪 3月14日 10 1 1勝 1ト16頭 ダ1237 56武豊 H⑭⑭⑪ 498 人気1 漸抜出 クビ 357外363 フクウン 1238 0.1	1東 2月21日 ⑧ ヒヤシンス 3 L 11ト12頭 ダ1371 54酒井 S③③② 448 人気4 脚余す 1¾ 364中360 ラペルーズ 1368 0.3	1中京 1月30日 ❾ 1 未勝 4ト15頭 ダ1245 56坂井 H⑦⑦⑦ 464 人気1 楽抜出 7身 348内373 サトノインパル 1257 1.2	1阪 2月20日 ③ 1 未勝 15ト16頭 ダ1255 56松山 H⑤④② 496 人気1 好位抜出 2½ 349中380 リプレーザ 1259 0.4	5中 12月6日 ② 1 1勝 3ト15頭 ダ1115 55武藤 H③⑥⑤ 498 人気1 好位楽抜 2½ 341中374 リメス 1119 0.4	1中 1月11日 ④ フェアリー 11 牝GⅢ 12ト16頭 芝外1357 54柴田大 M③⑤⑦ 454 人気12 中位一杯 8½ 361中366 ファインルージュ 1344 1.3
前走	2阪 4月17日 ❼ 1 1勝 14ト16頭 ダ1118 55富田 M②③② 448 人気2 先行抜出 1¼ 349中369 スターリングワ 1120 0.2	1阪 2月28日 ⑥ 1 牝1勝 2ト16頭 ダ1257 54藤懸 H①①① 466 人気3 逃切る クビ 346内387 メイショウマン 1257 0.0	2中京 3月13日 ❶ 昇竜 11 オープン 5ト13頭 ダ1259 56浜中 H④⑥⑦ 478 人気12 出遅る 12¼ 346中398 カレンロマチェ 1236 2.3	3中 4月10日 ⑤ ニュージ 13 GⅡ 8ト16頭 芝外1356 56北村宏 S [illegible] ⑥ 500 人気7 S後不利 14¾ 354中368 パスラットレオ 1331 2.5	3中 3月27日 ① 伏竜 8 オープン 5ト14頭 ダ1535 54酒井 M③④③ 440 人気3 好位一息 8身 368内390 ゴッドセレクシ 1521 1.4	1阪 2月13日 ① 1 1勝 9ト14頭 ダ1252 56坂井 H⑬⑩⑨ 466 人気1 直線一気 2½ 362外369 メイショウヒュ 1256 0.4	2阪 4月11日 ⑥ 1 1勝 3ト16頭 ダ1244 56川田 H⑧⑥⑤ 492 人気1 漸抜出 ¾身 350中373 イフティファー 1246 0.2	2中京 3月13日 ❶ 昇竜 6 オープン 4ト13頭 ダ1246 56富田 H④④④ 492 人気10 中位一杯 5½ 343中387 カレンロマチェ 1236 1.0	1阪 3月14日 ⑩ フィリー 16 牝GⅡ 14ト18頭 芝内1220 54藤井勘 M⑪⑫⑩ 446 人気18 中位一杯 7¼ 350外360 シゲルピンクル 1207 1.3

砂被りを嫌がる素振りを見せ8着敗退

勝負条件④近走の敗因の解消が期待できる
勝負条件⑤実力馬と遜色のないレースをしている

脚の回転が速い馬は、中距離戦よりも短距離戦が向く傾向があり、軽さのある走法は時計が速い馬場が向く傾向があります。つまりパワーのいる中山ダート1800mよりも、**距離を短縮したレース**が狙い目になります。

また、兵庫ジュニアグランプリも伏竜Sも内枠からの発走で砂を被る展開になったので、外枠になれば砂を被らないスムーズなレースができそうだと考えることができます。

レディバグを狙うレースは、伏竜Sの次走でさっそくやってきました。5月2日、阪神10Rの端午Sです。

この日は断続的に雨の降る稍重馬場。ダートでは速めの時計が出ており前有利の馬場でした。軽い走法のレディバグにはピッタリの馬場です。距離も前走の1800mから1400mに短縮。さらに枠番も外目の6枠⑫番ゲートに入りました。「勝負条件④近走の敗因の解消」が一気に期待できます。

このレースには強力なモノサシがありました。端午Sで1番人気に支持されていたのが、兵庫ジュニアグランプリで対戦したデュアリストだったのです。道中で砂を気にしながらもコンマ1秒差に詰めたレディバグと、スムーズな競馬で押し切ったデュアリスト、この両馬に能力差はほとんどありません。

しかも、デュエリストは兵庫ジュニアグランプリのときよりも斤量が2キロ増えた57キロ、レディバグは同斤量の54キロ。この斤量差を考えると、逆転の公算が立ちました。「勝負条件⑤実力馬と遜色のないレースをしている」にも合致します。

走法的には【中距離→短距離】と【良馬場→稍重馬場】がプラス。砂を気にする気性から【内枠→外目の枠】がプラス。さらに1番人気馬と能力差がなく、斤量的に有利になるので、ここは大勝負ができます。

レースはハイペースで進みました。⑫番ゲートからの発走になったレディバグですが、他の馬に前へ行かれてしまい、向正面では砂を被る展開になり、ポジションを下げることになります。3コーナーの位置取りは10番手、4コーナーは8番手で手応えも悪かったのですが、直線で外へ持ち出した後は鋭く伸びて、2着に入線。

結果的に砂を被る展開は向きませんでしたが、それでもダート重賞を勝った世代トップクラスのデュアリストと差のない能力が、モノをいいました。馬連3950円、3連複1万2760円にかなり投資をしていたので、それなりの収支を得ることができました。

競馬をタテの軸で追うと、二粒目もパクリ

●2022年5月15日・中京11R栗東S(L、ダ1400m稍重)

◎レディバグ　3番人気1着

前項で取り上げた端午Sで3着になったスマッシャーは、次走でユニコーンSを勝ちました。デュアリストやスマッシャーとの競馬内容から考えると、レディバグは短距離戦では世代上位の実力があると誰しもがイメージできます。実際、夏から秋にかけて2勝クラスと3勝クラスを連勝して、すぐにオー

プン入りを果たしました。

能力があることはすでにバレているので、単純に狙い続けていると期待値を確保するのは難しいですが、特性に合う条件を抑えておけば、要所で狙うことができ、儲けることも可能です。

レディバグの狙い目を整理すると、**①距離短縮、②外目の枠、③軽い馬場替わり**、の3点になります。

中京 11R WIN5④ 発馬15.30 栗東（りっとう）ステークス（L） 四才上オープン・ハンデ

	1	2	3	4	5	6	7	8
枠	白1	白1	黒2	黒2	赤3	赤3	青4	青4
馬名	アイオライト	ディサーニング	メイショウテンスイ	オメガレインボー	ヴァニラアイス	プリマジア	サトノフェイバー	リネンファッション
父・距離	ローレルゲレイロ(短)	ストリートクライ(中)	ダンカーク(中)	アイルハヴアナザー(中)	キンシャサノキセキ(マ)	キンシャサノキセキ(マ)	ゼンノロブロイ(晩)	キンシャサノキセキ(マ)
母・距離	ステラアクトレス(マ)	タクトフリー(中)	フラワーガイア(中)	ワイキューブ(中)	アジタート(マ)	オートキュイジーヌ(マ)	ヴィヴァシャスヴィヴァン(中)	リネンパズル(短)
毛色	黒鹿	鹿毛	栗毛	栗毛	鹿毛	鹿毛	黒鹿	鹿毛
斤量	56 -1 牝5	55 -2 騸7	56 -1 牝5	56.5 -0.5 牝6	53 -2 牝6	54 -3 牝5	56 -1 牡7	54 -1 牝5
騎手	替国分恭	替和田竜	替太宰	横山和	替松若	替富田	替古川吉	替国分優
厩舎	美武藤	美加藤征	栗南井	栗安田翔	栗高柳大	美金成	栗南井	栗坂口智
賞金	3810	2400	3890	4300	1900	2400	3700	3260
総賞金	7903	6822	10,250	13,405	10,200	6886	10,800	9743
馬主名	田頭勇貴	ゴドルフィン	松本好雄	原禮子	ヒダカファーム	藤沼利夫	サトミホースC	戸山光男
牧場名	浦南部功	日ダーレー・ジャパンF	浦太陽牧場	ひ岡田S	浦ヒダカF	平スガタ牧場	ひフジワラF	日前川義則
持木	△	◎		○	△	注		
広田		△		注	▲	△		
加茂				▲	△	◎		
市場		△		▲	△			
田崎			△		注		△	△
本紙須藤	東	△東		B◎	注	△東	B	
ダ1200	中ダ1111①	中ダ1104①	中ダ1113⑮	中ダ1100③	中ダ1102⑮	中芝1241⑤		千ダ1328③
ダ1400	阪ダ1224⑥	中ダ1231❷	東ダ1218❶	[illegible]	[illegible]	中ダ1237①	芝2012⑨	千ダ1427❻
ダ1600	東ダ1359⑥	東ダ1388⑤	東ダ1388⑥	[illegible]	[illegible]	東ダ1367⑤	阪芝1331②	川ダ1403❷
ダ1800	阪ダ1517①	新ダ1567⑬	千ダ1187❶	[illegible]	[illegible]	東芝1492③	京芝1454⑦	京ダ1495❷
上り最高	ダ36.4①	ダ36.1①	ダ35.3❶	ダ35.4❶	35.6③	ダ34.9③	初ダート	ダ36.2①
騎乗成績	初騎乗	初騎乗	初騎乗	1 2 1 4	0 1 1 0	初騎乗	3 2 1 9	初騎乗
クラス実績	1 2 0 6	0 1 0 2	1 4 0 14	1 2 2 6	1 4 3 11	0 0 0 0	2 2 2 12	0 2 1 4
当該条件	1 0 0 2	1 2 0 2	0 0 0 2	初コース	0 1 1 2	1 0 1 1	初コース	初コース
前走1	2福 11月21日 ⑥福島民友 2 L 13ト15頭 千ダ1452 56菱田 S①①① 486 人気8 逃粘る ½身 367内371 ダノンファスト 1451 0.1	4中 10月3日 ⑨外房 1 3勝 4ト15頭 千ダ1104 57ルメール M②②② 504 人気2 先行抜出 クビ 343中361 ミスズグランド 1104 0.0	4東 10月10日 ②グリーンch 6 L 15ト15頭 千ダ1235 57酒井 M②②② 512 人気6 先行一杯 7身 350中369 ヘリオス 1223 1.2	5東 11月13日 ③武蔵 3 GIII 11ト16頭 千ダ1353 56横山和 M⑬⑮⑬ 460 人気6 後方伸 1¾ 359外357 ソリストサンダ 1350 0.3	4新 8月22日 ④NST賞 15 オープン 2ト15頭 千ダ1118 53西村淳 H④⑤⑤ 472 人気10 中位一杯 10½ 340内378 ノンライセンス 1100 1.8	4東 10月9日 ①神無 3 3勝 12ト16頭 千ダ1373 54田辺 S⑫⑫⑪ 468 人気10 G前鋭い 1¾ 379外349 ウインドジャマ 1370 0.3	1阪 21年3月 ⑧大阪城S 16 L 7ト16頭 千外1484 57古川吉 S②②① 510B 人気2 先行バテ 13½ 359中364 ヒンドゥタイム 1461 2.3	金沢 11月3日 ⑤JBCレディ 3 交牝GI 4ト12頭 千ダ1328 55武豊 H②②① 461 人気4 先行粘る 3¼ 370中375 テオレーマ 1321 R 0.7
前走2	6阪 12月28日 ⑨ベテルギ 1 L 11ト16頭 千ダ1517 56菱田 S①①① 490 人気6 逃切る 2½ 374内369 ショウナンナデ 1521 0.4	5中 12月12日 ④カペラS 12 GIII 14ト16頭 千ダ1108 56横山武 H⑧⑩⑩ 506 人気9 中位一杯 7身 339外369 ダンシングプリ 1095 1.3	5阪 11月14日 ④霜月 14 オープン 1ト16頭 千ダ1129 57武豊 M⑨⑩⑩ 532 人気9 太目残 8身 356中373 デュアリスト 1116 1.3	5中 12月12日 ④カペラS 3 GIII 9ト16頭 千ダ1100 56岩田康 H⑭⑪⑩ 462B 人気6 後方伸 2½ 342中358 ダンシングプリ 1095 0.5	4阪 10月23日 ⑤大スポ杯 2 オープン 8ト16頭 千ダ1111 54幸 M③③⑥ 470 人気9 好位伸 ½身 352中359 ウルトラマリン 1110 0.1	4阪 10月24日 ⑥御堂 5 3勝 8ト16頭 千ダ1245 57田辺 M⑬⑬⑬ 468 人気3 後方追上 3¼ 361内361 ジュランビル 1240 0.5	1中京 1月5日 ①京都金杯 14 GIII 3ト16頭 芝1343 57古川吉 M②②② 522B 人気16 先行一杯 8½ 344中364 ザダル 1329 1.4	船橋 12月1日 ❸クイーン 8 交牝GIII 2ト14頭 千ダ1542 55ルメール H②②② 456 人気2 先行一杯 13¼ 352内417 ダイアナブライ 1514 2.8
前走3	1中京 1月23日 ⑧東海 13 GII 3ト16頭 千ダ1535 56菱田 M①①① 494 人気4 逃一杯 11身 362内397 スワーヴアラミ 1517 1.8	1中 1月16日 ⑥ジャニュ 4 オープン 12ト16頭 千ダ1111 56ルメール H④⑦⑥ 506 人気7 中位伸も 1身 346中365 アポロビビ 1109 0.2	5中 12月12日 ④カペラS 15 GIII 11ト16頭 千ダ1113 56江田照 H②⑥⑦ 520 人気15 先行バテ 10½ 335中378 ダンシングプリ 1095 1.8	1東 1月30日 ②根岸 5 GIII 5ト16頭 千ダ1235 56横山和 M⑧⑪⑪ 468B 人気3 中位差詰 2身 360内359 テイエムサウス 1231 0.4	1中京 1月8日 ②すばるS 2 L 13ト16頭 千ダ1239 54吉田隼 H⑥⑥⑤ 476 人気9 好位伸 1身 346中375 ピンシャン 1238 0.1	1東 1月29日 ①白嶺 5 3勝 10ト14頭 千ダ1367 55田辺 S⑧⑪⑨ 476 人気2 中位伸も 3¼ 367中355 ロードエクレー 1362 0.5	1阪 3月6日 ⑧大阪城S 6 L 2ト12頭 千外1456 57古川吉 S①①① 510B 人気6 逃一杯 4¾ 355内356 アルサトワ 1448 0.8	大井 1月26日 ③TCK女 9 交牝GIII 11ト12頭 千ダ1551 55武豊 S③③③ 465 人気5 先行一杯 4½ 386中385 テオレーマ 1542 0.9
前走4	3中 3月27日 ❷マーチS 13 GIII 5ト16頭 千ダ1522 56菱田 S①①① 492 人気5 逃一杯 10½ 359内392 メイショウハリ 1502 2.0	2中京 3月26日 ❺名鉄 2 オープン 9ト14頭 千ダ1231 57角田河 M⑧⑦⑦ 502 人気4 中位伸 クビ 353外363 ケイアイターコ 1230 0.1	1阪 3月12日 ⑨ポラリス 7 オープン 6ト16頭 千ダ1244 57秋山真 H①②② 536 人気12 先行一杯 3½ 340中381 パティスティー 1238 0.6	3中 3月27日 ❷マーチS 7 GIII 14ト16頭 千ダ1513 56.5横山和 S⑧⑧⑧ 462B 人気4 中位まま 6身 369中377 メイショウハリ 1502 1.1	2中京 3月26日 ❺名鉄 4 オープン 11ト14頭 千ダ1231 54吉田隼 M④④④ 472 人気2 好位一息 クビ 348中367 ケイアイターコ 1230 0.1	2中京 3月12日 ①中京スポ 1 3勝 3ト16頭 千ダ1237 55荻野極 H⑧⑨⑨ 470 人気5 中位差切 1½ 349中373 グランパラディ 1239 0.2	3中 4月2日 ③ダービー卿 16 GIII 9ト16頭 千外1367 57津村 M②②⑦ 510B 人気16 引掛る 大差 344中394 タイムトゥヘヴ 1323 4.4	2東 5月1日 ❹ブリリア 12 L 10ト16頭 三ダ2091 54秋山真 M①①① 456 人気8 逃一杯 13身 358内385 アルドーレ 2071 2.0

350 230 スガイ 56武豊

中京11R 枠番連勝

組番	オッズ
1-1	☆
1-2	22.6
1-3	24.7
1-4	77.8
1-5	14.2
1-6	76.2
1-7	37.8
1-8	21.2
2-2	97.7
2-3	15.1
2-4	47.7
2-5	8.7
2-6	46.7
2-7	23.1
2-8	12.9
3-3	41.4
3-4	52.1
3-5	9.5
3-6	51.0
3-7	25.2
3-8	14.1
4-4	☆
4-5	30.1
4-6	☆
4-7	79.6
4-8	44.7
5-5	65.5
5-6	29.5
5-7	14.6
5-8	8.1
6-6	☆
6-7	77.9
6-8	43.8
7-7	93.8
7-8	21.6
8-8	44.7

軸馬 4
単穴 5
連 2 9 16

●2022年５月15日・中京11Ｒ栗東Ｓ（Ｌ、ダ1400m・稍重）

1着⑯レディバグ

（3番人気）

2着⑤ヴァニラアイス

（4番人気）

3着④オメガレインボー

（1番人気）

単⑯800円

複⑯270円

⑤210円

④160円

馬連⑤－⑯3340円

馬単⑯→⑤6420円

3連複④⑤⑯5000円

3連単⑯→⑤→④31370円

16 桃8	15	14 橙7	13	12 緑6	11	10 黄5	9
ホッコータルマエ㊥ レディバグ フェバリットガール㊨ 青鹿	グレンイーグルズ㋮ ㊕ショックアクション リセットインブルー㊥ 鹿毛	メイショウボーラー㋮ メイショウオーパス マンハッタンミート㊥ 黒鹿	メイショウボーラー㋮ デンコウリジエール デンコウデア㊨ 鹿毛	ヘニーヒューズ㊨ ゼンノアンジュ ウインアンジェラス㋮ 鹿毛	サウスヴィグラス㊨ ミラーウォーカーズ キョウエイカプリス㊨ 鹿毛	ヘニーヒューズ㊨ スペクタクル スフィンクス㋮ 栗毛	ロードカナロア㋮ ボンディマンシュ ビアンカシェボン㊥ 黒鹿
53 -2 牝4	55 -2 牡4	55 -2 牡7	56 -1 牡5	52 -3 牝4	52 -3 牝4	54 -3 牝4	55 -2 騸6
酒井	替斎藤	替浜中	松田	替藤懸	替丸田	秋山真	替藤岡佑
栗北出	栗大久保龍	栗飯田祐	栗荒川	栗中村	美石栗	美武藤	栗中内田
2250	2000	3800	3600	2400	2400	2400	2400
7315	4040	11,035	7680	5920	4620	5720	6480
ゴールドアップC	ゴドルフィン	松本好雄	田中康弘	大迫久美子	ライオンRH	佐々木雄二	シルクR
ひゴールドアップC	アイルランド	浦高昭牧場	浦村下明博	新川島牧場	日モリナガF	ひ橋本牧場	安ノーザンF
△		△				△	▲
◎	△					△	○
注	△		△	△			○
○		△	注	△	△		◎
		▲	◎		△		○
▲	△	△	△		東	東	○
千ダ1459⑧ 京ダ[illegible]4❶ 東ダ1:[illegible]3① 中ダ1[illegible]5⑧	京芝1211⑩ 阪芝1325⑤	中京ダ1143④ 中京ダ1232① 東ダ1408⑮ 京ダ1540⑥	中ダ1107⑪ 阪ダ1227① 西芝1247⑫ 中京ダ1543⑥	中ダ1102❹ 京ダ1233① 東ダ1380⑨ 千ダ58.0①	阪ダ1125① 中京ダ1238❶ 東ダ1391② 新ダ1533❹	新ダ1107⑤ 中京ダ1232❻ 千直ダ1084❸ 西芝1252⑧	東ダ1224❹ 東ダ1362② 千七ダ1456❽
千ダ35.8① 1 3 1 5	初ダート 初騎乗	千八ダ36.0⑥ 初騎乗	千二ダ35.6① 0 0 0 3	千ダ34.3① 初騎乗	千四ダ36.3③ 0 1 1 1	千二ダ36.6② 0 0 0 1	千四ダ34.7❹ 2 1 0 0
0 3 1 5 1 0 0 0	1 0 0 6 初コース	1 0 1 15 2 0 1 2	1 0 0 7 初コース	0 0 1 6 1 0 0 2	0 0 0 0 1 0 0 0	0 0 0 4 0 0 0 2	0 0 0 2 1 0 0 0
5東 11月21日 ⑥霜月 4 オープン 2ｹ16頭 千四ダ1242 52酒井 S ④⑤③ 450 人気❷ 好位一息 3身 360内362 ヘリオス 1237 0.5	2東 21年5月 ⑥NHKマイル 13 GⅠ 14ｹ18頭 千六芝1330 57田辺 M ⑧⑪⑪ 496 人気14 中位一杯 8¾ 350外352 シュネルマイス 1316 1.4	6阪 12月4日 ①チャレン 9 GⅢ 3ｹ11頭 二千内2027 56 幸 S ⑪⑪⑪ 514 人気10 後方まま 10½ 403中346 ソーヴァリアン 2010 1.7	4阪 10月31日 ⑧オータム 1 オープン 14ｹ16頭 千四ダ1227 54団野 M ⑦⑦⑧ 474 人気7 中位差切 クビ 351中360 スマートダンデ 1228 0.1	6阪 12月4日 ①妙見 1 3勝 5ｹ16頭 千二ダ1114 54岩田望 M ⑤⑦⑥ 502 人気❶ 好位差切 2身 354中360 スペクタクル 1117 0.3	5東 11月28日 ⑧三才上 3 1勝 5ｹ16頭 千四ダ1253 54丸田 M ⑨⑦⑦ 482 人気10 中位伸 1½ 368中363 ペガサスターボ 1251 0.2	6阪 12月4日 ①妙見 2 3勝 7ｹ16頭 千二ダ1117 56 幸 M ②③③ 498 人気❸ 先行伸 2身 351中366 ゼンノアンジュ 1114 0.3	4東 10月17日 ④三才上 1 2勝 8ｹ16頭 千六ダ1366 57藤岡佑 S ⑤⑤⑦ 498 人気4 中位差切 クビ 373中348 クリーンスレイ 1366 0.0
1小 1月16日 ②門司 8 オープン 10ｹ15頭 千七ダ1459 54酒井 S ⑥⑦⑥ 442 人気❸ 中位まま 5¾ 379中372 エクレアスパー 1450 0.9	1中 1月8日 ②ニューイ 10 L 8ｹ16頭 千六外1342 55三浦 S ⑩⑪⑪ 514 人気11 後直だけ 4¾ 365中349 カラテ 1334 0.8	1阪 2月12日 ①洛陽 11 L 3ｹ17頭 千六外1331 55 幸 S ⑭⑭⑬ 522 人気16 後方まま 6¾ 365内344 エアファンディ 1319 1.2	1阪 3月12日 ⑨ポラリス 8 オープン 15ｹ16頭 千四ダ1245 57松田 H ⑪⑪⑩ 472 人気8 中位まま 4身 353中371 バティスティー 1238 0.7	1中京 1月8日 ②すばるS 11 L 8ｹ16頭 千四ダ1249 53武豊 H ⑩⑦⑩ 502 人気7 もまれる 6¼ 349中384 ピンシャン 1238 1.1	6中京 12月19日 ❻三才上 1 牝1勝 12ｹ16頭 千四ダ1238 54藤岡康 M ③②② 476 人気❷ 先行抜出 ¾身 348中366 エコロマンボ 1239 0.1	1中 1月23日 ⑧初春 1 3勝 2ｹ12頭 千二ダ1111 55戸崎圭 H ⑦⑦⑤ 500 人気❶ 中位差切 クビ 345外366 ゴールドラグー 1112 0.1	1中京 1月5日 ①門松 1 3勝 9ｹ16頭 千四ダ1240 57藤岡佑 H ⑧⑧⑧ 500 人気❷ 中位差切 1¼ 350中370 ヴァルキュリア 1242 0.2
1阪 3月12日 ⑨ポラリス 5 オープン 9ｹ16頭 千四ダ1243 54酒井 H ⑫⑫⑫ 450 人気4 後方追上 2¾ 354中367 バティスティー 1238 0.5	1阪 2月12日 ①洛陽 5 L 1ｹ17頭 千六外1325 55松田 S ⑧⑧⑥ 508 人気11 内々回る 3身 359内342 エアファンディ 1319 0.6	1阪 3月12日 ⑨ポラリス 13 オープン 11ｹ16頭 千四ダ1253 57 幸 H ⑮⑯⑯ 518 人気13 後方まま 8¾ 361内374 バティスティー 1238 1.5	2阪 4月2日 ③コーラル 10 L 11ｹ16頭 千四ダ1242 56松田 H ⑫⑫⑩ 470 人気6 中位まま 3½ 352外374 スマートダンデ 1235 0.7	2中 3月20日 ❼千葉 4 オープン 6ｹ16頭 千二ダ1102 52岩田望 M ⑧⑧⑥ 494 人気5 中位伸も 1¼ 343内359 スマートダンデ 1100 0.2	1阪 2月19日 ③四才上 1 牝2勝 4ｹ16頭 千二ダ1125 55藤岡康 M ⑥③③ 468 人気❸ 好位差切 ¾身 353中372 ショウゲッコウ 1126 0.1	1阪 2月20日 ④大和 8 オープン 15ｹ16頭 千二ダ1122 54藤井勘 H ⑧⑧⑧ 500 人気8 中位一杯 3¼ 351外371 ジャスティン 1116 0.6	1東 2月13日 ❻バレンタ 4 オープン 12ｹ16頭 千四ダ1224 57川田 M ⑪⑪⑩ 504 人気❸ 中位差詰 1½ 359外347 メイショウウズ 1222 0.2
船橋 4月13日 ③マリーン 5 交牝GⅢ 4ｹ13頭 千六ダ1447 55酒井 S ③③④ 447 人気❸ 好位一杯 大差 386内416 ショウナンナデ 1413 3.4	2阪 3月27日 ②六甲 16 L 14ｹ18頭 千六外1353 56松田 S ⑧⑧⑦ 504 人気10 中位一杯 9¾ 358中357 エアロロノア 1337 1.6	2中京 3月26日 ❺名鉄 6 オープン 3ｹ14頭 千四ダ1232 59富田 M ⑧⑦⑦ 516 人気13 中位差詰 ¾身 353中363 ケイアイターコ 1230 0.2	2阪 4月30日 ⑪天王 6 オープン 12ｹ16頭 千二ダ1109 57松田 M ⑧⑦⑤ 470 人気10 中位まま 2¾ 350外359 デュアリスト 1105 0.4	2阪 4月30日 ⑪天王 9 オープン 1ｹ16頭 千二ダ1113 54 幸 M ⑤③③ 496 人気6 好位一杯 5身 347内366 デュアリスト 1105 0.8	1福 4月16日 ❶やまびこ 1 3勝 1ｹ16頭 千五ダ1076 52秋山稔 M ②②① 474 人気7 逃切る 1¾ 341内364 カフェクラウン 1079 0.3	2中京 3月26日 ❺名鉄 6 オープン 12ｹ14頭 千四ダ1232 57秋山真 M ⑤⑤⑥ 496 人気5 中位まま ¾身 351中366 ケイアイターコ 1230 0.2	2阪 4月2日 ③コーラル 9 L 4ｹ16頭 千四ダ1241 55川田 H ④④④ 498 人気❷ 前塞る 3¼ 342中382 スマートダンデ 1235 0.6

前走マリーンＳ（船橋）1600ｍ→今走栗東Ｓ1400ｍの距離短縮

オープン入り初戦の2021年11月21日、霜月Sはダート1400mの距離でしたが、16頭立ての②番ゲートで良馬場。枠番や馬場的に積極的には狙いづらい。レースは見送りました。結果は2番人気に支持されるも4着に敗れます。

次走の1月16日門司Sは、距離が1700mに延長され、冬場の力のいるダート。ここは適性にまったく合っていません。レディバグの評価を下げて、小回りと時計のかかるダートが得意な馬を上位で広めに買い、3連複1万7640円を的中しました。

3月12日のポラリスSは16頭立て⑨番ゲートと微妙な枠だったので見送り。レースは道中で包まれて嫌がり、力を出せず5着に敗れました。

4月13日船橋のマリーンSも、力のいる地方ダートで④番ゲートだったので、積極的には狙えません。

勝負条件①適性に合ったコース
勝負条件③適性に合った枠順
勝負条件⑧期待値が高い

こうして半年間ほど買い時を待っていると、特性に合ったレースが訪れました。2022年5月15日、中京11R栗東Sです。

マリーンSの1600mから距離が1400mと短くなるので、①距離短縮はピッタリ。馬番は砂を被るのを嫌がる馬にとって絶好の大外枠⑯番ゲートなので、②外目の枠もバッチリ。さらに、この日は雨の影響が残る脚抜きのよい高速馬場だったので、③軽い馬場替わりの条件にも合っていました。

短距離戦では世代トップクラスの能力があるのに、近走の連敗で人気も下がっているので、「勝負条件⑧期待値が高い」も確保できます。

netkeiba.com に公開したレース見解は、次の通りです。

【レース見解】

中京のダートは時計の速い、前有利、内有利の馬場。本命は◎16番レディバグ。前走は船橋の深いダートが向かず、前々走は9番ゲートからもあり包まれ嫌がり力を出せなかった参考外のレース。今回は渋った馬場で外枠なのだから近2走の敗因はカバーできる。歩幅は狭めで長い直線コースは走法的にやや割引になるが、対戦比較から実力は最上位の見立てで、中京の重馬場実績もあり今回は割引も含めて総合的に上位入選の確率が一番高い馬と見る。人気もほどほどなので是非押さえておきたい。

結果は、後方追走から直線で外に持ち出すと、前崩れの展開に乗じて1着。単勝800円、複勝270円は、条件が合ったレースに出走したレディバグの実力を考えると、かなり美味しい配当だったといえます。

競馬予想は、1レース単位での横の比較だと考える人は多いと思います。しかしレディバグのように、いったん特性を把握すると、**タテでの取捨**ができるようになります。できるだけ多くの馬の特性を覚えれば、それだけ取捨できる手駒が増えるので、利益につながっていきます。

1章の総括&補足❶必要なチェックポイント

第1章では私が大きく賭けたレースを取り上げました。いろんなパターンの勝負レースがあるため、少し頭が混乱している方もいるかもしれません。そこで、収益を得るために必要なチェックポイントをまとめてみました。

このチェックポイントを意識しながら馬券を買えば、利益を確保しやすくなります。また、レース映像を振り返る際にも、チェックポイントを気にしながら見れば、後にカネになる馬が浮かび上がってきます。

キャリアのある競馬ファンなら当たり前と思うかもしれない内容ですが、レース映像を確認するときにチェックポイントを見落としている方は多くいるようで、だからこそ稼ぐことができるのだと私は思っています。

競馬はオープンコースで行なわれるため、道中での有利不利が発生しやすい競技です。また、芝コースは芝の育成や使用状況によって、ダートコースは含水率の違いによって、時計の速い馬場、時計のかかる馬場など変化が起き、有利不利が発生します。さらに競走馬の特性によっても、有利な条件、不利な条件が出てきます。

そのためレースでは、必ずといいっていいほど、有利を得た馬と、不利を被った馬が出現します。競馬に勝つためには、有利不利の確認を欠かさず行ない、**特に「不利の大きかった」と「有利の大きかった**

馬」をチェックしておくことが大切です。

初心者の方が、どんなファクターを見ればいいかを整理したのが、下の表1です。

ファクターごとに、有利不利をイメージしながら競馬を見ていけば、必ず馬券力は向上します。もちろん、すべてをチェックすると膨大な時間がかかるため、できる範囲でかまいません。

あまり時間が取れない方は、特に不利の大きかった馬を重点的にチェックしておき、不利が解消できそうなレースで狙うだけでも、大きな効果があります。

実際、第1章で紹介した私が勝負した馬の大半は、近走で何らかの不利を受けており、それを解消できそうだったので勝負をしたというパターンでした。

【ペース】

競馬はペースによって有利不利が発生します。

スローペースは上がり勝負になりやすく、逃げ・先行が

表1●各ファクターの有利不利

ファクター	ベクトル	有利	不利
ペース	スローペース	逃げー先行	差しー追い
	ハイペース	差しー追い	逃げー先行
枠順	内伸び馬場	内	外
	外伸び馬場	外	内
	器用	内	外
	不器用	外	内
	砂を嫌がる	外	内
	掛かる	内	外
馬場差	時計の速い馬場	フットワークの素軽い馬	フットワークの重い馬
	時計の遅い馬場	フットワークの重い馬	フットワークの素軽い馬
距離	短縮	コンパクトさのある馬	跳びの大きめな馬
	延長	跳びの大きめな馬	コンパクトさのある馬
コース	小回り	コンパクトさのある馬	跳びの大きめな馬
	長い直線	跳びの大きめな馬	コンパクトさのある馬

有利になり、差し・追込が不利になります。競走馬の特性では、軽いフットワークの馬や器用さのある馬が有利で、速い上がりが出せないタフなタイプは不利になることがあります。

ハイペースになると上がりタイムがかかるので逃げ・先行が不利になり、差し・追込が有利になります。競走馬の特性からいうと、軽いフットワークの馬が不利になりやすく、速い上がりが出せないタフなタイプが有利になることもあります。

次走以降のためにチェックしておくべきは、不利なペースであるのに好走した馬です。

特に評価できるのは、**「スローの上がり勝負で差し届かず僅差負けした馬」**と**「ハイペースで逃げ・先行して最後まで粘って僅差負けした馬」**。これらペースに恵まれなかった馬が、次走以降でペースを味方にしたときに、好走する例はたくさんあります。

【枠順】

枠順の有利不利もレース結果に大きな影響を与えます。しかもコース形態、馬場状態、競走馬の特性によって、有利不利は変わってきます。

整った芝コースや、時計の速いダートコースなど、内が伸びる馬場は、内枠に入った馬がラチ沿いを確保できるので有利になりやすい。外枠の馬は外を回ることになるため、距離ロスの分だけ不利になります。

開催が進んで芝が荒れ出して外伸び馬場になると、内枠に入った馬は伸びない内ラチ沿いを走るか、いったん下げて外に出すかの選択を強いられるので不利になりやすい。外枠の馬は伸びる外を確保できるので、有利になりやすいという特徴が出ます。
また、外伸び馬場で外を回す場合、距離を長く走ることになるので、ある程度長い脚を使える馬や当該距離よりも長い距離での実績がある馬でないと、たとえ馬場的には有利であっても失速することがあるのが注意点です。

競走馬の特性と枠順の有利不利についても説明しましょう。

器用なタイプには、コンパクトさがあり脚の回転の速いピッチ走法の馬が多くいます。

このタイプは内目の枠を器用に立ち回れる確率が高く、内の利く馬場で、気性的面に問題がなければ、内枠に入ると有利になります。一方、走る距離が長くなりやすい外枠に入ると、持ち味である器用さを生かせず不利になります。またピッチ走法の馬は、スローの上がり勝負が得意な傾向にあります。

不器用なタイプは、手脚が長め歩幅大きめのガッシリした馬に多くいます。このタイプは馬群をさばくのが下手なことがよくあるので、馬群の中での競馬を強いられやすい内枠は不利で、スムーズに追走できる外枠が有利になりやすい。この走法の馬は、ハイペースや時計のかかる馬場が得意な傾向があります。

砂を嫌がる馬のダート戦の内枠は、砂を被るリスクが高く、力を発揮できないケースがあるので不利。外枠になれば、砂を被るリスクが軽減されるので有利です。

掛かる気性の馬は、馬群の中に入れば折り合える確率が上がるので内枠が有利になりやすい。外枠は前に馬を置けないケースがあるので不利になりやすいという特徴があります。

次走以降のためにチェックしておくべきは、不利なコースを通った馬です。

特に**「内の利く馬場で外を回して僅差負けした馬」**と**「外伸び馬場で内を走って善戦した馬」**を覚えておくのが、効率のいい方法です。

レース映像を見るときは、有利なコースをイメージして、枠順と実際に通ったコースを踏まえながら確認します。もし時間がなければ、枠順実績からその馬の枠の有利不利を想像してください。

【馬場差】

当日の走破タイムと上がりタイムを、そのコースの平均タイムと比較して、ざっくりと判断します。時計の速い馬場は、脚の回転の速いスッキリした馬、馬体重の軽い馬に有利です。時計の遅い馬場は、脚の回転の遅いガッシリした馬、馬体重の重い馬に有利です。

実践では、極端に速かった馬場や極端に遅かった馬場を重点的にチェックしていきます。走法と、速い・遅い馬場の実績を併せて見ると、競走馬の特性の信頼度が確保しやすくなります。

次走以降のためにチェックしておくべきは、競走馬の特性がその日の馬場に合っていたかです。

特に、**「過去に時計の速い馬場で速い上がりを出して好走することが多いスッキリした馬が、時計のかかる馬場で僅差負け」**と**「過去に時計のかかる馬場に実績のあるガッシリとした馬が、時計の速い馬場で僅差負け」**の2点は、馬場状態が変われば好走するケースが多くあります。

【距離】

距離短縮は、体型的に手脚と胴が短め、脚の回転の速いコンパクトさのある馬に有利です。気性的に掛かる馬にとっても距離短縮は有利で、逆に前進気勢のない馬には不利です。

距離延長は、体型的に手脚と胴が長めで、脚の回転の遅い跳びの大きめな馬が有利です。掛かる気性の馬は、ペースが落ち着きやすい分だけ掛かるリスクが上がるので不利。逆に折り合いがつく馬や、折り合いが得意な騎手の乗る馬は有利です。

次走以降のためにチェックしておくべきは、**「レースであからさまに掛かる気性の馬」**と、**「あからさまに追走を忙しくしているものの、直線最後までバテずに伸びている馬」**です。体型と走法がわからなくても短縮・延長で効果があるはずです。


【コース】


小回りコースはコーナーがキツイため、コーナリングの上手な馬が有利になります。

また、馬群が密集しやすい点から、コンパクトさのある馬が、小脚が使える（器用なレースができる）率が高いため有利になりやすい。跳びの大きめな馬はコーナーで置かれやすく馬群も苦手な傾向なので不利になります。

長い直線コースは長い脚を使う必要があるので、跳び（歩幅）の大きな馬が有利になります。たとえコーナーで置かれても、長い直線でカバーできるのも有利です。それに対して、コンパクトさのある馬は歩幅が小さめなので、直線で脚が続かないため不利になります。

実践レベルでのチェックポイントは、**「コーナーで加速できているか」「馬群をさばけているか」**です。多少の器用・不器用は無視して、極端な馬だけを押さえておくのが、次走以降の馬券につなげやすいと思います。

ここに挙げたファクター別に有利不利をイメージすれば、詳細な情報が見えてくるので、馬券力は必然的に上がってきます。

有利不利の度合いの高い馬をチェックすることを基本にして、距離ロス、包まれる、接触、出遅れなどの物理的な不利や、休養明け、騎手、対戦比較など、その他のファクターを絡めて、当日の馬場に合った馬を選べば、下手な予想になることはありません。

1章の総括&補足❷馬の適性の総合的なアプローチ

私は馬の適性を判断する際に、体型と走法に実績を加味して考えます。

1章で紹介した馬の多くは適性がほぼ把握できており、かつ偏った特徴を持っている馬です。偏った特徴の馬は、狙う場面、見送る場面がわかりやすいので、回収率の向上につながります。

馬の適性は、デビュー戦では体型や調教映像から判断するしかありません。しかし何走かすれば走法がわかるようになり、さらにレースを重ねると、走法を見ずとも実績や内容から適性が判断できるようになります。

走法を見るのが難しいという意見をよくいただきますが、ある程度のキャリアのある馬なら、映像を見なくても戦績から適性を把握できるようになります。ここでは**映像解析をせずに、馬の適性を把握す**

るコツを紹介します。

まず適性を知るうえでチェックしてもらいたいのが「コース適性」です。

当然ですが、同じコース、同じ枠順で、好走した実績がある馬は、適性のある確率が高いと考えることができます。

同じコースをあまり走ったことのない馬は、似たようなコース形態での実績を見ます。

例えば、中山芝と福島芝はコース形態が似ており、**中山実績のある馬は福島適性が高い**と判断できることがあります。前著の「コース戦略！」にも少し書きましたが、意外なところでは、**札幌芝の中距離戦と東京芝の中距離戦**もコーナーの緩さという面で似ている部分があります。

下の表2にあるように、東京芝コースで２～４着に入線した馬が、札幌芝１８００～２０００ｍで好走しやすいというデータがありもします。似たようなコースの実績から、適性を見抜くのもひとつの手です。

このあたりまでの見方はファンに浸透していると思います。これ以降は実践的に私が考えたアプローチなのですが、**「真逆を意識する」**ことです。

阪神ダート１２００～１４００ｍは直線に坂があり、ガッシリしたタフな先行馬が有利なコースです。次に、阪神ダート短距離と真逆の適性の短距離コースを

表２●札幌芝1800～2000mで期待値が高い馬
条件…前走東京の芝コースの２～４着＋今回１～３番人気

人気	着別度数	勝率	連対率	複勝率	単回値	複回値
1～2人気	9- 2- 1- 1/13	69.2%	84.6%	92.3%	156	116
1～3人気	10- 2- 2- 3/17	58.8%	70.6%	82.4%	152	115
1～5人気	10- 3- 2- 4/19	52.6%	68.4%	78.9%	136	117

集計期間：いずれも2020年1月～2022年12月

イメージします。

頭に浮かぶのは、小倉の芝1200mです。こちらはスタートから下り坂で直線は平坦。スッキリした素軽い先行馬が有利なコースです。

つまり、阪神ダート短距離で先行して最後にタレた馬は「タフさが足りない＝素軽さがある」とイメージできます。逆に小倉芝1200mで切れ負けした馬は「素軽さがない＝タフさがある」可能性があります。

下の表3は、前走で阪神ダート1200〜1400mで先行して4着以下に沈んだ馬が、小倉芝1200mに出走してきたときのデータです。サンプル数は少ないものの、今後も期待値を取りやすい条件だと私は考えています。

2022年7月9日小倉7Rに出走したヤマニンアンフィルは、前走阪神ダート1400mを先行して直線で失速、コンマ3秒差の7着に敗れた馬です。

適性のない阪神ダートだから負けた馬が、適性がありそうな小倉芝1200mに出走してきたのだから、配当次第では狙い目になります。⑪番ゲートでスタートに不安のある今村騎手なので、そこまで投資はしませんでしたが、当日の馬場が噛み合えば、走法を見なくても勝負できたレースになっていたと思っています。

映像を見ずに適性を知るアプローチでは、真逆のコース適性をイメージして、消去法で適性を測るやり方が合っていると思います。

「坂のあるコースに凡走が多い＝平坦コースに適性がある」

表3●小倉芝1200mで期待値が高い馬
条件…前走阪神ダ1200〜1400mで先行して4着以下＋今回1〜3番人気

人気	着別度数	勝率	連対率	複勝率	単回値	複回値
1〜2人気	2- 0- 1- 1/ 4	50.0%	50.0%	75.0%	242	157
1〜3人気	3- 0- 1- 1/ 5	60.0%	60.0%	80.0%	306	168
1〜5人気	4- 1- 1- 6/12	33.3%	41.7%	50.0%	229	130

2022年7月9日・小倉7R（3歳未勝利、芝1200m）。1着⑪ヤマニンアンフィル（3番人気、単勝560円）。

6 11
ダイワメジャー
ヤマニンアンフィル
ヤマニンパピオネ 4勝
50 牝3
★今村
斉藤崇
0
土井肇
錦岡牧場
…▲…
…注…
…注…
…注…
……
…◎…
ダ1259④
1
初 芝
0 0 0 2
○0000
スウェプトオーヴァ
0 0 0 0
0 0 0 0
0 0 0 0
0 2 0 0

2阪 4月16日
7 未 10
5ト16頭
ダ1272
50 今村
H ⑦⑦⑦
450 人気13
中位一杯 11身
358外396
ビーストアタック
1253 1.9

3阪 6月19日
② 未 4
7ト16頭
ダ1259
50 今村
H ⑤③②
458 人気7
好位一息 2¼
347外388
ルクスレガート
1256 0.3

「小回りコースに凡走が多い＝長い直線に適性がある」

「速い上がりのレースに凡走が多い＝時計のかかる馬場に適性がある」

——こういった具合にイメージを膨らませていくのです。皆さんも、「真逆」と思うコースの組み合わせを想像し、色々と試していけば競馬がもっと面白くなると思います。

1章の総括&補足❸予想ファクターの量について

馬券を購入する馬を決定する際は、「優秀なファクターが多いほうがよい」という理論を多く目にします。この考え方は基本的に間違ってはおらず、かくいう1章で紹介した私の勝負レースも、複数の勝負条件がなるべく重なっている馬に投資をするというものでした。

しかしケースによっては、**「2つの強いファクターだけでも大勝負ができる」**こともあるので紹介しておきます。

この考えを持つようになったのは、スロプロ時代の経験によるものです。

西日本の某県に、イベント日に設定6（勝てる確率の高い台）を多数使う店がありました。そしてこの店の店長（設定師）には強力なクセがありました。イベント当日に出なかった設定6の台は、翌日も据え置くというクセです。

パチスロで勝つためには、台の知識や目押し技術や稼働スピードなど、さまざまなファクターが必要なのですが、この店で勝つためには、たったひとつのファクター「イベント日に出なかった設定6の据え置き」を狙うだけで勝てたのです。しかも、イベント日翌日の通常営業日なので、並び（客の数）もたいしたことはありません。この店には、かなり稼がせてもらいました。

競馬でも強力なファクターがあれば、他のファクターを見ずとも大勝負ができる場合があります。私はそんな強力なファクターを常に意識しながら、競馬と向き合っています。

今の競馬は情報過多で、1頭の馬についてよい情報と悪い情報が入り乱れて、どの情報を優先するか迷うことも多いと思いますが、強力なファクターがあれば、それらの情報をシャットアウトして勝負できます。

2021年の高松宮記念がそんなレースでした。

私はヘドが出るほどの大金をインディチャンプに賭けました。

ひとつ目の強力なファクターは、脚の回転が速く、歩幅の狭いピッチ走法。このタイプは距離短縮がプラスになりやすく、器用さが見込めるため、内枠が得意です。逆に、長い直線コースを苦手にします。

もうひとつインディチャンプの強力なファクターは「グランアレグリアと差のない競馬をしていた」です。グランアレグリアは20年のスプリンターズSを制したJRA最優秀短距離馬。21年の高松宮記念は回避して大阪杯へ向かいましたが、もしも出走していれば、圧倒的な1番人気に支持され、しかも上位に来たのは間違いのない馬です。

そのグランアレグリアと、苦手な条件の長い直線・長い距離の安田記念（20年）ではコンマ5秒差の3着。マイルチャンピオンシップでは、コンマ1秒差の2着にインディチャンプは入線しています。

過去には、19年の東京新聞杯で、後にスプリンターズSを勝ち同年のJRA最優秀短距離馬になるタワーオブロンドンを負かしています。

整理すると、インディチャンプは極端なピッチ走法で距離がギリギリのマイル戦でグランアレグリアと差のない競馬をしています。短距離戦に舞台が替われば、さらに走る率が高くグランアレグリアへの先着の率が見込めます。

またグランアレグリアはスプリンターSを制しているように短距離戦でも極端に強く、そんな馬への先着の公算の立っているインディチャンプは、初の短距離戦でも即通用すると判断できます。

そのグランアレグリアがいない、手薄なメンバー構成の21年高松宮記念。圧倒的な実力馬に先着できるという公算が立っていた――という根拠は強力で、いよいよインディチャンプで勝負の機運が高

表4●ステイゴールド産駒　芝1200m成績
全体　17-6-16-/211　単回値96%　複回値67%

クラス	着別度数	勝率	連対率	複勝率	単回値	複回値
新馬	1- 0- 1- 2/ 4	25.0%	25.0%	50.0%	47	60
未勝利	3- 4- 4- 51/ 62	4.8%	11.3%	17.7%	119	82
500万下	6- 1- 5- 57/ 69	8.7%	10.1%	17.4%	90	64
1000万下	4- 1- 1- 15/ 21	19.0%	23.8%	28.6%	212	84
1600万下	2- 0- 4- 28/ 34	5.9%	5.9%	17.6%	56	69
オープン	1- 0- 0- 10/ 11	9.1%	9.1%	9.1%	20	11
GⅢ	0- 0- 1- 7/ 8	0.0%	0.0%	12.5%	0	22
GⅡ	0- 0- 0- 1/ 1	0.0%	0.0%	0.0%	0	0
GⅠ	0- 0- 0- 1/ 1	0.0%	0.0%	0.0%	0	0

500万下＝1勝クラス、1000万下＝2勝クラス、1600万下＝3勝クラス　集計期間：2016～20年

まります。

ところが、高松宮記念のインディチャンプを危険視した方も多くいました。そちらの根拠は、インディチャンプの父であるステイゴールド産駒の芝1200m短距離成績です。

確かに前ページの表4にあるように、ステイゴールド産駒が芝1200mのオープン・重賞に出たときの成績は散々なものです。

圧倒的な実力馬と差のない競馬をしているプラス要素と、産駒成績が悪いというマイナス要素、相反するファクターをどう処理すればいいのか。

この場合は、統計データ（血統成績）よりも、事象（走法や個々の実績）を重視すべきです。

表4にあるステイゴールド産駒211頭の走法とレースぶりを、私はすべてチェックしていました。なぜステイゴールドの芝1200mの成績が悪いかというと、産駒に跳びが大きな馬が多く、トップクラスのスプリント戦に対応できていなかったからです。

インディチャンプは脚の回転の速いタイプなので、表の統計データからは外れた存在です。つまり「短距離戦に替われば、圧倒的な実力馬に先着の公算が立っていた馬」というファクターで勝負できます。

ステイゴールド産駒であることに不安を感じたファンが多かったのか、インディチャンプは甘いオッズになりました。結果は3着に入線して複勝190円。この高松宮記念だけで、相当な配当を得ること

5 9
ステイゴールド
インディチャンプ
ウィルパワー
鹿毛
57 牡6
福永
音無
20,900
53,070
シルクR
ノーザンF
△
◎
注
注
○
△
3
32.1④
5 2 3 3
4 1 4 5
初コース

3東 6月7日
② 富 3
GI 6ﾄ14頭
芝 1321
58 福永
S ⑨⑨⑦
480 人気2
中位伸 3身
355内341
グランアレグリ
1316 0.5

5阪 11月22日
⑥ マイルCS 2
GI 8ﾄ17頭
芝外 1321
57 福永
S ⑥⑦⑤
472 人気3
好位伸 3/4身
356中332
グランアレグリ
1320 0.1

6阪 12月26日
⑦ 阪神カップ 3
GII 12ﾄ16頭
芝内 1201
57 福永
S ⑬⑪⑪
482 人気1
後方伸 2身
350外340
ダノンファンタ
1197 0.4

1阪 2月28日
⑥ 阪急 4
GIII 10ﾄ17頭
芝内 1196
57 福永
M ⑧⑨⑦
484 人気3
G前伸欠 2 1/2
349外338
レシステンシア
1192R0.4

2021年3月28日・中京11R高松宮記念（GI、芝1200m）。3着⑨インディチャンプ（3番人気、複勝190円）。

ができました。

強力な根拠がある場合、他のファクターがマイナスであっても、そして多少人気になっていても、期待値が確保できている場合が多いです。ファクターを多くすることで、物事の本質からズレていくリスクもあるのです。


もうひとつ、２０２１年の神戸新聞杯も強力な根拠があり、大金を投じたレースでした。

２番人気のステラヴェローチェは、５００キロの大型馬で重厚感のある走りをしたタフさの勝ったタイプで、重馬場で好成績を残す走法をしています。たとえ走法がわからなくても、不良馬場のサウジアラビアＲＣを圧勝した点から、重馬場巧者であることは想像できると思います。

１番人気のシャフリヤールは、手脚が長くスラリとした体型の素軽いフットワークをした馬で、良馬場でこそ力を出せるタイプです。走法的に重馬場は不安です。

この２頭は前走のダービーで対戦していました。２分22秒台が出る高速馬場はシャフリヤールにピッタリの条件であり、ロスの少ない競馬もできたため優勝。しかし、馬場が向かないはずのステラヴェローチェもコンマ２秒差の３着に善戦しています。

神戸新聞杯は不良馬場になりました。得意な良馬場でダービーを制したシャフリヤールと、苦手な条件ながら差のない競馬をしたステラヴェローチェ。今回の不良馬場なら、高い確率でステラヴェローチェが先着できると判断できます。

一応、予想をする際のルーティンなので他のファクターも確認はしましたが、このレースは「２頭の

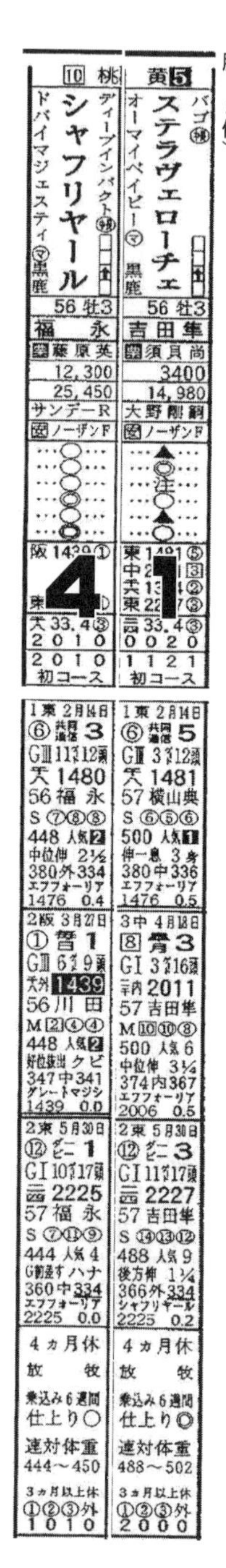

	黄5	10 桃
父	バゴ(外)	ディープインパクト(外)
馬名	ステラヴェローチェ	シャフリヤール
母	オーマイベイビー(マ) 黒鹿	ドバイマジェスティ(マ) 黒鹿
斤量・性齢	56 牡3	56 牡3
騎手	吉田隼	福永
調教師	須貝尚	藤原英
賞金	3400	12,300
総賞金	14,980	25,450
馬主	大野剛嗣	サンデーR
生産	ノーザンF	ノーザンF
印	▲◎注◯▲◯	◯◯◯◎◎
持ち時計	東1481⑤ 中2…③ 京13…② 東22…③	阪1439① 東…
着順	1	4
上がり	33.4③	33.4③
	0020	2010
	1121	2010
	初コース	初コース
前3走	1東 2月14日 ⑥共同通信 5 GⅢ 3ト12頭 芝1481 57横山典 S⑥⑤⑥ 500 人気1 伸一息 3身 380中336 エフフォーリア 1476 0.5	1東 2月14日 ⑥共同通信 3 GⅢ 11ト12頭 芝1480 56福永 S⑦⑧⑧ 448 人気2 中位伸 2½ 380外334 エフフォーリア 1476 0.4
前2走	3中 4月18日 ⑧皐月 3 GⅠ 3ト16頭 芝内2011 57吉田隼 M⑩⑩⑧ 500 人気6 中位伸 3¼ 374内367 エフフォーリア 2006 0.5	2阪 3月27日 ①毎日 1 GⅢ 6ト9頭 芝外1439 56川田 M②④④ 448 人気2 好位抜出 クビ 347中341 グレートマジシ 1439 0.0
前走	2東 5月30日 ⑫ダービー 3 GⅠ 11ト17頭 芝2227 57吉田隼 S⑭⑬⑫ 488 人気9 後方伸 1¼ 366外334 シャフリヤール 2225 0.2	2東 5月30日 ⑫ダービー 1 GⅠ 10ト17頭 芝2225 57福永 S⑦⑪⑨ 444 人気4 G前差す ハナ 360中334 エフフォーリア 2225 0.0
間隔	4ヵ月休 放牧	4ヵ月休 放牧
調整	乗込み6週間 仕上り◎	乗込み6週間 仕上り○
連対体重	488～502	444～450
3ヵ月以上休 ①②③外	2000	1010

2021年9月26日・中京11R神戸新聞杯（3歳GⅡ、芝2200m）。1着⑤ステラヴェローチェ（2番人気、単勝300円）。4着⑩シャフリヤール（1番人気、単勝1・8倍）。

走法の違い」と「前走と今走の馬場の違い」だけで大勝負ができました。

モノサシの対象となる2頭に、走法などの大きなギャップがある場合、強い根拠になります。神戸新聞杯は予想通りにステラヴェローチェが勝ち、単勝1・8倍のシャフリヤールは4着に敗れました。

第1章ではたくさんの勝負条件を挙げましたが、強力な根拠がある場合、例外的に他のファクターを無効化できる場合があります。そんな強力な根拠が見つかれば、大勝負も可能です。

皆さんも自分の理解が深い得意のファクターで強い根拠を探してみてください。その繰り返しで適性を判断するコツもつかめてくると思います。

第2章

カネになる ジョッキー評価

勝負のカギを握るジョッキーの腕

騎手を評価するのは、意外に難しい行為だと思います。

世間的には勝利数や勝率などが目安になります。おおむね勝利数や勝率とジョッキーの腕は比例するのですが、リーディング上位騎手は騎乗回数も能力の高い馬に乗ることも多く、下位騎手は騎乗回数が少なく能力の低い馬に多く乗っています。まったく同じ能力の馬に、同じ回数騎乗した際に、現在の数字に収まるかは未知数です。

もちろん、厩舎や馬主の信頼を得て有力馬の鞍上を得るのも騎手の能力です。しかし馬券を買うファンにしてみれば、それは関係ありません。馬券は1レース単位の勝負であり、大切なのは、自分が買った馬を、しっかり勝たせてくれるかどうかです。

数字がそこまでアテにならない以上、データを踏まえながら、アナログで評価を下していくしかありません。チーム真田では、全レース・全出走馬のレース映像をチェックしています。それと同時に、ジョッキーがどんなレースをしているかも事細かにチェックしています。

スタートの巧拙、折り合いの巧拙、追って伸びるか否か、好きな戦法や苦手な戦法、騎乗ミスの多さや少なさ……。

騎乗をつぶさに見ていくうちに、ジョッキーの特徴や個性がわかるようになってきました。馬には乗ったことのない私ですが、こと、「馬券」というファクターから騎手を見たときの判断は正確だという自負があります。

それを読者の皆さんに活用してもらいたいという思いで、この2章を書きました。

ジョッキーは勝利数や勝率も重要ですが、それと同時に特徴やクセが重要になります。騎手の手に合う馬なら、能力がやや劣る馬であっても、上位に持ってくることができます。逆に、騎手の手に合わない馬だと、実力馬であっても敗れるケースが多々あります。

また、レース映像で確認したスタートの事象を、再度数値化したのが、P174～175のJRA全騎手の【出遅れない】ランキングです。「オフィシャルにも競馬新聞にも記載されていないデータだ！」と大きな反響をいただきましたので、その最新版を掲載しておきます。

これは、チーム真田がレース映像から目視による出遅れをカウントしたものなので、新聞発表のデータとは多少の誤差があります。軽微な出遅れも、大出遅れも1回の出遅れと判断しており、中には、誰が乗っても出遅れるような癖のある馬も含まれていますが、騎手のスタートの巧拙の目安にはなると思います。

私はジョッキーだけを理由に馬券勝負をすることはありません。しかし、騎手が誰かは必ず確認します。いくら走法やレース内容から馬の個性を把握し、勝負に値する絶好の条件が見つかっても、その個性を活かし切れないジョッキーがたくさんいるからです。

そして、大勝負をするか否かの最後の後押しになるのも騎手です。私から見て信頼度の低いジョッキーが鞍上なら、賭け金は大幅に下げます。皆さんも2章を読んで、チーム真田の考えるジョッキーの特徴や個性を知り、馬券力を向上してもらえれば幸いです。

川田将雅騎手　２０２２年　１４３勝　リーディング１位

出遅れ率24・6％　出遅れないランキング6位

今、チーム真田の馬券に最も貢献してくれているジョッキーのひとりです。

Ｃランク以上（勝負レース）の評価を下した馬に、川田騎手が騎乗していた場合、２０２２年度の単勝回収率は１３９％ありました。ジョッキーの評価は人によってさまざまですが、チーム真田にとっては、私たちを儲けさせてくれる頼れる騎手です。

川田騎手の特徴は、先行意識が高く、出遅れ率が低く、ソツのない騎乗ができ、しっかり追えるので大きなミスをするリスクが少ない点です。

それはファンにも知れ渡っているため、人気になりやすく、スタート巧者という材料だけを軸に馬を買っても、プラスを確保するのが難しいというデメリットもあります。

そのため、川田騎手は買える条件が重なったときに勝負をするジョッキーだと考えています。

《川田将雅騎手の狙い目》

①前走不利などで力を出せなかった馬
②乗り替わり
③位置取りが後ろだった馬
④その他の加点材料

①はすべての騎手に共通する狙い目です。

川田騎手への乗り替わりは、ほとんどが鞍上強化になるので②も狙い目です。それに加えて、川田騎手は全力で追うジョッキーなので、継続騎乗だと伸びシロが少ない、場合によっては前走で馬にダメージが残っている場合があるため、やはり乗り替わりのほうが有利になりやすいという傾向があります。ファンがあまり気にしていない重要ファクターは、③位置取りが後ろだった馬です。

一般的に前走で逃げ・先行策を取った馬は、力を出し切っている場合が多くあります。逆に位置取りが後方だった馬は力を出し切っていないケースが多くあります。今走での上積みを考えた場合、前走で後方にいて脚を余していた馬のほうが伸びシロがあります。

しかも川田騎手は、スタート巧者で、先行意識が高く、出遅れ率が低く、ソツのない騎乗で、しっかりと追うので、前走で位置取りが後ろだった馬が一変するケースがあります。

①〜④が重なった勝負馬が、2022年3月21日中山2R（3歳未勝利、ダ1800m）のビーザラキエストでした。

この馬は前走で後方10番手からレースをしており、仕掛けが遅れて脚を余して3着に惜敗していました。今回は鞍上が三浦皇成騎手から川田騎手に乗り替わり。①前走不利（仕掛け遅れ）、②乗り替わり、③位置取り後方、④その他の加点材料（中山替わり、距離延長、外枠がプラス）と、4つの勝負条件がすべて整いました。

11月の新馬戦から、2着→3着→3着→3着の成績で、いつ未勝利戦を勝ち上がってもおかしくない能力のある馬に、川田騎手が乗り、しかも単勝が3倍前後あるのなら勝負できます。

川田騎手に乗り替わったビーザラキエストは、前走と打って変わって、外枠から2〜3番手の位置につけて先行します。あとは前を見ながらレースを進め、直線できっちりと抜け出して、後続に1馬身半差をつけて完勝しました。

他にも似たようなパターンで勝負をしたレースがあります。

《22年2月12日阪神7R・1着ラボンダンス》

前走は出負けして後方、前々走はつまずいて出遅れ。永島まなみ騎手が道中でうまくポジションを取れず馬をコントロールできていないように見え、直線は脚を余していました。

2戦ともに最速の上がりを使っていながら脚を余していたような馬に川田騎手が乗った場合、力を出せる率が期待でき勝負必至のパターンです。オッズは2・2倍でギリギリでしたが、採算は合うと判断できたレースです。

《22年7月30日新潟7R・1着バハルダール》

前走は荻野極騎手が仕掛け遅れて後方13番手、コーナーでも外を回して、上がり最速の脚を使うも、前には届かずに4着。器用さがあり、川田騎手なら内目の枠も問題なくさばけるはずでプラス材料です。このレースも①②③④が揃ったレースです。

《9月24日中京1R・1着フェルヴェンデ》

台風による交通機関の影響で、山田騎手から川田騎手に急遽乗り替わったレースです。

フェルヴェンデは前走スタートで出遅れる不利があり（①）、今回は急遽の乗り替わり（②）、前走は後方9番手前後で周囲を気にしながらの追走（③）、前走は周りや砂を気にして力を出せなかったが今回は少頭数の外枠なので力を発揮できる（④）と、こちらも条件の揃ったレースです。アクシデントによる急遽の乗り替わりだったためか、単勝が5倍もつく、かなり甘いレースになりました。

川田騎手は「買うだけで儲かる」というタイプのジョッキーではありませんが、少し手間をかけて①②③④の条件を満たす馬を探し出せば、多少人気であっても採算が合う場合が多く、勝負できるレースが見つかります。

逆に、川田騎手を嫌うパターンは、①②③④の条件を満たしていないレースです。

22年1月16日中京12Rのテーオーダヴィンチは、前走で2着に入線して1番人気に支持されていました。しかし前走は先行位を走って、1分25秒2の遅いタイムでの2着であり、伸びシロが見込めません。しかも前走の鞍上はルメール騎手なので、川田騎手への乗り替わりにも、伸びシロはない。レース映像で最後の脚色を見ても、全力を出し切っての2着であることがわかります。このパターンは勝負できません（結果は6着）。

川田騎手はガッツリ追う騎手なので、馬にダメージが残りやすく、川田騎手から他の騎手へ乗り替わった次走は精彩を欠くシーンがあるので覚えておいてください。

馬券的な信頼度は高いが、レースを選ばないと期待値負けすることがある。これが川田騎手の特徴です。

戸崎圭太騎手　2022年136勝　リーディング2位

出遅れ率27・3%　出遅れないランキング20位

2019年の落馬負傷までは、チーム真田が最も信頼する騎手でした。私の主観になりますが、復帰以降は、以前よりも無難すぎる騎乗が多くなった気がします。

戸崎騎手の騎乗フォームは、やや前傾に構えていること以外、特にクセはありません。それでも直線は鋭く伸びるので、想像以上に折り合いが上手な騎手だと考えています。

ピッチ走法の馬は、使える脚が短く直線タレることが多いのですが、戸崎騎手が乗ると、もうひと伸びするケースが増えます。21年天皇賞・春、カレンブーケドールで3着に入線したときのインタビューで、「直線早めに抜け出して有力馬よりも3馬身差つける」「やりたいレースができた」とコメントしており、自分の乗った馬と相手関係を分析しながらレースをしている印象があります。

気性難の馬のコントロールも上手いので、他の騎手で結果を出せなかった気性難の馬へ乗った場合は狙ってみる価値があります。

フェアプレーが身上で、内から強引に割っていかないのがマイナス面。内枠でも馬のタイプが合えば割引の必要はありませんが、そのあたりは注意をしてみてください。

また、馬場読みが的確なジョッキーで、開催後半になると、馬場のいいところを通ってくる率が高いのも特徴です。チーム真田で馬場読みをするときは、レース映像で伸びる・伸びないを確認するのに合わせて、戸崎騎手がどのコースを走っていたかもモノサシにして判断しているくらいです。

《戸崎圭太騎手の狙い目》

①前走不利
②乗り替わり
③気性難で力を出せなかった馬
④ピッチ走法や使える脚の短い馬が、前半に脚を使って力を出せなかった、など
⑤その他の加点材料

22年に戸崎騎手で大勝負をしたレースは1章でも紹介したペイシャキュウです。ペイシャキュウは、近走で展開に恵まれず、前走も位置取りの不利がある、気性難でピッチ走法の馬。戸崎騎手への乗り替わりが、バッチリとハマったレースです。

以前のような過剰人気が解消されたため、①前走不利の馬の回収率が高くなっており、馬券的には少し旨味が増しています。

《2022年11月13日東京8R・1着アルファマム》

同馬の前走は新潟ダート1200m戦で団野大成騎手が騎乗。4コーナーを13番手で回るも、なぜか直線で外に出さずに前に馬を置いたままレースを進めます。ラスト200mでようやく前が開いて、そこから強烈な脚で追い上げるも2着止まり。

早めに外に持ち出していれば楽勝していたレースで、明らかに脚を余した、団野騎手の下手乗りで敗れたレースです。想像を絶するレースなので、時間があるならレースVTRで確認してください。

下手乗りで大きく脚を余したという①前走不利がある馬に、②乗り替わりで戸崎騎手が乗るなら、大きな上積みがあります。気性難やピッチ走法や使える脚の短い馬ではありませんでしたが、競馬がしやすい外枠は⑤加点材料になります。

同馬はデビュー戦から亀田騎手が乗り、その後に今村騎手、団野騎手と、キャリアの浅い騎手が乗り続けてきた馬です。そのため馬の力を出し切れていない率もあります。2走前は今村騎手が乗り、直線追わずに1勝クラスを楽勝していました。2走前に楽勝、前走も本来ならば楽勝だった馬に、戸崎騎手が乗るのだから採算は合いそうです。

逃げ馬が多くおり、展開が向きそうだったので、ここは単勝一本で勝負をしました。結果は1着で単勝320円。十分に美味しい配当でした。

戸崎騎手という理由だけで馬券を買っても採算は合わないので、前記の①～⑤を意識してレースを選んでください。先ほども書いたように、前走で大きな不利があった場合、期待値を確保しやすいので覚えておいてください。

横山武史騎手　2022年　127勝　リーディング3位
出遅れ率26・8%　出遅れないランキング14位

2022年にキャリアハイの127勝を挙げたのが横山武史騎手。まだ24歳と若く、横山典弘騎手の三男、親子三代でJRAジョッキーを輩出する名門ということもあり、近い将来にはJRAを背負う騎手になると思います。

横山武騎手が得意にしているのは、早めに仕掛けるロングスパート。そんな騎乗特性にピッタリ合ったのが21年のダービーを制したエフフォーリアです。同馬のようなタフさのある先行馬に、スタート巧者の彼が乗れば、好走が見込めます。

コーナーから仕掛けていくロングスパートが得意な横山武騎手には、小回り競馬場が向いているといえます。22年は力のいる洋芝で直線の短い函館で19勝を挙げています。東京33勝に対して、中山で45勝を挙げている点からも、小回りコースが向いています。

差し・追込馬に乗っても、積極的に早めに動く騎乗を多く目にします。積極的な騎乗は馬券ファンからすればうれしいかもしれませんが、結果的に早めに動いたことがアダとなって敗れるケースが意外と多くあり、横山武騎手の差し・追込馬は、シビアな目で見るべきです。

それに加えて近年は過剰人気になっているので、期待値を確保するためには、通常狙う理由にもうひとつくらい余分に買う根拠が必要なのが現状です。伸び盛りとはいえ、一線級のジョッキーにはやや劣っているので、馬券的にはちょうど狙いにくいポジションにいます。

横山武騎手を狙うなら、次の条件をすべて満たした馬になります

《横山武史騎手の狙い目》

①前走不利
②先行が見込める先行力のある馬
③同型が少ない
④未勝利～2勝クラス

出遅れ率が低めで、スタート巧者でもあるので、先行馬を狙うのが基本。同型の先行馬が多いと、ハイペースを誘発することがあるので、注意が必要です。

22年、127勝を挙げたとはいえ、そのうちの112勝は未勝利戦～2勝クラスでの勝利。下の表にあるように、下級条件戦での人気馬の成績は優秀です。

逆に、GⅠは19レースに騎乗し、10頭もの1～3番人気馬の手綱を握りながらも勝利なし。春のGⅠは1番人気で4連敗を喫しています。GⅠクラスのジョッキーが相

横山武史騎手【下級条件】成績(集計期間:2022年)
条件…未勝利～2勝クラスで前走逃げ・先行した馬で、今回1～3番人気

人気	着別度数	勝率	連対率	複勝率	単回値	複回値
1～2人気	20-12- 8-18/58	34.5%	55.2%	69.0%	82	97
1～3人気	26-14-11-27/78	33.3%	51.3%	65.4%	105	98

手になると、まだ一枚劣ると考えるべきでしょう。

というわけで、現状は条件の合った馬を馬券の軸にして、他に期待値が確保できる見込みのある馬をセットで押さえるのがベターだと考えています。単複で買う場合は、相手に危険な人気馬がいる場合に絞るなど、シビアな判断が必要です。

松山弘平騎手　２０２２年　１１８勝　リーディング４位
出遅れ率25・2%　出遅れないランキング7位

２０２２年は１１８勝を挙げ、３年連続で１００勝超えを達成したのが松山弘平騎手。年齢が30代前半とまだ若く。ノーザンファームなどからの騎乗依頼も多く、これからの20年代のＪＲＡを担いそうなジョッキーです。

松山騎手の武器はトップレベルのスタート力です。出遅れ率が低く、キッチリとスタートを決めてきます。その反面、レース映像をチェックする限りで、あくまでも私の主観ですが、折り合いや駆け引きが特別に上手なわけではないと考えています。スタートと実直な先行が結果につながっているジョッキーです。

というわけで、松山騎手の狙い目は次のようになります

《松山弘平騎手の狙い目》

①前走不利
②先行できそうなダート戦

③芝は時計のかかる馬場
④出遅れ癖のある馬

特に同型が少ないダート戦では、松山騎手の先行策がハマります。

芝の場合は、時計のかかる馬場でタフさのある馬に乗ったときです。とりわけ芝の重・不良馬場は成績が優秀なので、重馬場が得意な馬に乗る場合は狙い目になります（下の表）。

また、出遅れ癖のある馬や、近走で不利を受けた馬のダート戦などは、常にチェックしておく必要があります。

ただし、近年は過剰人気気味であることも付け加えておきます。スタートを決めての単調な競馬になりやすいので、松山騎手の手に合う、タフな馬をキッチリと選ばなければ、期待値割れのリスクがあります。

松山弘平騎手【芝】馬場状態別成績（集計期間：いずれも2020〜22年）

馬場状態	着別度数	勝率	連対率	複勝率	単回値	複回値
芝・良	121- 114- 70- 734/1039	11.6%	22.6%	29.4%	77	69
芝・稍重	25- 17- 18- 122/ 182	13.7%	23.1%	33.0%	74	68
芝・重	13- 6- 9- 40/ 68	19.1%	27.9%	41.2%	116	83
芝・不良	8- 2- 3- 13/ 26	30.8%	38.5%	50.0%	137	82

松山弘平騎手【芝・重・不良】人気別成績

人気	着別度数	勝率	連対率	複勝率	単回値	複回値
1番人気	7- 4- 0- 6/17	41.2%	64.7%	64.7%	100	81
2番人気	5- 3- 2- 7/17	29.4%	47.1%	58.8%	120	86
3番人気	3- 1- 6-12/22	13.6%	18.2%	45.5%	78	93
4番人気	3- 0- 2- 7/12	25.0%	25.0%	41.7%	235	102
5番人気	1- 0- 1- 3/ 5	20.0%	20.0%	40.0%	246	112
6番人気	2- 0- 0- 3/ 5	40.0%	40.0%	40.0%	390	130
7番人気	0- 0- 0- 5/ 5	0.0%	0.0%	0.0%	0	0
8番人気	0- 0- 1- 6/ 7	0.0%	0.0%	14.3%	0	65
9番人気	0- 0- 0- 0/ 0	—	—	—	—	—
10番人気	0- 0- 0- 1/ 1	0.0%	0.0%	0.0%	0	0
11番人気	0- 0- 0- 3/ 3	0.0%	0.0%	0.0%	0	0
1〜2人気	12- 7- 2-13/34	35.3%	55.9%	61.8%	110	84
1〜3人気	15- 8- 8-25/56	26.8%	41.1%	55.4%	97	87
1〜5人気	19- 8-11-35/73	26.0%	37.0%	52.1%	130	91

松山騎手の勝負レースでは、22年4月24日阪神2Rのハーツアズワンを挙げておきましょう。

同馬は前走でスタートから掛かり気味になり、抑えながら2~3番手を追走し、1コーナーでは2頭分外を回る距離ロスがありました。しかも抑え切れないと判断したのか、鞍上の荻野極騎手は、コーナーの途中でハナを奪い、ハイペースを誘発してしまいます。先頭で4コーナーまで逃げたものの、自らが誘発したハイペースで脚が上がって4着に敗れます。

今回はダート1800mから1400mへの距離短縮になりますが、大型馬のわりに脚の回転に速さがあるので、距離はクリアできるはず。前走では掛かる気性を見せていたので、気性的にも短縮はプラスになります。

過去には芝スタートでテン1F12秒台前半を出しており、芝スタートの阪神ダート1400mもプラス。さらに先行馬が少なく、スタート巧者の松山騎手に乗り替わるのだから、この馬は買えます。

レースは外枠から前を見ながら3番手につけ、直線で前をとらえた後は独走劇で、5馬身差の圧勝でした。単勝配当は320円です。

芝では、少し古いレースになりますが、2021年1月24日の不良馬場になった中京9R西尾特別のアカイイトです。後に時計のかかる馬場でエリザベス女王杯を制して重馬場巧者として知られるようになりますが、このレースで買えた理由のひとつに、松山騎手が騎乗していたこともありました。

騎乗傾向から、長い坂があり先行有利になりやすい、中京コースが向いています。出遅れ癖のある馬で、松山騎手がスタートを決めて、穴をあけるパターンもあるので覚えておいてください。

人気騎手になりつつある現状から、少し厳しめのジャッジは必要です。前に行く分甘くなり、取りこぼしが多くなるので、芝の良馬場では信頼度がやや下がります。

　またダート戦であっても、タフさの足りない馬を松山騎手で狙うことはしません。そのかわり、先行できそうなダート戦のタフさのある先行馬、芝の重馬場でタフさのある馬を狙えば、キッチリと結果を残してくれます。

C・ルメール騎手　2022年109勝　リーディング5位
出遅れ率37・0%　出遅れないランキング74位

　いわずと知れた名手です。ポジション取りが上手く、道中の無駄な動きが少なく、馬がイレギュラーな動きをしても慌てずにいなせる。気性的に少々難しい馬の外枠でも、しっかり折り合える技術があります。

　ただし、ルメール騎手の腕は、すべてのファンに知れ渡っており、川田騎手以上に過剰人気傾向が出ています。じつに騎乗馬の9割が1～3番人気に支持されているので、勝負をするにはシビアにレースを絞る必要があります。

　ルメール騎手の過剰人気が緩むのは重賞、特にGIレースです。GIにはルメール騎手以外にもトップジョッキーが揃います。マスコミの情報量も多く、オッズが分散しやすいので、GIのルメール騎手は意外に美味しい馬券になることがあります。

　2022年のレースでは、皐月賞2着のイクイノックス（単勝5・7倍）、ヴィクトリアマイル2着のファインルージュ（単勝5・2倍）、21年ではオークスを勝ったアカイトリノムスメ（単勝4・5倍）などは、過剰人気が緩んで、ルメール騎手にしては配当がついたケースだと思っています。

パーフェクトに見えるルメール騎手にも、ひとつだけ弱点のようなものがあります。それが、ガツガツと前に行くことが少ない点です。つまり、馬なりで前に行けない馬や、先行力の足りない馬の短距離戦で危うさがあるのです。

下の表はダート1200m以下のレースでルメール騎手が騎乗した馬の、前走の位置取り別に成績をまとめたものです。前走でも逃げ・先行策を取っていた馬の成績は安定していますが、前走で中団に位置していた馬の成績は散々です。ルメール騎手の騎乗馬の9割は1～3番人気なので、ここを消せば好配当に近づくことができます。

騎乗馬の特性さえ把握しておけば、ルメール騎手は買い・消しの目星はつきます。チーム真田は過剰人気の現状から、消すことを優先してルメール騎手とつき合っています。

《ルメール騎手の消し条件》

①ダートの短距離戦

②先行力が足りない馬

③その他の減点材料がある

この3つの条件が揃ったときは、ルメール騎手を消し、他の穴馬を狙う価値があります、特に直線の短い小回りコースで前に行けなかった場合、そのまま敗れるケ

ルメール騎手【ダート1000～1200m】前走脚質別成績（集計期間：2020～22年）

前走脚質	着別度数	勝率	連対率	複勝率	単回値	複回値
平地・逃げ	5- 2- 2- 12/ 21	23.8%	33.3%	42.9%	68	70
平地・先行	17- 10- 4- 45/ 76	22.4%	35.5%	40.8%	49	56
平地・中団	3- 4- 8- 35/ 50	6.0%	14.0%	30.0%	14	47
平地・後方	4- 4- 3- 3/ 14	28.6%	57.1%	78.6%	94	169

ースが散見されています。

22年3月20日中山12R（2勝クラス、ダ1200m）のグアドループは、消し条件が揃った馬でした。この日のダートは前が止まらない重馬場。グアドループは540キロを超える大型馬で、好走例が東京にしかありません。しかも出遅れ癖があって、近3走はすべて中団・後方の競馬。今回が昇級初戦で、ダート1200mも初挑戦でした。

騎手が買われて単勝3・2倍の1番人気に支持されていましたが、減点材料は山盛りです。しかも人気の根拠になっているルメール騎手が、ガツガツ行かないジョッキーなので、ここは見切るのが正解です。

結果はスタートで出遅れて、中団追走のまま9着で終了。前に行った馬が上位に入線して、3連複は18万馬券、3連単は108万馬券の波乱になりました。

もうひとつ、東京芝コースでのルメール騎手の消し時も書いておきます。

東京は末脚がレース結果を左右する重要ファクターで、上がりが足りない馬は、好走率は低くなります。名手が乗ったからといって、馬の末脚の性能が上がるわけではないので、上がりのない馬にルメール騎手が騎乗しても、好走率は大きく上昇しません。

ルメール騎手が上がりのない馬に乗った場合、ある程度前にいくことでフォローをします。しかし短距離戦になると、他にも先行馬が揃っているので、フォローできないことがあります。結果、鞍上効果による伸びシロが薄くなるわけです。「東京、短距離戦、切れない馬」のルメール騎手では、危険な人気馬になるケースがあります。

《東京コースでのルメール騎手の消し条件》

①切れる脚のない馬
②その他の減点材料がある

22年4月23日東京10R晩春S（3勝クラス、芝1400m）のドゥラモンドがこのパターンでした。同馬はワンペースな走りで、メンバー中最速の脚を使ったことがこれまでに2回しかなく、しかもその2レースはいずれも渋った馬場。良馬場では上がりが出せずに僅差負けを繰り返していました。

前走で東京芝1400m戦の2勝クラスを勝ち上がっていますが、重馬場&ハイペースで馬場と展開が向いた感があり、同馬が強かったのかどうか疑問が残ります。

晩春Sは切れる脚が要求される東京の良馬場、昇級初戦で相手関係も強化されます。先行しづらく、距離ロスが発生しそうな外枠もマイナスです。そんな割引材料が多くあるドゥラモンドであっても、ルメール騎手が乗ると1番人気に支持されます。結果は4着に敗れて、想像通りに人気を裏切ることになりました。

東京の速い馬場でルメール騎手が人気を背負った場合、このパターンで危険視できる馬がまずまずいるので、覚えておいてもらいたいポイントです。

岩田望来騎手　2022年103勝　リーディング6位

出遅れ率27・4%　出遅れないランキング21位

デビュー4年目となる2022年、103勝を挙げ、重賞タイトルも得た、伸び盛りのジョッキーが岩田望来騎手です。出遅れ率の低さが示すように、スタートのよさが武器になっています。

私の評価は少し辛めで、よくいえば下手に乗る率が低いので馬券を購入する馬をキッチリ絞れば結果を出してくれるジョッキー、悪くいうとまだ可もなく不可もない騎手です。

岩田望騎手の注意点は「内枠」です。父の岩田康誠騎手は内をこじ開ける強引な競馬も持さないジョッキーですが、望来騎手は内にやり込まれて負けるシーンがよく見られます。まだ先輩ジョッキーたちに遠慮しているところがあるのかもしれません。

特に、リーディング上位騎手が中～外枠におり、内枠に岩田望騎手がいるような場合は、4コーナー付近で進路を塞がれるケースが多い。中でもルメール騎手は、よく内に閉じ込めている印象があります。

チーム真田では、1章で紹介したような好走が期待できる馬に岩田望騎手が乗る場合、内枠なら評価を下げ、中～外枠なら割り引くことなく勝負しています。

22年11月27日阪神10R立雲峡Sのアールドーヴィルは勝負条件が重なった馬でした。走法的に、阪神外回りコースはこなす、距離短縮もこなす、坂がプラスに働く、減っていた馬体も少し戻りました。

何よりも強い根拠となったのは、2走前の垂水Sで今回単勝1・8倍の1番人気ノースザワールドと差のない競馬をしている点です。しかも垂水Sでは、ノースザワールドがスムーズに追い出して2着に入ったのに対し、アールドーヴィルは内で包まれて脚を余してコンマ1秒差の3着。2頭に能力差はなく、アールドーヴィルの単勝が4・8倍もあるので、ここは勝負ができます。

鞍上はテン乗りの岩田望騎手ですが、13頭立ての少頭数で⑧番ゲートなら内にやり込まれる心配ははいはず。馬に能力があるので、騎手がミスなく乗ってくれれば、上位に食い込む率は高いと考えられます。結果は、中団の前目をスムーズに追走したアールドーヴィルが、直線でノースザワールドを交わして1着です。

岩田望騎手に強いプラス材料・マイナス材料はありません。だからこそ、能力比較と適性をキッチリと判断できた馬に岩田望騎手が乗った場合は、不安なく狙うことができます。

坂井瑠星騎手　2022年98勝　リーディング8位
出遅れ率24・4%　出遅れないランキング5位

スタートが上手で、早めに前につける場面が多く、ポジション取りの意識が高いジョッキーだと思っています。そして何より〝本気〟で追っているのが、映像からヒシヒシと伝わってくるのが坂井騎手の素晴らしい点です。

距離ロスを嫌うタイプなので、インにもこだわります。位置と距離ロスを意識するので、結果的には内枠の成績が優勢になりそうです。かといって、外枠で評価を下げる必要もなく、馬の性能が合えば買えます。

しっかり追う騎手なので、横山武騎手、松山騎手と同じく、タフさのある、先行馬に手が合っています。見た目でいえば「頭が高くてガッシリした馬」が狙い目です。スタート力もあるので、下の表にあるように、前走で逃げ・先行策を取っていたダート戦で好成績を残しています。

そんな坂井騎手の手に合っていると感じた馬がインディゴブラックです。

坂井瑠星騎手【ダート】1～3番人気馬成績
条件…前走逃げ・先行（集計期間：2022年）

人気	着別度数	勝率	連対率	複勝率	単回値	複回値
1～2人気	22-15- 6-21/64	34.4%	57.8%	67.2%	106	97
1～3人気	25-19- 9-29/82	30.5%	53.7%	64.6%	100	99

デビューから芝で3戦するも、瞬発力が足りずに4着→6着→3着。2022年2月5日の中京3歳未勝利戦でダートに転じてきました。

走法的にも、頭が高くて脚さばきも硬く、フットワークが重たいダート馬に多いタイプ。坂井騎手の手にも合っており、初ダートでも狙えそうです。

レースはスタートして早めに2番手のポジションを取り、4コーナーでも早めに仕掛けて、7馬身差の圧勝でした。

タフさのある先行馬に坂井騎手が乗ったときは期待できます。それは芝のレースでも同じで、タフな先行タイプのスタニングローズを秋華賞勝利に導き、23年の日経新春杯でもタフな先行タイプのキングオブドラゴンで2着に粘り高配当を演出しました。

逆にいうと、ポジション意識の高い騎手なので、先行馬が多数いるレースでも前へ行こうとすることが多い。ハイペースが想定されそうなレースの先行脚質は割引いて考えてください。このあたりは、同じくポジション意識の高い、川田、松山騎手にも共通する注意点です。

坂井瑠星騎手【芝】表・裏開催別成績（集計期間：いずれも2020～22年）

場所	着別度数	勝率	連対率	複勝率	単回値	複回値
表開催	74- 58- 52-506/690	10.7%	19.1%	26.7%	91	72
裏開催	28- 20- 15-212/275	10.2%	17.5%	22.9%	96	72

同【ダート】表・裏開催別成績

場所	着別度数	勝率	連対率	複勝率	単回値	複回値
表開催	70- 72- 79-571/792	8.8%	17.9%	27.9%	66	76
裏開催	21- 18- 26-137/202	10.4%	19.3%	32.2%	110	98

同・裏開催【ダート】距離別成績

距離	着別度数	勝率	連対率	複勝率	単回値	複回値
～1500m	4- 6- 4- 52/ 66	6.1%	15.2%	21.2%	107	56
1600m～	17- 12- 22- 85/136	12.5%	21.3%	37.5%	111	119

もう1点、坂井騎手はライバルの少ないローカル、特に裏開催が狙い目になります。

前ページの表にあるように、芝レースは表開催と裏開催で大きな差はありませんが、単勝回収率は裏開催のほうがやや高く出ています。

ダートのレースになると、裏開催の成績はかなり優秀。さらに先行しやすくなる裏開催のダート1600m以上のレースになると、かなり信頼度は上がります。

少し古いレースになりますが、印象に残っている馬は、21年7月4日函館7R（3歳上1勝クラス、ダート2400m）を勝って単勝2330円の穴をあけたスーパーフェイバーです。

園田の交流競走で初勝利を挙げたタフなタイプで、前走1600mから2400mへの大幅な距離延長は魅力でした。当時は坂井騎手の腕を値踏みしている期間だったので、対抗評価に止めましたが、今なら本命を打てていたと思います。

まだ過剰人気にはなっていないので、23年は積極的に狙っていこうと考えている騎手のひとりです。

《坂井瑠星騎手の狙い目》
①タフなタイプの先行馬
②ローカル開催、特にダートのマイル以上

吉田隼人騎手　2022年83勝　リーディング9位

出遅れ率33・8％　出遅れないランキング55位

ローカルで活躍し年間80勝前後をコンスタントに挙げているのが吉田隼人騎手。しかし、あくまでもレース映像を見ている私の主観ですが、騎乗馬の能力を10～15％削っているようなイメージのあるジョッキーです。

距離ロス覚悟で追い上がるも脚を失って凡走、出遅れて位置取りが悪くなるともう無理をしない、そんな姿が目につきます。有力馬に乗っているときは、よくいえば「横綱競馬」、悪くいえば「大味で雑」なレースが増えます。

けっして下手なわけではなく、大きなマイナスポイントはありません。しかしプラスアルファも見当たらない。それでいて年間80勝を挙げられるのは、上質な馬への騎乗機会が多い点と、ローカルの他のジョッキーたちが吉田隼騎手よりも大きなリスクのある騎手ばかりだからと考えています。

吉田隼騎手を買うときは、競走馬の能力から10～15％割り引いても、それでも上位評価できるときです。1章で紹介したキュールエフウジンなどは、まさにこのパターンでした。条件が揃ったので勝負しましたが、正直なところ、私にとっては大勝負が難しいジョッキーです。

吉田隼騎手の「弱点のある人気馬」は消す価値があります。

折り合いに不安がある、砂を被るのを嫌がる馬の内枠、出遅れ癖がある……そんな不安がある人気馬に乗っているときは、軽視の方向にシフトすると好結果につながります。

昔のレースで馬名は失念しましたが、砂を嫌がる馬が外枠に入ったので狙ったのですが、外枠にも関わらず砂を避ける素振りのない騎乗をし、馬は砂を被り続けて惜敗。レース後の騎手コメントに「砂を被る勉強をさせた」とあるのを見て、絶句した記憶があります。

また乗り替わりの際も、馬の様子を見る騎乗をすることがあります。2022年のデータを見ても、継続して騎乗した馬よりも、乗り替わりのほうが成績は落ちます。

22年6月18日函館11R、STV杯のアラモードバイオも乗り替わりでした。スタートで出遅れ、道中は馬群に突っ込んでいき、直線はムチを一発も入れずに6着敗退。それでも馬は想像以上に伸びており、もうすこし出遅れをケアする騎乗（道中で積極策を取る、直線でしっかり追う、など）ができていれば、馬券圏内はあったと思っています。その騎乗内容はネットでも炎上気味でした。

この手の馬は次走が狙い目です。さすがに似たようなレースをして大敗するわけにはいきません。次走の7月9日潮騒特別でもスタートで出遅れたものの、直線でムチを入れてしっかり追った効果か、ギリギリ3着に入線しています。

ローカルの馬券を買う以上、目にすることの多いジョッキーですが、大勝負するには頼りなさのあるジョッキーだと私は考えています。

鮫島克駿騎手　2022年80勝　リーディング10位

出遅れ率22・0%　出遅れないランキング2位

デビューからコンスタントに30勝前後を挙げる若手ジョッキーでしたが、2021年に69勝と飛躍を見せると、22年は80勝とキャリアハイを更新しました。

鮫島克駿騎手の武器はスタート力。出遅れ率が22・0%と低く、高い確率でスタートを決めてきます。芝はインのこだわるタイプなので、スタートを決めて、ラチ沿いを走るレースがハマるケースがよく見られます。

ただし、騎乗に一貫性はなく、まだいろいろと試している段階のようです。短距離戦の先行馬に乗れば安定していますが、荒れ馬場やマイル以上になると、少し不安があります。

まとめると、内の利く短距離戦ではそこそこ勝負できるが、それ以外では頼りなさがあるので、人気馬では勝負しづらい。よって、スタート力を買って、人気薄の穴狙いをすべき騎手といえます。

《鮫島克駿騎手の狙い目》

短距離戦の人気薄の先行馬

22年6月11日函館5R新馬戦（芝1000m）。鮫島騎手は1枠①番のニーナブランドに騎乗していました。この日の函館は開幕週の初日の高速馬場。調教映像では脚の回転の速いピッチ走法を確認できたので、馬場や最内枠は合いそう。何より、スタート巧者でインにこだわる鮫島騎手なら上手く先行してくれる可能性があります

新馬戦で出走馬の能力比較ができないため大勝負はできませんが、単勝10・4倍あるなら採算は合いそうです。結果は、すんなりとスタートを決め、11秒台前半のラップを最後まで刻んで逃げ切り勝ちを収めました。

逆に、スタートが上手いため、いったんハナを取ってから、無理に控えて直線で脚を余すようなチグハグな競馬も多く目にします。鮫島騎手だけでなく、スタートが上手い騎手は、この手のレースの頻度も多くなります。

私の経験則ですが、いったん先団につけて無理に控える競馬をしている馬は、惜敗なら次走は狙い目、惨敗なら次走も軽視がセオリーです。無理に控えて惜敗の馬は、次走では積極策に転じることが多くな

ります。逆に惨敗の馬は、次走でも控える競馬を試みて失敗するケースがよくあります。

22年12月4日中京1R（2歳未勝利、ダ1800m）のツーエムルーイーもそうでした。前走の新馬戦では、スタートを決めていったんハナを取ったものの、無理に控えて直線で脚を余して4着に敗れました。長い直線コースの高速馬場でスローの上がり勝負も向いていませんでした。今回はダート替わり。前走の敗戦を受けて、積極策に転じる可能性は高い。鞍上はスタートの巧い鮫島騎手なので不安はありません。結果はスタートを決めて2番手追走からゴール前で逃げ馬を交わして1着になりました。

現在の鮫島騎手は、スタート力を狙った期待値買いが有効です。今後、折り合いや仕掛けやコース取りなどが安定してくると、大勝負できる騎手になりそうなので期待しています。

武豊騎手　2022年73勝　リーディング11位
出遅れ率26・0％　出遅れないランキング11位

不世出の名ジョッキー・武豊騎手も2023年で54歳になります。さすがに年間200勝以上を挙げた往年の姿を求めるのは酷でしょうが、それでも狙い目はあります。逃げられそうなレースです。

武騎手はデビュー当初からスタート巧者として有名で、現在でも出遅れがかなり少ないジョッキーです。本人の技術が優れていることに加えて、ベテランに遠慮をしてしまうのか、強引に競りかける騎手も少ないように感じます（主にリーデンング下位騎手に多い印象です）。その結果、マイペースで逃げることができ、直線でも温存した脚を存分に使って押し切るレースが散見されます。

行けそうなメンバー構成、内の利く馬場の内枠など、ウイニングポジションとウイニングゲートが合う馬の場合は投資のチャンスです。

《武豊騎手の狙い目》

①先行力のある馬で内枠、逃げられそうなメンバー構成

②リーディング上位騎手が少ないレース

22年3月26日中山5R（3歳1勝クラス、芝1200m）は、その条件を満たしていました。

武騎手の乗るジャスパークローネは、芝の短距離戦で逃げて結果を出してきた馬。前走と前々走はデムーロ騎手がスタートでもたつきましたが、武豊騎手に乗り替われば スタートを決めてくれる確率は上がります。

この日の中山は【内有利・逃げ先行有利】の馬場だったので、②番ゲートに入った逃げ馬ジャスパークローネは、ウイニングポジションとウイニングゲートにも一致します。

そしてこのレースには、武豊騎手に競りかけそうな馬はおらず、ジョッキーの顔ぶれも横山武騎手以外はリーディング中位や下位の騎手ばかり。展開的にも楽になりそうです。

レースでは武騎手がやや出遅れましたが、すぐにリカバーしてハナを奪い、そのまま逃げ切りました。

このパターンの武騎手は好走例が多いので覚えておいてください。

陣営や馬主や馬のことを考えての慎重なレースが多いのも、武騎手の特徴です。初騎乗の場合は特に慎重になることが多く、馬券的な観点でいうと狙いづらい。かつては「他騎手の有力馬を強奪する」と揶揄（やゆ）されたこともありましたが、現在は騎乗回数を重ねていくにつれて、徐々に好走率を上げてくるジヨッキーというイメージです。

武豊騎手がレース後に「〇〇を使ったほうがいい」と陣営に進言するようなケースでは、高い確率で積極的な競馬が期待できます。自分で発言した以上、責任を取るためにも、積極的な競馬をしてくるのでしょう。

横山和生騎手　２０２２年73勝　リーディング12位
出遅れ率34・４％　出遅れないランキング61位

競馬一家である横山典弘騎手の息子ということでデビューから注目を集めた横山和生騎手ですが、しばらくの間は年間10勝前後に低迷していました。それが２０２０年あたりから成績を上昇させ、22年はタイトルホルダーとのコンビでＧⅠを２勝。人気ジョッキーの仲間入りを果たしました。

しかしながら、横山和騎手の騎乗には強めのクセがあります。スタートを馬なりに出して、無理に行かないレースが多いのです。出遅れ率34・４％は高めの数字です。

それ自体は悪いことではありません。しかし、近走で積極的に逃げている馬でもあえて行かない、ハナを切らなければ話にならないタイプでも出していかない、出遅れるとすぐに諦めてリカバーしようとしない、そんなレースが散見されます。

レースを見る限り、スタートが無気力に感じられるので、チーム真田の心象はあまりよくはありません。出遅れが結果に響きやすいローカル小回りコースは、出遅れリスクを常に頭に入れておきたい騎手です。

かくいう私も、横山和騎手で失敗した経験があります。21年11月６日福島９Ｒ（３歳上１勝クラス、ダ1150m）の1枠①番クレマチステソーロです。

同馬はこのレースが初ダート。しかしダート向きの走法で、先行力もあり、内枠から行ければ勝ち負けが見込めると思って勝負しました。しかし、スタートで跳び上がってやや出遅れ、リカバーすればハナを取り返せそうな位置なのに、横山和騎手は行かせずに控えてしまいます。

そのまま道中では包まれて砂を嫌がり、直線では外に出して最速の上がりで追い込むも、前残りの展開で届くはずもなく、あっさり6着に敗れました。馬の性能に目がいきすぎて、短距離戦の内枠で出遅れ率の高い横山和騎手を本命にしたことを、プロ馬券師として猛省しました。

横山和騎手が主戦場にしているのは、出遅れが結果に響きやすいローカル小回りコース。夏は函館や札幌でレースをしているので、その出遅れリスクは常に頭に入れておきたい。皆さんも同じ失敗をしないように気をつけてください。

まとめると、ためる競馬が多いので、展開に左右されやすく、短距離戦の人気馬で勝負のできるジョッキーではありません。短距離戦では人気薄で押さえるくらいのイメージでいたほうがいいと思います。

逆に、芝のマイル以上で好位差し脚質の馬に乗ったときは、上手に立ち回ってくるので信頼できます。加点材料があれば狙い目にもなります。

横山和生騎手【芝・ダ総合】距離別成績（集計期間：いずれも2020〜22年）

距離	着別度数	勝率	連対率	複勝率	単回値	複回値
〜1500m	53- 53- 43- 448/ 597	8.9%	17.8%	25.0%	63	77
1600m〜	129- 93- 105- 784/1111	11.6%	20.0%	29.4%	91	86

同【芝のみ】距離別成績

距離	着別度数	勝率	連対率	複勝率	単回値	複回値
〜1500m	28- 27- 20-214/289	9.7%	19.0%	26.0%	73	73
1600m〜	67- 50- 52-399/568	11.8%	20.6%	29.8%	97	91

成績が上昇してきた20～21年にかけて回収率が高かったことから、データ派には非常に魅力的な騎手だったと思います。ただ、映像派からすると少し厄介な騎手で、ギャップがあったので、あえてここで取り上げた次第です。

菅原明良騎手　2022年72勝　リーディング15位

出遅れ率32・6%　出遅れないランキング45位

2023年でデビュー5年目を迎えた、関東の若手有望株が菅原明良騎手。21年に重賞初制覇を遂げると、22年はオニャンコポンやカラテでコンスタントにGⅠにも参戦し、さらなる飛躍が期待されています。

菅原明騎手の騎乗の特徴は、フェアプレーが身上なのか、先輩騎手に遠慮しているのか、強引に馬群を割るようなレースをしない点です。ガツガツした競馬をせずに年間70勝を挙げているので、まだ伸びシロはあります。

この特徴のため、スムーズなレースができる外枠が合っています。逆に、内枠や、包まれる競馬や気性難の馬に乗ったときは、成績が少し見劣りします。狙い目は外枠、包まれると不安な馬の内枠の人気馬などは疑ってかかるほうがよさそうです。

菅原明良騎手【ローカル・ダート】枠番別成績

条件…1～3番人気(集計期間:いずれも2020～22年)

枠番	着別度数	勝率	連対率	複勝率	単回値	複回値
1枠	2- 1- 2- 5/10	20.0%	30.0%	50.0%	98	91
2枠	2- 3- 3- 6/14	14.3%	35.7%	57.1%	45	85
3枠	2- 3- 6-11/22	9.1%	22.7%	50.0%	36	83
4枠	8- 2- 1-12/23	34.8%	43.5%	47.8%	113	81
5枠	2- 3- 2- 8/15	13.3%	33.3%	46.7%	60	76
6枠	3- 1- 3- 8/15	20.0%	26.7%	46.7%	59	66
7枠	3- 6- 5-13/27	11.1%	33.3%	51.9%	61	97
8枠	4- 0- 5- 5/14	28.6%	28.6%	64.3%	131	110

折り合いは上手ですが、一線級の騎手に比べるとまだ物足りなさがあります。ほとんどの若手騎手に当てはまることですが、気性的に難しい馬の折り合いをどうつけるかは、超えなければならない壁になると思っています。

怖い先輩が少ないためか、ローカルではのびのび走っているように見え、狙い目です。馬場読みもできるので、もっと遠慮せずにレースをすればさらに成績は向上できそう。最近は出遅れ率が上がってきており、乗り方を少し変えてきている可能性があるので、ここは注視していきたい点です。

《菅原明良騎手の狙い目》

①ローカル競馬場

②ダートの外枠（芝は開催後半の中～外枠）

同【ローカル芝】枠番別成績

条件…1～4日目、1～3番人気

枠番	着別度数	勝率	連対率	複勝率	単回値	複回値
1枠	3- 1- 3- 5/12	25.0%	33.3%	58.3%	72	84
2枠	1- 1- 2- 3/ 7	14.3%	28.6%	57.1%	68	85
3枠	1- 3- 3- 7/14	7.1%	28.6%	50.0%	25	78
4枠	0- 0- 2- 4/ 6	0.0%	0.0%	33.3%	0	56
5枠	2- 1- 1- 9/13	15.4%	23.1%	30.8%	66	51
6枠	2- 1- 2- 5/10	20.0%	30.0%	50.0%	112	79
7枠	2- 2- 2- 1/ 7	28.6%	57.1%	85.7%	105	137
8枠	4- 1- 1- 8/14	28.6%	35.7%	42.9%	115	70

同【ローカル芝】枠番別成績

条件…5～8日目、1～3番人気

枠番	着別度数	勝率	連対率	複勝率	単回値	複回値
1枠	1- 1- 0- 1/ 3	33.3%	66.7%	66.7%	110	130
2枠	0- 3- 2- 7/12	0.0%	25.0%	41.7%	0	77
3枠	4- 2- 1- 1/ 8	50.0%	75.0%	87.5%	148	130
4枠	1- 0- 2- 2/ 5	20.0%	20.0%	60.0%	80	90
5枠	5- 1- 0- 6/12	41.7%	50.0%	50.0%	202	93
6枠	4- 0- 2- 6/12	33.3%	33.3%	50.0%	151	84
7枠	5- 1- 0- 4/10	50.0%	60.0%	60.0%	210	101
8枠	3- 0- 2- 3/ 8	37.5%	37.5%	62.5%	130	85

③その他の加点材料

のびのび走れるローカルの外枠は優秀です。先の表にあるように、ローカルダートの外枠は安定した成績を残しているので、少しの加点材料があれば期待値を確保しやすい条件になります。

一方、ローカル芝の1～4日目の枠順データは傾向が判断しにくく外枠が気持ち優勢に見えますが、馬場が荒れてくる5～8日目になると、中～外枠の成績が優勢になってきます。このパターンのときに、当日の馬場を確認して有利な、ウイニングポジション・ウイニングゲートが重なれば下手な予想にはなりません。1章で紹介したオードゥメールは、まさに菅原明騎手の勝負パターンでした。

秋山真一郎騎手　２０２２年20勝　リーディング52位
出遅れ率38・7%　出遅れないランキング85位

かつては関西の中堅ジョッキーとして渋い活躍をしてきた秋山真一郎騎手ですが、年齢が40歳を超えたあたりから成績は低下。２０２１年14勝↓22年20勝と、勝利数が下がっています。しかしチーム真田にとっては、秋山真騎手は勝負ができるジョッキーのひとりです。

近年の成績低下と、前へ行かない消極的イメージの競馬から、データ派には嫌われる騎手かもしれません。しかし我々のような映像分析派は、レース中の折り合いの上手さなど、技術の高さが見られるため評価の高い騎手になります。

気性的に難しい馬を折り合わせる制御力はＪＲＡでも屈指。私の見立てでは、ルメール騎手と同等、それ以上かもしれません。

成績データの数字だけを抜き出すと前に行かないように見えますが、前走で先行力を見せていた馬に乗った場合は、それなりに前に行ってくれるので、狙いも絞りやすくなります。

《秋山真一郎騎手の狙い目》

①前走不利

②ローカル、GⅠ裏開催

③その他の加点要素

下の表でも確認できるように、裏開催の成績が優秀です。中央場所だと、トップジョッキーや伸び盛りの若手に埋もれてしまう状況ですが、騎手の層が薄くなるローカル開催や、他場でGⅠが開催されている裏では、秋山真騎手の腕が光ります。

21年10月3日は中山でスプリンターズSが開催されており、中京のジョッキーの層が薄くなっていました。

その日、中京3R（2歳未勝利、芝1400m）で秋山真騎手が騎乗したのは、前走で包まれる不利のあったカジュフェイス。しかも前走や前々走の芝1200m戦で2番手を走る先行力を見せており、秋山真騎手でも前へ行ってくれそう。距離を200m延長したので、前走よりは楽なペースで先行できそうです。

結果はハナを切って4馬身差の圧勝。単勝は420円でしたが、秋山真騎手の狙い方を知っていれば勝負できる馬でした。ちなみに1章の勝負レースで紹介したスマートリ

秋山真一郎騎手【1～3番人気】表・裏開催別成績（集計期間：2020～22年）

場所	着別度数	勝率	連対率	複勝率	単回値	複回値
表開催	24- 19- 10- 65/118	20.3%	36.4%	44.9%	78	76
裏開催	10- 5- 8- 16/ 39	25.6%	38.5%	59.0%	116	97

順位	騎手名	騎乗回数	出遅れ回数	出遅れ率
75位	高倉稜	175	65	**37.1%**
76位	古川吉洋	393	147	**37.4%**
77位	藤岡佑介	454	170	**37.4%**
78位	石川裕紀人	588	221	**37.6%**
79位	池添謙一	481	181	**37.6%**
80位	大野拓弥	507	192	**37.9%**
81位	宮崎北斗	132	50	**37.9%**
82位	藤田菜七子	330	126	**38.2%**
83位	江田照男	418	161	**38.5%**
84位	小林凌大	327	126	**38.5%**
85位	秋山真一郎	300	116	**38.7%**
86位	永野猛蔵	656	255	**38.9%**
87位	内田博幸	592	231	**39.0%**
88位	佐々木大輔	278	109	**39.2%**
89位	森裕太朗	122	48	**39.3%**
90位	野中悠太	404	159	**39.4%**
91位	国分恭介	276	110	**39.9%**
92位	田辺裕信	557	222	**39.9%**
93位	吉田豊	414	166	**40.1%**
94位	横山典弘	391	157	**40.2%**
95位	勝浦正樹	335	135	**40.3%**
96位	鮫島良太	123	50	**40.7%**
97位	今村聖奈	606	249	**41.1%**
98位	田中勝春	182	75	**41.2%**
99位	M.デムーロ	557	233	**41.8%**
100位	丸田恭介	430	180	**41.9%**
101位	山田敬士	257	108	**42.0%**
102位	西塚洸二	197	83	**42.1%**
103位	岩部純二	128	54	**42.2%**
104位	城戸義政	192	81	**42.2%**
105位	伊藤工真	108	50	**46.3%**
106位	水沼元輝	110	52	**47.3%**
107位	原田和真	137	65	**47.4%**
108位	鷲頭虎太	188	93	**49.5%**
109位	武士沢友治	249	139	**55.8%**
110位	太宰啓介	222	124	**55.9%**

▼同・騎乗回数100回未満

順位	騎手名	騎乗回数	出遅れ回数	出遅れ率
1位	ムーア	48	9	**18.8%**
2位	ムルザバエフ	33	7	**21.2%**
3位	ホー	64	14	**21.9%**
4位	イーガン	59	15	**25.4%**
5位	竹之下智昭	29	8	**27.6%**
6位	和田翼	36	13	**36.1%**
7位	柴田善臣	91	35	**38.5%**
8位	的場勇人	77	32	**41.6%**
9位	藤井勘一郎	76	32	**42.1%**
10位	菅原隆一	47	20	**42.6%**
11位	井上敏樹	23	10	**43.5%**
12位	川端海翼	98	44	**44.9%**
13位	岡田祥嗣	58	27	**46.6%**
14位	小牧太	92	43	**46.7%**
15位	土田真翔	84	42	**50.0%**
16位	川島信二	85	45	**52.9%**

アンも、ダービーの裏開催の中京でした。

騎乗回数の少なさと馬質の低下から、今や専門家ですら腕を見抜きにくくなっていますが、映像を分析している人間にいわせれば、確かな実力がある騎手です。

裏開催の場合は、少しの加点材料で期待値がプラスになりやすい騎手なので憶えておいてください。

2022年【出遅れない】ランキング

※下位になればなるほど【出遅れ率】が高い⇒出遅れランキング上位となる

▼騎乗回数100回以上

順位	騎手名	騎乗回数	出遅れ回数	出遅れ率
1位	福永祐一	610	128	21.0%
2位	鮫島克駿	889	196	22.0%
3位	川又賢治	149	33	22.1%
4位	斎藤新	595	144	24.2%
5位	坂井瑠星	778	190	24.4%
6位	川田将雅	552	136	24.6%
7位	松山弘平	783	197	25.2%
8位	泉谷楓真	390	100	25.6%
9位	和田竜二	891	231	25.9%
10位	西村淳也	697	181	26.0%
11位	武豊	600	156	26.0%
12位	嶋田純次	191	50	26.2%
13位	角田大和	548	144	26.3%
14位	横山武史	772	207	26.8%
15位	丹内祐次	804	217	27.0%
16位	丸山元気	526	142	27.0%
17位	団野大成	500	136	27.2%
18位	横山琉人	591	161	27.2%
19位	レーン	165	45	27.3%
20位	戸崎圭太	813	222	27.3%
21位	岩田望来	786	215	27.4%
22位	中井裕二	181	50	27.6%
23位	マーカンド	138	39	28.3%
24位	松若風馬	564	162	28.7%
25位	石橋脩	445	128	28.8%
26位	水口優也	110	32	29.1%
27位	北村宏司	232	69	29.7%
28位	小沢大仁	584	174	29.8%
29位	服部寿希	106	32	30.2%
30位	幸英明	851	258	30.3%
31位	小林脩斗	372	113	30.4%
32位	松岡正海	403	123	30.5%
33位	小崎綾也	160	49	30.6%
34位	大久保友雅	173	53	30.6%
35位	藤岡康太	663	204	30.8%
36位	松田大作	321	100	31.2%
37位	柴田大知	511	160	31.3%
38位	杉原誠人	348	110	31.6%
39位	津村明秀	580	184	31.7%
40位	秋山稔樹	484	154	31.8%
41位	木幡育也	110	35	31.8%
42位	荻野極	365	117	32.1%
43位	酒井学	396	128	32.3%
44位	角田大河	583	190	32.6%
45位	菅原明良	825	269	32.6%
46位	田中健	112	37	33.0%
47位	北村友一	236	78	33.1%
48位	浜中俊	405	134	33.1%
49位	富田暁	607	201	33.1%
50位	長岡禎仁	123	41	33.3%
51位	木幡初也	128	43	33.6%
52位	ドイル	107	36	33.6%
53位	柴山雄一	202	68	33.7%
54位	木幡巧也	475	160	33.7%
55位	吉田隼人	699	236	33.8%
56位	菱田裕二	637	216	33.9%
57位	岩田康誠	491	167	34.0%
58位	松本大輝	575	196	34.1%
59位	亀田温心	366	125	34.2%
60位	三浦皇成	592	203	34.3%
61位	横山和生	567	195	34.4%
62位	国分優作	312	108	34.6%
63位	荻野琢真	118	41	34.7%
64位	C.デムーロ	152	53	34.9%
65位	原優介	562	197	35.1%
66位	黛弘人	327	116	35.5%
67位	加藤祥太	109	39	35.8%
68位	川須栄彦	293	105	35.8%
69位	永島まなみ	418	150	35.9%
70位	古川奈穂	202	73	36.1%
71位	武藤雅	309	113	36.6%
72位	菊沢一樹	511	187	36.6%
73位	藤懸貴志	274	101	36.9%
74位	ルメール	567	210	37.0%

2章の総括＆補足❶必要なチェックポイント

紙数の都合もあって、2章ではリーディング上位騎手を主に取り上げました。この項では、より実践的な観点から騎手に関しての必要なチェックポイントを挙げていきます。

ジョッキーはそれぞれ違う個性を持っていますが、ざっくりといくつかのタイプに分類することができます。

位置取りに関しては、先行への意識が強い【積極的】な騎手、馬の気持ちを重視して先行への意識は低めの【消極的】な騎手、思い切った騎乗ができる【極端な競馬】をする騎手の3タイプ。

さらに騎手の特性でいうと、【折り合い上手】な騎手、【馬場読み上手】な騎手などがいます。内外へのこだわりも騎手のタイプで、【基本は内】で走ろうとする騎手と、【基本は外】に加えて、【内枠が苦手】な騎手もいます。

私の印象で主だった騎手を分類すると、次のようになります。

【積極的】 川田、横山武、松山、坂井、西村、鮫島克、永野、永島
【消極的】 丸山、大野、柴山、柴田善、勝浦、横山和、今村
【極端な競馬】 横山典、田辺、藤岡佑、M・デムーロ
【折り合い上手】 秋山真、ルメール、戸崎、池添
【馬場読み騎手】 戸崎、田辺、岩田康、内田、菅原明、川田

【基本は内】　坂井、丹内、和田竜、松田、古川吉、藤岡佑、松岡、荻野極、岩田康
【内枠が苦手】　岩田望、菅原明

このチェックポイントを気にしながら騎手の動向を見れば、ジョッキーのクセがより見えてくるはずです。見えてきたクセは後に払戻金として換金できる率が見込めます。

より実践的な活用法には次のようなものがあります

①積極的⇕消極的

スタートから追って前に行くことが多い積極的な騎手は、大局的にいえば有利な先行位でレースができますが、前半に脚を使うので後半に脚がなくなってタレるレースも多くなるという傾向があります。積極的な騎手の手に合うのは長く脚が使えるガッシリしたタフな馬で、ピッチ走法の馬に乗ると直線でタレるリスクが上がります。

消極的な騎手は位置取りにこだわらないので、脚を余して負けるケースが多くあり、馬券的には厄介な存在です。相手や展開に左右される面が多く、狙いどころを絞るのも難しい。消極的な騎手の手に合っているのは、前進気勢がある先行力のある馬です。そんな馬に乗った場合は、馬なりで出して楽に先行できるので、展開利があれば上位入線のチャンスが見込めます。

ピッチ走法で小回りや内枠が得意なネレイドという馬がいます。2021年11月7日の福島2Rは、前と内が有利な馬場で②番ゲートに入るという絶好の条件でした。スタートを決めて、インの好位で脚をためて、直線で抜け出す競馬ができれば上位の確率が高かった。

しかし、このときの鞍上は【積極的】な永野騎手。前半に脚を使ってハナを取りに行き、3F33秒5のハイペースで逃げて、直線で失速するという馬の個性に合わない競馬で5着に敗れました。私から見れば、馬のよさを無視した騎乗です。

同馬はピッチ走法の馬で、ためる競馬が得意な戸崎騎手で未勝利戦を勝ち上がり、その後は柴田大知騎手が控える競馬で下手に乗り2戦負けて、【消極的な】丸山騎手へ乗り替わりました。

丸山騎手は永野騎手のように脚を使って無理にハナを取りに行かず、促す程度でスムーズにハナを取っています。ピッチ走法で前向きな気性な馬に合う乗り方です。乗り替わった後は成績が安定し、1勝クラスを勝ち、2勝クラスもすぐに卒業しました。

丸山騎手で大勝負したレースに、21年のオーシャンSがあります。彼が手綱を握るのはコントラチェック。前有利・内有利の馬場で、先行馬が少なく、丸山騎手でも馬なりで先行できると判断したのが勝負の根拠です。同馬は11番人気の低評価ながら、楽に2番手で先行、最後の直線は1番人気カレンモエとのしのぎ合いを制し1着（単勝３３４０円！）。

レース後に「前に行こうと思っていたのですか？」とインタビューされた丸山騎手は、「位置取りは特に意識していませんでした」と返しており、本当に先行意識がない騎手なのだなと、改めて痛感したのを覚えています。

ある意味、自分のレースに徹するプロです。そして、位置取りよりも馬とのコンタクトを優先した騎乗に徹してくれるので、ファンとしても買いと消しの判断がしやすいジョッキーです。

【積極的】な騎手はタフで長く脚が使える馬、【消極的】な騎手は急かさなくても先行できる馬、ここを狙うのが基本です。積極的から消極的、逆に消極的から積極的な騎手への乗り替わりで一変するネレイドのような馬はけっこういるので覚えておいてください。

②折り合い上手い⇕折り合い下手

折り合いの下手な騎手で負けて人気が下がり、折り合いの上手な騎手が好配当を出す。その逆で、折り合いの上手な騎手が好走して人気を集めるも、折り合いが下手な騎手がヘグる。これも実践でよくあるパターンです。

21年11月14日阪神10R室町特別のデュアリストもこのパターンでした。前走は折り合いの下手な三浦騎手がハナを切り、12着に大敗し1番人気を裏切っています。こんな負け方の馬に【折り合い上手】な戸崎騎手が乗り、外枠に入れば、前を見ながらためる競馬になる率が高く、好走が見込めます。

折り合いが下手な騎手は、道中で押さえが利かず、馬が頭を上げたり、口を開けたり、動きが定まらずにイゴイゴと動きがあったりするのが特徴です。見分けるときの判断にしてください。三浦騎手は特に折り合いに課題のある騎手ですが、若手騎手は全般的に折り合いを苦手にすることが多いので注意して見てください。

③馬場読み上手、基本は内、基本は外

馬場読みは荒れた馬場で力を発揮します。

特にローカル競馬場ではそんな馬場になりやすいので、馬場と枠順が合う馬に【馬場読み上手】な騎手が乗ればさらに期待ができます。

【基本は内】の騎手は、馬場が荒れてきても内にこだわることが多いので、馬場が合わずに敗れるケースがよくあります。特にローカルの外差し馬場は注意が必要で、丹内騎手や荻野極騎手が内枠を引いた場合、必敗の内を突くので注意が必要です。

内にこだわる騎手で大儲けできるのは、「多くの騎手が外を回しているが、じつは内も利いている馬場」になったときです。たまに目にすることもあるでしょう？　ガラガラのインを突いた馬が伸びるような馬場が。こんな馬場で古川吉騎手が内枠に入ると、穴で狙ってみる価値があります。

ここまで私の目に映る特徴のある騎手を取り上げましたが、皆さんの目に見える騎手の特徴を追加してもらえれば、予想精度は上昇すると思っています。読者の皆さんも、騎手の特徴をタイプ別に整理してみてください。

2章の総括＆補足❷騎手を軸にした狙うタイミング

競馬予想は馬ありきです。馬の能力が明らかに低い、馬場やコースが馬の適性にまったく合っていないのに、「○○騎手だから」という理由で馬券を買うことは、私はありません。あくまで、騎手は予想をするうえでのひとつのファクターです。

ただし、騎手が強力な予想の軸になることも、たまにあります。

①騎手の進言

第2章の武豊騎手の項で「現在は騎乗回数を重ねていくにつれて、徐々に好走率を上げてくるジョッキー」と書きました。今やJRAの調教師の約半分は武騎手よりも年下です。一度依頼した馬から、むげに武騎手を降ろすようなことはしません。

武騎手のほうも以前のように有力馬に次々と乗り替わって勝ち星を重ねるよりも、1頭の馬に乗り続けて、長所を見つけていこうと考えているような気がします。

そんな武豊騎手とデビューからコンビを組んでいたのがノットゥルノです。阪神芝1800mの新馬戦は、出遅れて後方から差し届かず4着。2戦目の中京芝2000mは先行したものの、切れ負けして6着に敗れました。

ノットゥルノが次走に選んだのは、阪神ダート1800mの未勝利戦。調教師のコメントには「武豊騎手の進言でダートを使ってみる」とありました。

このような、ジョッキーの進言で「芝からダート（ダートから芝）」「距離短縮（距離延長）」など使うレースが変わった馬は、激走の可能性があります。ジョッキーも自分の口でいった以上、本気で勝負に出てくるからです。

このレースの武豊騎手は、3コーナーからマクり気味に早仕掛けをして、4コーナーでは先頭。「絶対に脚を余さない」という決意を感じる積極的なレースでした。普段の武騎手で、ここまで積極的なレースは見たことがありません。「ジョッキーが本気で獲りにいく競馬はこのくらいやるものなのか」と感心したレースです。

ノットゥルノは単勝1・6倍と人気が集中してしまったために、馬券的には見送りましたが、勝負のタイミングはここだったと推測できました。ちなみにダートに転じたノットゥルノは、ジャパンダートダービーを勝って（交流）GＩ制覇を達成。武騎手の目の確かさがわかる進言でした。

このような「ジョッキーの進言で矛先を変えてきた馬」は、ジョッキーは真剣に乗ります。進言はベテランやトップジョッキーに多く、競馬新聞のコメント欄に掲載されることも多いので、チェックしておいて損はないと思います。

②派手なヘタ乗り、怠慢騎乗や油断騎乗の次走

騎手の派手な下手乗り、注意義務を怠った怠慢騎乗や油断騎乗があった馬は、異常に高い確率で次走激走します。

データをつけようと思ったきっかけはＭ・デムーロ騎手です。

２０２０年3月7日阪神12Ｒ（4歳上2勝クラス、ダ１４００ｍ）で、リトルモンスターという馬にデムーロ騎手は騎乗していました。４コーナー後方からムチを何発も入れてジワジワと位置を上げていき、直線で伸びれば上位がありそうというポジションにつけます。

しかし直線に入ると、デムーロ騎手は追うのを止めて、なぜか手綱を引っ張り、馬を走らせないように抑えたのです。10年以上映像を分析していますが、直線で追うのを止める騎手はたまに見ても、直線で伸びている馬を引っ張ったのは初めて見ました。

同馬が2番人気だったこともあり、ネットの掲示板やツイッターには、デムーロ騎手の不可解な騎乗に非難が殺到しました。陣営も怒り心頭だったのか、次走（4月25日東京）は「追える騎手を確保しま

した」とコメントを出していました。

「デムーロ騎手の派手な怠慢騎乗？」があった次走は、レーン騎手に乗り替わりました。積極策で先行し、直線でも必死に追って、2馬身半差で楽勝します。

このレースを見て、ネットが大炎上するような騎乗内容の次走は、勝敗はどうあれ全力騎乗をしてくる率が高いと思うようになりました。

23年1月9日中山5Rに出走していたエッセレンチ（未勝利、芝1600m）もこのパターンです。

前走（12月18日中山5R）は杉原騎手が騎乗。スムーズに先行して2〜3番手を走り、4コーナーから直線にかけて前の馬に並びかけるという楽勝ムードです。

先頭のトゥルースの鞍上のマーカンド騎手が必死に追い続ける中、勝ちを確信したのか、杉原騎手は手を動かさずに馬なりで並走を続けます。残り200mを切ってもまだ追わず、100m付近の坂を少し上がったところでやっと追い出したのですが、トゥルースとの追い比べに負けて、2着に敗れてしまいます。

手綱を引っ張ったデムーロ騎手の騎乗もインパクトがありましたが、ラスト100mまで馬なりのまま流し続けて負ける油断騎乗も、初めて目の当たりにするような光景です。

レース後の杉原騎手のコメントは「〝これなら（勝てる）〟と思いましたが、1回前に出たものの差し返されました。結果だけ申し訳ないところです」。競馬ファンとしては、「もっとちゃんと謝れや！」といいたいところです。

さすがに次走では降ろされると思ったのですが、1月9日中山5Rには杉原騎手が再度騎乗していました。

杉原騎手にしてみれば、絶対に同じ失敗はできません。レースは前走と同じように2番手追走で4コーナーを回り、直線では追い通し。坂上で逃げ馬をねじ伏せて、快勝します。単勝は1030円。馬の性能とウイニングポジション・ウイニングゲートも合っていので、大きく儲けることができました。

他にも、2022年10月22日新潟12Rのゼットノヴァ、P164で取り上げた吉田隼人騎手のアラモードバイオや、P149で紹介した団野騎手のアルファマムは、油断騎乗や派手なヘタ乗りの次走で激走した例です。

母数が少ないので明確な統計データは完成していませんが、誰の目にも明らかなヘタ乗り・怠慢騎乗・油断騎乗があった場合、次走は勝負できる率が高まるので、チェックしておいてください。

2章の総括&補足❸騎手の総合的なアプローチ

馬のクセや特徴を知る騎手の騎乗は大幅な鞍上強化になります。そのジョッキーが特徴やクセを知っているかどうかは、過去のレースから判断をします。そんなレースを2つほど紹介します。

ひとつ目は2021年8月14日札幌8R（3歳1勝クラス、ダ1700m）のメイショウヨシテル。同馬のデビューからの戦績は次のようになっています。

●20年7月4日・2歳新馬（阪神ダ1200m）　3着　松山騎手

●20年7月18日・2歳未勝利（阪神ダ1200m）4着　泉谷騎手
●20年12月26日・2歳未勝利（阪神ダ1200m）8着　松山騎手
●21年1月16日・3歳未勝利（中京ダ1400m）3着　池添騎手
●21年2月6日・3歳未勝利（中京ダ1400m）1着　池添騎手
●21年2月28日・ネモフィラ賞（小倉ダ1700m）4着　菊沢騎手
●21年3月20日・3歳1勝クラス（阪神ダ1800m）9着　古川吉騎手

同馬はデビュー2戦目の7月2歳未勝利戦から砂を気にする素振りを見せていました。4戦目の1月未勝利戦で池添騎手に乗り替わりますが、スタートの芝からダートに替わったところで失速、直線で被せられて伸びあぐねており、砂を被って嫌がった感じがします。池添騎手は追い通しの競馬でしたが、それでも3着に入線し、外枠からスムーズな競馬ができれば楽勝だろうというイメージが沸きました。

5戦目となる2月3歳未勝利戦は、前走よりも内寄りの枠に入ったため馬券は見送りましたが、池添騎手は道中で馬群の切れ目から外に進路をとり、3～4コーナーでも外々を回します。おそらく前走の騎乗で「この馬は砂を嫌がるクセがある」とわかったのでしょう。大きな距離ロスがありながらも、メイショウヨシテルは1着になりました。

池添騎手から菊沢騎手に乗り替わったネモフィラ賞は絶好の外枠を手にしたものの、菊沢騎手が同馬のクセを把握していなかったようで、道中で砂を被らせて、馬が嫌がりながらの追走になり4着に惜敗。3月の1勝クラスも古川吉騎手に乗り替わり、やはり砂を気にして追走に苦労して9着に大敗します。

キョウワウォール【騎手別】成績

騎手	着別度数	勝率	連対率	複勝率	単回値	複回値
中井裕二	1- 1- 4- 3/ 9	11.1%	22.2%	66.7%	205	367
鮫島良太	0- 0- 1- 1/ 2	0.0%	0.0%	50.0%	0	110
柴田未崎	0- 0- 0- 7/ 7	0.0%	0.0%	0.0%	0	0
柴山雄一	0- 0- 0- 1/ 1	0.0%	0.0%	0.0%	0	0
丹内祐次	0- 0- 0- 1/ 1	0.0%	0.0%	0.0%	0	0
松山弘平	0- 0- 0- 1/ 1	0.0%	0.0%	0.0%	0	0

2018年10月28日デビュー～22年10月8日の全24戦

そして今回、池添騎手に手が戻ってきました。古川吉騎手から池添騎手への乗り替わりは成績的にも鞍上強化ですが、それ以上に2月の未勝利戦のレース内容から「砂を嫌がるクセ」を理解していることが大勝負の材料になります。

メイショウヨシテルと池添騎手は外枠からスムーズに6番手を取り、終始包まれることなく砂を被らないようにレースを運び、直線でも最後まで伸びて快勝しました。クセを理解している池添騎手の立ち回りが勝利に導いたのです。

たとえリーディング下位の騎手であっても、「馬のクセをつかんでいる」ジョッキーなら、勝負ができます。キョウワウォールと中井騎手がそうでした。

中井騎手は21年7月4日にキョウワウォールに初めて騎乗しました。スタートで押して先団につけ、その後は馬なりで7～8番手に下げましたが、反応が悪かったのか騎手が断続的にムチを入れています。それでも馬は応えずに直線は中団後ろの位置になりましたが、直線でも10発以上ムチを入れてジワジワと追い上げ、最後まで伸びて3着に盛り返しました。

このレース内容から、キョウワウォールには反応の悪いズブさがあり、直線もワンペースでジワジワと最後まで伸びるタフさのあるタイプだと判断できます。

中井騎手もこの特徴をつかんだようで、次走の7月18日小倉12Rでは早めに仕掛ける競馬をして同馬の特徴を生かす競馬で1勝クラスを勝ち切りました。この段階で中井騎手は「馬のクセをつかんでいる可能性が高い」と判断できます。

その後、キョウワウォールは中井騎手の手を離れますが、22年3月に再び手が戻ってきた後は、馬の特性を理解した騎乗で馬券圏内に何度も入着します。

中井騎手は22年はたったの3勝しか挙げていないジョッキーですが、キョウワウォールのクセを知る彼が騎乗した場合は、一流騎手に匹敵する腕を発揮するといっても過言ではありません。これからも、直線の短い小回りダート、タフさが要求される良馬場で、中井騎手が騎乗すれば、狙うことができます。

ちなみに、第1章で紹介したジャンダルムも、荻野極騎手が同馬の「出遅れクセ」を知っており、スタートに注力してくれると予測できたのが、勝負の一因になりました。

このように騎手と馬の特徴を見つけられれば、1頭の馬の取捨が毎回明確になります。

第3章

カネになる真田印推奨馬

芝62頭
ダート41頭

本リストは２０２２年12月28日終了時点で、ＪＲＡに登録されているオープン馬を中心に、チーム真田が見出した「狙い撃つ条件」を記している（馬齢、所属厩舎は23年度）。

芝・ダートに分けて五十音順に馬名を並べているので、実際に馬券を購入する際、条件を照らし合わせて参照していただきたい。

なお、競馬場ごとの注意すべき特性は、次の通り。
●小回り（内回り）平坦コース⇒京都内回り、新潟内回り、小倉、札幌、函館
●小回り（内回り）坂のあるコース⇒阪神内回り、中山、福島
●長い直線コース⇒東京、中京、京都外回り、阪神外回り、新潟外回り
また、次の事項を頭の中に入れて、ご覧願いたい。

【真田推奨馬使い方指南】


現役有力馬の中でも強い特徴（適性）を持った馬を本リストに掲載している。「プラス替わりの条件替わり」になる印は【◎○▲】の順番で有効度が変わる。◎は強力なプラス条件、▲はやや弱めなプラス条件になる。

逆も真なりで、「↓」の逆方向の条件替わりがあるときは、マイナス条件になる。

例えばスターズオンアースの「◎小回り（内回り）↓長い直線」の条件替わりは強力なプラス材料になるが、矢印が逆になる「長い直線↓小回り（内回り）」は〝強力なマイナス材料〟になってしまう。

また、この推奨馬リストは相対関係（モノサシ）の内容を測るのにも使える。

例えば、リストに掲載した芝馬から考えてみよう。

ステラヴェローチェには「◎良馬場↓重馬場」、シャフリヤールには「◎重馬場↓良馬場」「重馬場苦手」という特徴がある。この2頭が対戦した21年日本ダービー（東京芝２４００ｍ・良馬場）ではシャフリヤールが1着だったが、苦手な良馬場でシャフリヤールから0・2秒差の3着に入ったステラヴェローチェにも価値がある。

2頭は次走、同年神戸新聞杯（中京芝２２００ｍ・不良馬場）で対戦。前走、苦手な条件で好走したステ

ラヴェローチェが「◎良馬場↓重馬場」の強力なプラス条件があるのに対し、シャフリヤールにとっては「重馬場苦手」のマイナス。対戦レースの結果を踏まえると、不良馬場で行なわれた神戸新聞杯で、ステラヴェローチェが逆転する確率が高いことがイメージできる。実際、ステラヴェローチェが2番人気で快勝した一方、断然人気だったシャフリヤールは4着に沈んでいる。

真田印推奨馬【芝】オープン…39頭

アートハウス（牝4、栗東・中内田厩舎）

●狙う場所…長い直線コース、良馬場
●距離適性…2000～2400m
●プラスの条件替わり…◎小回り（内回り）↓長い直線　◎重馬場↓良馬場
●苦手な条件…小回り（内回り）、重馬場
●真田のコメント…小回り（内回り）が苦手、渋った馬場が苦手、長い直線向く。

アスクビクターモア（牡4、美浦・田村厩舎）

●狙う場所…右回り、長い直線コース
●距離適性…1800～3000m
●プラスの条件替わり…◎左回り↓右回り　▲小回り（内回り）↓長い直線
●苦手な条件…左回り、小回り（内回り）
●真田のコメント…左回りモタれる、長い直線向く。

アラタ（牡6、美浦・和田勇厩舎）

●狙う場所…重馬場（時計のかかる馬場）、小回り（内回り）
●距離適性…2000～2600m
●プラスの条件替わり…◎良馬場↓重馬場、◎長い直線↓小回り（内回り）
●苦手な条件…良馬場（時計の速い馬場）、長い直線
●真田のコメント…速い馬場がやや苦手、小回り（内回り）、時計のかかる馬場プラス、重馬場◎。

イクイノックス（牡4、美浦・木村厩舎）
●狙う場所…重馬場（時計のかかる馬場）
●距離適性…1800〜2400m
●プラスの条件替わり…○良馬場→重馬場
●苦手な条件…なし
●真田のコメント…素質馬系（下の欄外参照）の馬、重馬場○。

インテンスライト（牡7、美浦・菊沢厩舎）
●狙う場所…小回り（内回り）、内枠、重馬場
●距離適性…1600〜1800m
●プラスの条件替わり…◎長い直線→小回り（内回り）
◎外枠→内枠　▲良馬場→重馬場
●苦手な条件…長い直線、外枠、良馬場
●真田のコメント…小回り（内回り）向く、器用。

ウインシャーロット（牝5、美浦・和田正厩舎）
●狙う場所…小回り（内回り）
●距離適性…1400〜1800m
●プラスの条件替わり…○長い直線→小回り（内回り）
●苦手な条件…長い直線
●真田のコメント…小回り（内回り）向く。

ウインマーベル（牡4、美浦・深山厩舎）
●狙う場所…長い直線コース、外枠、良馬場
●距離適性…1200〜1600m
●プラスの条件替わり…◎小回り（内回り）→長い直線、◎内枠→外枠、▲重馬場→良馬場
●苦手な条件…小回り（内回り）、内枠、重馬場
●真田のコメント…やや不器用なので小回り（内回り）やや苦手。

ウインマリリン（牝6、美浦・手塚厩舎）
●狙う場所…小回り（内回り）、内枠
●距離適性…1800〜2400m
●プラスの条件替わり…◎長い直線→小回り（内回り）
◎ハイペース→スローペース　◎外枠→内枠
●苦手な条件…長い直線
●真田のコメント…小回り（内回り）向く、器用、内の利く馬場の内目の枠プラス。

素質馬系…重厚なフットワークながら速い馬場もこなせる珍しいタイプの馬。タフさが根底にあるため重賞などの厳しい流れで好走する傾向がある。

ヴェラアズール（牡6、栗東・渡辺厩舎）

●狙う場所…重馬場（時計のかかる馬場）、坂のあるコース
●距離適性…1600～2400m
●プラスの条件替わり…◎良馬場→重馬場　▲平坦コース→坂のあるコース
●苦手な条件…良馬場（時計の速い馬場）、平坦コース
●真田のコメント…坂プラス、時計のかかる馬場プラス、重馬場◎。

ヴェルトライゼンデ（牡6、栗東・池江厩舎）

●狙う場所…重馬場（時計のかかる馬場）
●距離適性…1800～2400m
●プラスの条件替わり…◎良馬場→重馬場
●苦手な条件…良馬場（時計の速い馬場）
●真田のコメント…現役トップレベルの重馬場巧者。

オニャンコポン（牡4、美浦・小島厩舎）

●狙う場所…小回り（内回り）、重馬場、内枠
●距離適性…1600～2000m
●プラスの条件替わり…◎長い直線→小回り（内回り）○良馬場→重馬場　◎外枠→内枠
●苦手な条件…長い直線、良馬場（時計の速い馬場）、外枠
●真田のコメント…小回り（内回り）向く、器用、重馬場○。

キラーアビリティ（牡4、栗東・斉藤崇厩舎）

●狙う場所…小回り（内回り）、内枠
●距離適性…1800～2400m
●プラスの条件替わり…○長い直線→小回り（内回り）◎外枠→内枠
●苦手な条件…長い直線、外枠
●真田のコメント…小回り（内回り）向く。

ジオグリフ（牡4、美浦・木村厩舎）

●狙う場所…重馬場（時計のかかる馬場）
●距離適性…1800～2400m
●プラスの条件替わり…○良馬場→重馬場

●苦手な条件…良馬場（時計の速い馬場）
●真田のコメント…速い馬場がやや苦手、時計のかかる馬場プラス、ノド鳴りがあり湿った天候は合う。

ジャックドール（牡5、栗東・藤岡厩舎）
●狙う場所…長い直線コース
●距離適性…2000〜2400m
●プラスの条件替わり…◎小回り（内回り）→長い直線
●苦手な条件…小回り（内回り）
●真田のコメント… 長い直線向く

シャフリヤール（牡5、栗東・藤原英厩舎）
●狙う場所…良馬場（時計の速い馬場）、長い直線コース
●距離適性…1600〜2400m
●プラスの条件替わり…◎重馬場→良馬場　▲小回り（内回り）→長い直線
●苦手な条件…◎重馬場（時計のかかる馬場）、小回り（内回り）

●真田のコメント…重馬場苦手、小回り（内回り）やや苦手、高速馬場は向く。

ジャングロ（牡4、栗東・森厩舎）
●狙う場所…小回り（内回り）
●距離適性…1200〜1600m
●プラスの条件替わり…◎長い直線→小回り(内回り)
▲重馬場→良馬場
●苦手な条件…長い直線、重馬場
●真田のコメント…重馬場やや苦手、小回り（内回り）向く。

スターズオンアース（牝4、美浦・高柳瑞厩舎）
●狙う場所…長い直線コース、外枠
●距離適性…1600〜2400m
●プラスの条件替わり…◎小回り（内回り）→長い直線　◎内枠→外枠
●苦手な条件…　小回り（内回り）、内枠
●真田のコメント…小回り（内回り）が苦手、馬群をさばけないので内枠も苦手、長い直線向く。

ステラヴェローチェ（牡5、栗東・須貝厩舎）

●狙う場所…重馬場（時計のかかる馬場）、坂のあるコース

●距離適性…1600～2400m

●プラスの条件替わり…◎良馬場→重馬場　▲平坦コース→坂のあるコース

●苦手な条件…良馬場（時計の速い馬場）、平坦コース

●真田のコメント…現役ナンバーワンの重馬場巧者、坂プラス。

スマートリアン（牝6、栗東・石橋厩舎）

●狙う場所…坂のあるコース

●距離適性…1200～1400m

●プラスの条件替わり…◎平坦コース→坂のあるコース　▲良馬場→重馬場　◎1600m以上→1400m以下への短縮

●苦手な条件…平坦コース、1600m以上

●真田のコメント…坂プラス、1600mは若干長い。

タイセイビジョン（牡6、栗東・西村厩舎）

●狙う場所…長い直線

●距離適性…1200～1600m

●プラスの条件替わり…◎小回り（内回り）→長い直線

●苦手な条件…小回り（内回り）

●真田のコメント…小回り（内回り）が苦手、長い直線向く。

ダノンベルーガ（牡4、美浦・堀厩舎）

●狙う場所…重馬場（時計のかかる馬場）

●距離適性…1800～2400m

●プラスの条件替わり…◎良馬場→重馬場

●苦手な条件…なし

●真田のコメント…準素質馬系、時計のかかる馬場プラス、重馬場◎。

デアリングタクト（牝6、栗東・杉山晴厩舎）

●狙う場所…小回り（内回り）、重馬場

●距離適性…1600～2400m

●プラスの条件替わり…◎長い直線↓小回り（内回り）◎良馬場↓重馬場
●苦手な条件…長い直線、良馬場（時計の速い馬場）
●真田のコメント…小回り（内回り）向く、重馬場◎。

ディバインフォース（牡7、栗東・寺島厩舎）

●狙う場所…小回り（内回り）、時計のかかる馬場、内枠
●距離適性…２４００ｍ以上
●プラスの条件替わり…◎長い直線↓小回り（内回り）、◎時計の速い馬場↓時計のかかる馬場　○外枠↓内枠
●苦手な条件…長い直線、時計の速い馬場、外枠
●真田のコメント…小回り（内回り）向く、時計のかかる馬場プラス。

トウシンマカオ（牡4、美浦・高柳瑞厩舎）

●狙う場所…長い直線
●距離適性…１２００～１６００ｍ
●プラスの条件替わり…◎小回り（内回り）↓長い直線
●苦手な条件…小回り（内回り）
●真田のコメント…小回り（内回り）がやや苦手、長い直線向く。

ドウデュース（牡4、栗東・友道厩舎）

●狙う場所…小回り（内回り）
●距離適性…１６００～２４００ｍ
●プラスの条件替わり…○長い直線↓小回り（内回り）
●苦手な条件…特になし
●真田のコメント…特に弱点はない、器用さがあり小回り（内回り）のほうが走る。

トップナイフ（牡3、栗東・昆厩舎）

●狙う場所…小回り（内回り）、重馬場
●距離適性…１８００～２４００ｍ
●プラスの条件替わり…◎長い直線↓小回り（内回り）◎良馬場↓重馬場　◎スローペース↓ハイペース　○外枠↓内枠
●苦手な条件…長い直線、良馬場（時計の速い馬場）
●真田のコメント…小回り（内回り）向く、時計のか

かる馬場プラス、重馬場◎。

ナランフレグ（牡7、美浦・宗像厩舎）

●狙う場所…小回り（内回り）、内枠
●距離適性…1200〜1400m
●プラスの条件替わり…◎長い直線→小回り（内回り）
◎外枠→内枠
●苦手な条件…長い直線、良馬場（時計の速い馬場）、外枠
●真田のコメント…小回り（内回り）向く、器用、内の利く馬場の内目の枠プラス。

パンサラッサ（牡6、栗東・矢作厩舎）

●狙う場所…小回り（内回り）、重馬場
●距離適性…1800〜2000m
●プラスの条件替わり…◎長い直線→小回り（内回り）
○良馬場→重馬場
●苦手な条件…長い直線、良馬場（時計の速い馬場）
●真田のコメント… 小回り（内回り）向く、器用、重馬場○。

ピースワンパラディ（牡7、美浦・大竹厩舎）

●狙う場所…坂のあるコース、時計のかかる馬場
●距離適性…1600〜2000m
●プラスの条件替わり…▲平坦コース→坂のあるコース ▲時計の速い馬場→時計のかかる馬場
●苦手な条件…長い直線、良馬場（時計の速い馬場）
●真田のコメント…速い馬場がやや苦手、坂は得意、時計のかかる馬場プラス。

ブレークアップ（牡5、栗東・吉岡厩舎）

●狙う場所…小回り（内回り）、内枠
●距離適性…2000〜2500m
●プラスの条件替わり…◎長い直線→小回り（内回り）
▲外枠→内枠
●苦手な条件…長い直線、外枠
●真田のコメント…小回り（内回り）向く。

ボルドグフーシュ（牡4、栗東・宮本厩舎）

●狙う場所…長距離、坂のあるコース、時計のかかる馬場

●距離適性…2200m以上
●プラスの条件替わり…◎中距離→長距離　◎小回り（内回り）→長い直線　▲平坦コース→坂のあるコース　▲時計の速い馬場→時計のかかる馬場
●苦手な条件…中距離以下、小回り（内回り）コース、平坦コース、時計の速い馬場
●真田のコメント…小回り（内回り）コースが苦手、長距離向きの馬。

マテンロウオリオン（牡4、栗東・昆厩舎）
●狙う場所…小回り（内回り）、重馬場、内枠
●距離適性…1400~1600m
●プラスの条件替わり…◎長い直線→小回り（内回り）○良馬場→重馬場　▲外枠→内枠
●苦手な条件…長い直線、良馬場（時計の速い馬場）、外枠
●真田のコメント…小回り（内回り）向く、重馬場○。

ミスニューヨーク（牝6、栗東・杉山晴厩舎）
●狙う場所…小回り（内回り）、平坦コース、重馬場
●距離適性…1600~1800m
●プラスの条件替わり…◎長い直線→小回り（内回り）◎坂のあるコース→平坦コース　○良馬場→重馬場
●苦手な条件…長い直線、坂のあるコース
●真田のコメント…小回り（内回り）向く、平坦コースプラス、重馬場○。

ミッキーカプチーノ（牡3、栗東・矢作厩舎）
●狙う場所…長い直線コース
●距離適性…2000~2400m
●プラスの条件替わり…◎小回り（内回り）→長い直線
●苦手な条件…小回り（内回り）
●真田のコメント…小回り（内回り）が苦手。

ミッキーブリランテ（牡7、栗東・矢作厩舎）
●狙う場所…小回り（内回り）、内枠
●距離適性…1200~1600m
●プラスの条件替わり…◎長い直線→小回り（内回り）◎外枠→内枠

●苦手な条件…長い直線
●真田のコメント…小回り（内回り）向く、器用、内の利く馬場の内目の枠プラス。

メイケイエール（牝5、栗東・武英厩舎）

●狙う場所…短距離、長い直線コース
●距離適性…1200〜1400m
●プラスの条件替わり…◎小回り（内回り）↓長い直線　○中距離↓1200mへの短縮
●苦手な条件…小回り（内回り）
●真田のコメント… 長い直線向く、かなり掛かる気性。

ヤマニンサルバム（牡4、栗東・中村厩舎）

●狙う場所…長い直線コース
●距離適性…1800〜2400m
●プラスの条件替わり…◎小回り（内回り）↓長い直線
●苦手な条件…小回り（内回り）
●真田のコメント…小回り（内回り）が苦手、長い直線向く。

リバティアイランド（牝3、栗東・中内田厩舎）

●狙う場所…長い直線コース
●距離適性…1600〜2400m
●プラスの条件替わり…◎小回り（内回り）↓長い直線
●苦手な条件…小回り（内回り）
●真田のコメント…小回り（内回り）が苦手、長い直線向く。

ロバートソンキー（牡6、美浦・林厩舎）

●狙う場所…長い直線コース、良馬場（時計の速い馬場）
●距離適性…2000〜2400m
●プラスの条件替わり…◎小回り（内回り）↓長い直線　▲重馬場↓良馬場
●苦手な条件…小回り（内回り）、重馬場
●真田のコメント…重馬場がやや苦手、小回り（内回り）が苦手、長い直線向く。

真田印推奨馬【芝】3勝クラス…13頭

アウスヴァール（セ5、栗東・昆厩舎）
●狙う場所…小回り（内回り）、重馬場、時計のかかる馬場
●距離適性…1800〜2000m
●プラスの条件替わり…◎長い直線→小回り（内回り）
◎良馬場→重馬場
●苦手な条件…長い直線、良馬場、時計の速い馬場
●真田のコメント…小回り（内回り）向く、時計のかかる馬場プラス、重馬場◎。

アサケレディ（牝5、栗東・大橋厩舎）
●狙う場所…長い直線コース、外枠
●距離適性…1800〜2400m
●プラスの条件替わり…◎小回り（内回り）→長い直線、◎内枠→外枠
●苦手な条件…小回り（内回り）、内枠
●真田のコメント…小回り（内回り）が苦手、長い直線向く、馬群をさばけない。

アバンチュリエ（牡4、美浦・大竹厩舎）
●狙う場所…小回り（内回り）、平坦コース
●距離適性…1600〜2000m
●プラスの条件替わり…◎長い直線→小回り（内回り）
◎坂のあるコース→平坦コース
●苦手な条件…長い直線、坂のあるコース
●真田のコメント…気性的に反抗する面ある、小回り（内回り）向く、平坦コースプラス。

ウインピクシス（牝4、美浦・上原厩舎）
●狙う場所…小回り（内回り）
●距離適性…1600〜2000m
●プラスの条件替わり…◎長い直線→小回り（内回り）
●苦手な条件…長い直線
●真田のコメント…小回り（内回り）向く。

エンペザー（牡4、栗東・田中克厩舎）
●狙う場所…坂のあるコース、重馬場、時計のかかる

馬場
●距離適性…１６００～１８００ｍ
●プラスの条件替わり…◎平坦コース→坂のあるコース　◎良馬場→重馬場
●苦手な条件…平坦コース、良馬場、時計の速い馬場
●真田のコメント…坂プラス、時計のかかる馬場、重馬場◎。

カーディナル（牡5、美浦・林厩舎）
●狙う場所…長い直線コース
●距離適性…２０００～２４００ｍ
●プラスの条件替わり…◎小回り（内回り）→長い直線
●苦手な条件…小回り（内回り）
●真田のコメント…小回り（内回り）が苦手、長い直線向く。

キミワクイーン（牝4、美浦・奥村武厩舎）
●狙う場所…重馬場、時計のかかる馬場
●距離適性…１２００～１４００ｍ
●プラスの条件替わり…◎良馬場→重馬場　◎１６００ｍ以上→１４００ｍ以下への短縮
●苦手な条件…良馬場（時計の速い馬場）
●真田のコメント…１６００ｍは若干長い、時計のかかる馬場プラス、重馬場◎。

ショウナンアレス（牡5、栗東・池添兼厩舎）
●狙う場所…重馬場、時計のかかる馬場、外枠、小回り（内回り）
●距離適性…１２００～１６００ｍ
●プラスの条件替わり…○良馬場→重馬場　◎内枠→外枠　▲長い直線→小回り（内回り）
●苦手な条件…良馬場、時計の速い馬場、内枠、長い直線
●真田のコメント…揉まれ弱い、時計のかかる馬場プラス、重馬場○。

ゼッフィーロ（牡4、栗東・池江厩舎）
●狙う場所…小回り（内回り）、平坦コース
●距離適性…１６００～２４００ｍ

●プラスの条件替わり…◎長い直線↓小回り（内回り）
◎坂のあるコース↓平坦コース
●苦手な条件…長い直線、坂のあるコース
●真田のコメント…小回り（内回り）向く、平坦コースプラス。

ノワールドゥジェ（牝5、美浦・宮田厩舎）

●狙う場所…重馬場、時計のかかる馬場、平坦コース、内枠、小回り（内回り）
●距離適性…1600～2000m
●プラスの条件替わり…○良馬場↓重馬場　◎坂のあるコース↓平坦コース　◎外枠↓内枠　▲長い直線↓小回り（内回り）
●苦手な条件…良馬場、時計の速い馬場、坂のあるコース、外枠、長い直線
●真田のコメント…平坦コースプラス、器用、時計のかかる馬場プラス、重馬場○。

リッケンバッカー（牡5、栗東・西村厩舎）

●狙う場所…小回り（内回り）、良馬場、内枠
●距離適性…1200～1600m
●プラスの条件替わり…◎長い直線↓小回り（内回り）
◎重馬場↓良馬場　◎外枠↓内枠
●苦手な条件…長い直線、重馬場、外枠
●真田のコメント…小回り（内回り）向く、器用。

リリーピュアハート（牝6、栗東・藤原英厩舎）

●狙う場所…長距離、長い直線コース、外枠
●距離適性…2000～3600m
●プラスの条件替わり…◎中距離↓長距離　◎小回り（内回り）↓長い直線　◎内枠↓外枠
●苦手な条件…小回り（内回り）、内枠
●真田のコメント…小回り（内回り）が苦手、長い直線向く、長距離向く、馬群をさばけないので内目の枠は苦手。

ルーカス（セ8、美浦・堀厩舎）

●狙う場所…長い直線コース、時計のかかる馬場
●距離適性…1400～1800m
●プラスの条件替わり…◎小回り（内回り）↓長い直

線 ◎時計の速い馬場↓時計のかかる馬場
●苦手な条件…小回り（内回り）、時計の速い馬場
●真田のコメント…長い直線向く、速い馬場が苦手、時計のかかる馬場プラス。

真田印推奨馬【芝】2勝クラス…10頭

アスクキングコング（セ5、栗東・梅田厩舎）
●狙う場所…小回り（内回り）、内枠
●距離適性…1200〜1400m
●プラスの条件替わり…◎長い直線↓小回り（内回り）
◎外枠↓内枠
●苦手な条件…長い直線、外枠
●真田のコメント…小回り（内回り）向く、器用。

ウインバグース（牡4、栗東・西園厩舎）
●狙う場所…小回り（内回り）、平坦コース
●距離適性…1400〜1800m
●プラスの条件替わり…◎長い直線↓小回り（内回り）
◎坂のあるコース↓平坦コース
●苦手な条件…長い直線、坂のあるコース
●真田のコメント…小回り（内回り）向く、平坦コースプラス。

オードウメール（牝4、美浦・斎藤誠厩舎）
●狙う場所…長い直線コース、外枠
●距離適性…1200〜1400m
●プラスの条件替わり…◎小回り（内回り）↓長い直線 ▲内枠↓外枠
●苦手な条件…小回り（内回り）、内枠
●真田のコメント…馬場Aコースの小回り向かず、馬場Bコース以下の小回り向く。

クムシラコ（牡5、美浦・石毛厩舎）
●狙う場所…小回り（内回り）、内枠
●距離適性…1200〜1400m
●プラスの条件替わり…◎長い直線↓小回り（内回り）

◎外枠↓内枠
●苦手な条件…長い直線、外回り
●真田のコメント…小回り（内回り）向く、器用。

スーパーホープ（牡5、栗東・藤岡厩舎）
●狙う場所…重馬場、時計のかかる馬場
●距離適性…1400〜1800m
●プラスの条件替わり…◎良馬場↓重馬場
●苦手な条件…◎良馬場、時計の速い馬場
●真田のコメント…速い馬場が苦手、時計のかかる馬場プラス、重馬場◎。

セグレドスペリオル（牡7、栗東・宮本厩舎）
●狙う場所…重馬場、坂のあるコース、小回り（内回り）
●距離適性…1600〜1800m
●プラスの条件替わり…◎良馬場↓重馬場　◎平坦コース↓坂のあるコース　○長い直線↓小回り（内回り）
●苦手な条件…◎良馬場（時計の速い馬場）、平坦コース、長い直線
●真田のコメント…坂プラス、重馬場◎。

ヒットザシーン（牝5、美浦・畠山厩舎）
●狙う場所…重馬場、時計のかかる馬場
●距離適性…1800〜2400m
●プラスの条件替わり…◎良馬場↓重馬場
●苦手な条件…◎良馬場、時計の速い馬場
●真田のコメント…速い馬場が苦手、時計のかかる馬場プラス、重馬場◎。

ラキエータ（牝4、栗東・音無厩舎）
●狙う場所…小回り（内回り）、平坦コース、内枠
●距離適性…1400〜1800m
●プラスの条件替わり…◎長い直線↓小回り（内回り）
◎外枠↓内枠　▲坂のあるコース↓平坦コース
●苦手な条件…長い直線、坂のあるコース、外枠
●真田のコメント…小回り（内回り）向く、平坦コースプラス、器用。

リカンカブール（牡4、栗東・田中克厩舎）
●狙う場所…坂のあるコース、小回り（内回り）
●距離適性…1800〜2400m

●プラスの条件替わり…◎平坦コース→坂のあるコース　○長い直線→小回り（内回り）
●苦手な条件…平坦コース、長い直線
●真田のコメント…坂のあるコースプラス。

リンフレスカンテ（牡5、栗東・宮本厩舎）
●狙う場所…小回り（内回り）、重馬場、時計のかかる馬場、内枠
●距離適性…２０００～２４００ｍ
●プラスの条件替わり…◎長い直線→小回り（内回り）◎良馬場→重馬場　◎外枠→内枠
●苦手な条件…長い直線、外枠
●真田のコメント…小回り（内回り）向く、器用、時計のかかる馬場プラス、重馬場◎。

真田印推奨馬【ダート】オープン…19頭

ギルデッドミラー（牝6、栗東・松永幹厩舎）
●狙う場所…重馬場、平坦コース
●距離適性…１２００～１６００ｍ
●プラスの条件替わり…◎良馬場、時計のかかる馬場→重馬場　◎坂のあるコース→平坦コース
●苦手な条件…良馬場（時計のかかる馬場）、坂のあるコース
●真田のコメント…坂割引、ダ重馬場◎。

クリノドラゴン（牡5、栗東・大橋厩舎）
●狙う場所…小回り、平坦コース
●距離適性…１７００～２０００ｍ
●プラスの条件替わり…◎長い直線→小回り　◎坂のあるコース→平坦コース　○良馬場、時計のかかる馬場→重馬場
●苦手な条件…長い直線、坂のあるコース
●真田のコメント…小回り向く、平坦コースプラス、ダ重馬場○。

ゲンパチルシファー（牡7、栗東・佐々木厩舎）

●狙う場所…良馬場、時計のかかる馬場、外枠
●距離適性…1700～2400m
●プラスの条件替わり…◎中距離→長距離　◎重馬場→良馬場、時計のかかる馬場　◎内枠→外枠
●苦手な条件…重馬場、内枠
●真田のコメント…重馬場苦手、時計のかかる馬場プラス、砂を気にするので外枠プラス。

ジャスティン（牡7、栗東・矢作厩舎）
●狙う場所…重馬場、内枠
●距離適性…1200m
●プラスの条件替わり…◎良馬場、時計の掛かる馬場→重馬場　▲外枠→内枠
●苦手な条件…良馬場、時計のかかる馬場、外枠
●真田のコメント…小回り向く、ダ重馬場◎。

ジュンライトボルト（牡6、栗東・友道厩舎）
●狙う場所…長い直線、坂のあるコース
●距離適性…1700～2400m
●プラスの条件替わり…◎平坦コース→坂のあるコース、◎小回り→長い直線
●苦手な条件…平坦コース、小回り
●真田のコメント…長い直線向く、坂プラス。

タイセイサムソン（牡5、美浦・奥村武厩舎）
●狙う場所…小回り、重馬場、外枠
●距離適性…1200～1600m
●プラスの条件替わり…◎長い直線→小回り　◎良馬場、時計のかかる馬場→重馬場　◎内枠→外枠
●苦手な条件…長い直線、良馬場（時計のかかる馬場）、内枠
●真田のコメント…砂を気にするので外枠プラス、ダ重馬場○。

チェイスザドリーム（牝4、栗東・矢作厩舎）
●狙う場所…小回り、重馬場、内枠
●距離適性…1200～1400m
●プラスの条件替わり…◎長い直線→小回り　◎良馬場、時計のかかる馬場→重馬場　○外枠→内枠
●苦手な条件…長い直線、良馬場、時計のかかる馬場、

外枠
●真田のコメント…小回りコース向き、器用、重馬場◎、内目の枠プラス、重馬場◎。

テーオーケインズ（牡6、栗東・高柳大厩舎）
●狙う場所…中央の1800m以下の速い馬場
●距離適性…1600〜1800m
●プラスの条件替わり…◎地方↓中央の1800m以下の速い馬場
●苦手な条件…地方、時計のかかる馬場
●真田のコメント…中央の馬場替わりプラス、ダ重馬場◎。

デシエルト（牡4、栗東・安田隆厩舎）
●狙う場所…重馬場
●距離適性…1200〜1800m
●プラスの条件替わり…○良馬場、時計のかかる馬場↓重馬場
●苦手な条件…特になし
●真田のコメント…ダ重馬場○。

ドライスタウト（牡4、栗東・牧浦厩舎）
●狙う場所…長い直線、外枠
●距離適性…1200〜1600m
●プラスの条件替わり…○小回り↓長い直線　▲内枠↓外枠
●苦手な条件…小回り、内枠
●真田のコメント…小回りやや苦手、長い直線向く。

バトルクライ（牡4、美浦・高木厩舎）
●狙う場所…長い直線コース、外枠
●距離適性…1200〜1600m
●プラスの条件替わり…◎内枠↓外枠　○小回り↓長い直線
●苦手な条件…小回り、内枠
●真田のコメント…長い直線向く、砂を嫌がるので外枠プラス。

ハピ（牡4、栗東・大久保厩舎）
●狙う場所…重馬場、時計の速い馬場、内枠、平坦コース

●距離適性…1800~2000m
●プラスの条件替わり…◎良馬場、時計のかかる馬場→重馬場　◎外枠→内枠　○坂のあるコース→平坦コース
●苦手な条件…良馬場、時計のかかる馬場、外枠、坂のあるコース
●真田のコメント…器用、平坦コース向き、坂若干割引、ダ重馬場◎。

ペイシャエス（牡4、美浦・小西厩舎）
●狙う場所…外枠、良馬場、時計のかかる馬場
●距離適性…1700~2400m
●プラスの条件替わり…◎内枠→外枠、▲重馬場→良馬場、時計のかかる馬場
●苦手な条件…重馬場、内枠
●真田のコメント…砂を嫌がるので外枠プラス。

ベルダーイメル（牡6、栗東・本田厩舎）
●狙う場所…小回り、重馬場、内枠
●距離適性…1400~1800m
●プラスの条件替わり…◎長い直線→小回り　○良馬場、時計のかかる馬場→重馬場　○外枠→内枠
●苦手な条件…長い直線、良馬場、時計のかかる馬場、外枠
●真田のコメント…小回りコース向き、器用、内目の枠プラス、ダ重馬場○。

メイショウハリオ（牡6、栗東・岡田厩舎）
●狙う場所…良馬場、時計のかかる馬場
●距離適性…1800~2400m
●プラスの条件替わり…◎中距離→長距離　◎重馬場→良馬場、時計のかかる馬場
●苦手な条件…重馬場
●真田のコメント…良馬場、時計のかかる馬場プラス。

リメイク（牡4、栗東・新谷厩舎）
●狙う場所…小回り、重馬場、内枠
●距離適性…1200~1400m
●プラスの条件替わり…◎長い直線→小回り　◎良馬場、時計のかかる馬場→重馬場　◎外枠→内枠

●苦手な条件…長い直線、良馬場、時計のかかる馬場、外枠
●真田のコメント…小回りコース向き、器用、内目の枠プラス、ダ重馬場◎。

リュウノユキナ（牡8、美浦・小野厩舎）
●狙う場所…重馬場、内枠
●距離適性…1200〜1400m
●プラスの条件替わり…○良馬場、時計のかかる馬場→重馬場　○外枠→内枠
●苦手な条件…良馬場、時計のかかる馬場、外枠
●真田のコメント…器用、内目の枠プラス、ダ重馬場○。

レシプロケイト（牡7、栗東・鮫島厩舎）
●狙う場所…外枠、良馬場、時計のかかる馬場
●距離適性…1200〜1800m
●プラスの条件替わり…○内枠→外枠　▲重馬場→良馬場、時計のかかる馬場
●苦手な条件…内枠、重馬場

●真田のコメント…砂を気にするので外枠プラス、川田騎手が乗った場合は注意。

レディバグ（牝5、栗東・北出厩舎）
●狙う場所…小回り、重馬場、外枠
●距離適性…1200〜1400m
●プラスの条件替わり…◎内枠→外枠　○良馬場、時計のかかる馬場→重馬場
●苦手な条件…内枠、良馬場、時計のかかる馬場
●真田のコメント…砂を嫌がるので外枠プラス、ダ重馬場○、気性的に難しさある。

真田印推奨馬【ダート】3勝クラス…12頭

キュールエフウジン（牡4、栗東・中尾厩舎）

●狙う場所…外枠
●距離適性…1700～2100m
●プラスの条件替わり…◎内枠↓外枠
●苦手な条件…内枠
●真田のコメント…対戦比較からオープン並みの実力あり。砂と周りの馬を嫌がるので外目の枠プラス。昇級も外目の枠なら狙えそう。

グットディール（牡4、栗東・須貝厩舎）

●狙う場所…小回り、良馬場、時計のかかる馬場
●距離適性…1400～1800m
●プラスの条件替わり…◎長い直線↓小回り　▲重馬場↓良馬場、時計のかかる馬場
●苦手な条件…長い直線、重馬場
●真田のコメント…重馬場やや苦手、小回り向く。

クロニクル（牡4、栗東・田中克厩舎）

●狙う場所…重馬場、外枠
●距離適性…1700～1800m
●プラスの条件替わり…○良馬場、時計のかかる馬場↓重馬場　○内枠↓外枠
●苦手な条件…良馬場（時計のかかる馬場）、内枠
●真田のコメント…周りを気にするので外枠プラス、ダ重馬場○。

ジレトール（牡4、栗東・松永幹厩舎）

●狙う場所…重馬場
●距離適性…1200～1800m
●プラスの条件替わり…◎良馬場、時計のかかる馬場↓重馬場
●苦手な条件…良馬場、時計のかかる馬場
●真田のコメント…ダ重馬場◎。

ステイブルアスク（牝5、栗東・矢作厩舎）

●狙う場所…重馬場、小回り
●距離適性…1700〜1800m
●プラスの条件替わり…◎良馬場、時計のかかる馬場→重馬場　◎長い直線→小回り
●苦手な条件…長い直線、良馬場、時計のかかる馬場、外枠
●真田のコメント…小回り向く、器用、ダ重馬場◎、芝もこなす走り。

ダンケシェーン（セ8、栗東・昆厩舎）

●狙う場所…◎良馬場、時計のかかる馬場
●距離適性…1400〜1800m
●プラスの条件替わり…○重馬場→良馬場、時計のかかる馬場　▲内枠→外枠
●苦手な条件…重馬場
●真田のコメント…重馬場やや苦手、砂被りを気にするので外目の枠プラス。

トモジャリリア（牡5、美浦・小笠厩舎）

●狙う場所…重馬場、小回り
●距離適性…1700〜2400m
●プラスの条件替わり…◎長い直線→小回り　◎外枠→内枠　○良馬場、時計のかかる馬場→重馬場
●苦手な条件…長い直線、良馬場、時計のかかる馬場、外枠
●真田のコメント…小回り向く、器用、ダ重馬場○。

トラモント（セ6、美浦・新開厩舎）

●狙う場所…良馬場、時計のかかる馬場、小回り、外枠
●距離適性…1700〜2400m
●プラスの条件替わり…◎中距離→長距離　◎重馬場→良馬場、時計のかかる馬場　◎長い直線→小回り　◎内枠→外枠
●苦手な条件…重馬場、長い直線、内枠
●真田のコメント…重馬場苦手、小回り向く、砂を嫌がるので外枠プラス、タフなので長距離戦が向く。

メイショウヒューマ（牡5、栗東・藤岡厩舎）

●狙う場所…外枠
●距離適性…1200~1400m
●プラスの条件替わり…◎内枠→外枠
●苦手な条件…内枠
●真田のコメント…包まれると力を出せないので外枠プラス、1400mは若干長い。

メイショウユズルハ（牡4、栗東・岡田厩舎）
●狙う場所…外枠
●距離適性…1800~2400m
●プラスの条件替わり…◎内枠→外枠
●苦手な条件…内枠
●真田のコメント…内枠が苦手、砂を嫌がる馬なので外枠プラス。

ランドボルケーノ（牡5、栗東・安達厩舎）
●狙う場所…外枠
●距離適性…1200~1400m
●プラスの条件替わり…◎内枠→外枠
●苦手な条件…内枠
●真田のコメント…砂を嫌がるので外枠プラス。

ロードインファイト（牡6、栗東・野中厩舎）
●狙う場所…平坦コース、良馬場、時計のかかる馬場
●距離適性…1700~2000m
●プラスの条件替わり…◎坂のあるコース→平坦コース　○重馬場→良馬場、時計のかかる馬場
●苦手な条件…坂のあるコース、重馬場
●真田のコメント…平坦コースプラス、良馬場、時計のかかる馬場プラス。

真田印推奨馬【ダート】2勝クラス…10頭

ウォーロード（牡5、美浦・和田勇厩舎）
●狙う場所…小回り、内枠、平坦コース
●距離適性…1700~2400m
●プラスの条件替わり…◎長い直線→小回り、◎外枠

↓内枠　◎坂のあるコース↓平坦コース
●苦手な条件…長い直線、外枠、坂のあるコース
●真田のコメント…小回り向く、器用、平坦コースプラス。

オールフラッグ（牡4、美浦・奥村武厩舎）
●狙う場所…外枠、重馬場、小回りコース
●距離適性…1200～1400m
●プラスの条件替わり…◎良馬場↓重馬場、◎長い直線↓小回り、◎内枠↓外枠
●苦手な条件…長い直線、良馬場（時計のかかる馬場）、内枠
●真田のコメント…小回り向く、砂を気にするので内枠苦手、ダ重馬場◎。

カランセ（牝4、美浦・金成厩舎）
●狙う場所…良馬場、時計のかかる馬場
●距離適性…1700～2400m
●プラスの条件替わり…◎中距離↓長距離　◎重馬場↓良馬場

●苦手な条件…重馬場
●真田のコメント…速い馬場苦手、時計のかかる馬場プラス。

キョウワウォール（牡7、栗東・飯田雄厩舎）
●狙う場所…良馬場、時計のかかる馬場
●距離適性…1700〜2400m
●プラスの条件替わり…◎重馬場→良馬場、時計のかかる馬場
●苦手な条件…重馬場
●真田のコメント…速い馬場苦手、時計のかかる馬場プラス、中井騎手でも上手く乗る。

シンヨモギネス（牡5、美浦・伊藤圭厩舎）
●狙う場所…良馬場、時計のかかる馬場
●距離適性…1700〜2400m
●プラスの条件替わり…◎中距離→長距離　◎重馬場→良馬場、時計のかかる馬場
●苦手な条件…重馬場
●真田のコメント…速い馬場苦手、時計のかかる馬場プラス、長距離向きそう。

スマートムーラン（牝4、栗東・大久保厩舎）
●狙う場所…小回り
●距離適性…1400〜1800m
●プラスの条件替わり…◎長い直線→小回り
●苦手な条件…長い直線
●真田のコメント…小回り向く。

ダノンラスター（セ7、美浦・堀厩舎）
●狙う場所…重馬場、小回り
●距離適性…1700〜2400m
●プラスの条件替わり…◎良馬場→重馬場　◎長い直線→小回り
●苦手な条件…長い直線、良馬場、時計のかかる馬場
●真田のコメント…小回り向く、ダ重馬場◎。

トーアシオン（セ7、美浦・辻厩舎）
●狙う場所…重馬場、小回り
●距離適性…1200〜1800m

●プラスの条件替わり…◎良馬場→重馬場　◎長い直線→小回り　◎外枠→内枠
●苦手な条件…長い直線、良馬場（時計のかかる馬場）、外枠
●真田のコメント…小回り向く、器用、ダ重馬場◎。

フームスムート（牡6、美浦・水野厩舎）
●狙う場所…良馬場、時計のかかる馬場
●距離適性…1700～2400m
●プラスの条件替わり…◎重馬場→良馬場、時計のかかる馬場　◎内枠→外枠
●苦手な条件…重馬場、内枠
●真田のコメント…時計のかかる馬場プラス、馬群をさばけないので外枠プラス。

メイショウヨシテル（牡5、栗東・池添兼厩舎）
●狙う場所…外枠
●距離適性…1700～2400m
●プラスの条件替わり…◎内枠→外枠
●苦手な条件…内枠
●真田のコメント…砂を嫌がるので外枠プラス、池添騎手が上手く乗る。

真田印・競馬の流儀～あとがきにかえて

本来なら、ここにあとがきが入りフィニッシュする予定だったのですが、全編を見直してみたところ、まだ書き足りない部分が見つかり改めてページを設けさせていただきました。まずは、私の馬券購入の考え方についてです。

馬券の買い方……それは

単勝馬券や複勝馬券で回収率100％以上を確保できれば、基本的に他の馬券を買う必要がないというのが私の考えです。単勝・複勝を「ケリー基準」を用いて運用していけば、複利で増やしていくことができるからです。

ケリー基準とは、ジョン・ケリーが考案した最適な投資資金を決定する公式です。複利で収支を最大化するための資金配分を導き出してくれます（別掲参照）。

詳しい説明は省きますが、競馬ファンの多くは、まずは回収率100％を確保するのが難しいので、この公式で儲けるのは難しいかもしれません。馬券力が向上して、回収率100％を確保できるようになれば、この公式を思い出してみてください。ちなみに複利投資を考えたとき、とても重要になるのが的中率です。

私は競馬を投資だと考えており、馬券を楽しもうという意識はないので、一般のファンとは目線がまったく違います。

念のためにいっておきますが、読者に「単勝・複勝以外は買うな」という気は毛頭ありません。皆さんは、自分が買いたい馬券を買ってください。ただ、単

【ケリー基準（ケリーの公式）】

F＝【（R＋1）P－1】÷R

R……賭けたお金が何倍になるか。この公式は欧米式のオッズを基準に書かれているので、日本表記のオッズの場合は、ここからRからさらにマイナス1にする。3倍のオッズなら（3－1）で2、10倍のオッズなら（10－1）で9をRに代入する

P……的中率

この公式に当てはめてF≦0の場合は、賭けに参加してはならない。

勝・複勝で１００％以上の回収率を確保するのが、目標だと思ってもらえればいいと思います。

単勝と複勝の使い分けですが、上がりタイムやレース映像で「最後が甘くなるか」どうかで判断しています。

最後が甘くなる馬、ピッチ走法の馬は、単勝のウエイトを下げ、複勝の賭け金を上げるようにしています。ただし、最後が甘くなる馬であっても、内の利く馬場の内枠に入ったり、他の人気馬に確実な割引材料がある場合は、単勝馬券に切り替えるようにしています。

基本は複勝馬券をイメージし、条件が合えば単勝に昇格するイメージで考えています。また、追込脚質の複勝馬券は、私の力では回収率１００％を下回る年があるので、基本的には避けるようにしています。

単勝・複勝で１００％以上の回収率が確保できないリスクのあるレースは、仕方なく他の馬券をコンビネーションで買うことになり

横山武史、松山弘平騎手【ダート未勝利・1勝クラス】人気別成績

条件…前走逃げ・先行した馬　前走不利あり(集計期間:2020～22年)

人気	着別度数	勝率	連対率	複勝率	単回値	複回値
1番人気	37- 20- 15- 23/ 95	38.9%	60.0%	75.8%	84	96
2番人気	18- 17- 10- 35/ 80	22.5%	43.8%	56.3%	78	89
3番人気	14- 4- 5- 26/ 49	28.6%	36.7%	46.9%	159	89
4番人気	4- 8- 4- 17/ 33	12.1%	36.4%	48.5%	95	105
5番人気	3- 1- 3- 17/ 24	12.5%	16.7%	29.2%	132	89
6番人気	0- 2- 4- 13/ 19	0.0%	10.5%	31.6%	0	121
7番人気	0- 1- 1- 5/ 7	0.0%	14.3%	28.6%	0	157
8番人気	0- 0- 0- 8/ 8	0.0%	0.0%	0.0%	0	0
9番人気	0- 1- 1- 2/ 4	0.0%	25.0%	50.0%	0	200
10番人気	0- 0- 0- 2/ 2	0.0%	0.0%	0.0%	0	0
11番人気	1- 0- 0- 3/ 4	25.0%	25.0%	25.0%	1467	267
1～2人気	55- 37- 25- 58/175	31.4%	52.6%	66.9%	81	93
1～3人気	69- 41- 30- 84/224	30.8%	49.1%	62.5%	98	92
1～5人気	76- 50- 37-118/281	27.0%	44.8%	58.0%	101	93
2～3人気	32- 21- 15- 61/129	24.8%	41.1%	52.7%	109	89
2～5人気	39- 30- 22- 95/186	21.0%	37.1%	48.9%	109	92
6～10人	0- 4- 6- 30/ 40	0.0%	10.0%	25.0%	0	105
4～6人気	7- 11- 11- 47/ 76	9.2%	23.7%	38.2%	83	104
7～9人気	0- 2- 2- 15/ 19	0.0%	10.5%	21.1%	0	100
10～12人気	1- 0- 0- 5/ 6	16.7%	16.7%	16.7%	978	178

ます。

例として、ダートの先行馬が得意な横山武史、松山弘平騎手を軸にシミュレートをしてみます。

【条件】
集計期間…2020～22年の3年間
①未勝利、1勝クラスのダート戦
②前走【逃げ・先行馬】
③前走不利あり
④今回1～3番人気

P217の表にあるように両騎手の、未勝利・1勝クラスのダート戦で、前走逃げ・先行策を取った馬で、かつ前走で不利を受けていた1～3番人気馬の回収率は単勝98％、複勝92％です。

単複ともに回収率は100％を割り込んでいますが、単複の回収率の基準は80％なので、単勝は18％、複勝は12％上昇したことになります。この条件の単・複だけで儲けることはできないが、有利な条件であることは間違いありません。

この条件に合った横山武・松山騎手から、あと回収率を10％～15％上積みできそうな馬に流せば、回収率100％が達成できるイメージが沸きます。

相手に選ぶのは、前走で不利があった馬、砂を嫌がる馬の外枠、隠れ先行馬、好調教馬、条件替わりがプラスになりそうな馬……。要するに、今回のレースで期待値が高くなっていそうな馬です。相性がいい、同脚質の馬を入れるのも効果的です。

もし芝のレースなら、軸に選んだ横山武・松山騎手の馬と近いゲート・近いポジションにいる馬が有効になります。特に小回りコースでは有効です。

私の場合は、データのみから判断することはなく、実際に起こった事象を中心にして、軸馬を選んでいます。回収率や的中率もデータには頼らず、自分でイメージすることができます。

それができないのであれば、このように簡単なシミュレートを行なって有利なゾーン（単勝・複勝の回収率が80％を上回っているゾーン）を理解し、そのゾーンの馬を軸にして、相手を絞っていく方法が効果的ではないかと考えています。

データ分析……それは

最後に、私が統計データを見る場合に注意していることも書いておきます。

表①は２０１４年から22年末までの、中

表①中山芝1600m【１枠の１～３番人気馬】年度別成績（集計期間：2014～22年）

年	着別度数	勝率	連対率	複勝率	単回値	複回値
2022年	4- 3- 3-12/22	18.2%	31.8%	45.5%	75	99
2021年	6- 4- 3-15/28	21.4%	35.7%	46.4%	83	78
2020年	5- 2- 4-11/22	22.7%	31.8%	50.0%	87	85
2019年	7- 6- 2-13/28	25.0%	46.4%	53.6%	134	92
2018年	4- 4- 3-12/23	17.4%	34.8%	47.8%	64	66
2017年	3- 4- 3-13/23	13.0%	30.4%	43.5%	56	76
2016年	2- 2- 2-15/21	9.5%	19.0%	28.6%	35	41
2015年	3- 4- 4-10/21	14.3%	33.3%	52.4%	31	87
2014年	2- 3- 2- 8/15	13.3%	33.3%	46.7%	86	92

表②中山芝1600m【１枠】年度別成績（集計期間：2014～22年）

年	着別度数	勝率	連対率	複勝率	単回値	複回値
2022年	5- 9- 10- 74/ 98	5.1%	14.3%	24.5%	25	98
2021年	10- 6- 11- 74/101	9.9%	15.8%	26.7%	105	83
2020年	10- 4- 10- 83/107	9.3%	13.1%	22.4%	183	108
2019年	12- 8- 8- 73/101	11.9%	19.8%	27.7%	83	67
2018年	6- 6- 5- 78/ 95	6.3%	12.6%	17.9%	78	46
2017年	6- 7- 7- 78/ 98	6.1%	13.3%	20.4%	50	61
2016年	5- 2- 6- 85/ 98	5.1%	7.1%	13.3%	58	32
2015年	4- 8- 7- 80/ 99	4.0%	12.1%	19.2%	16	78
2014年	5- 5- 5- 55/ 70	7.1%	14.3%	21.4%	83	79

山芝1600mの1枠に入った1～3番人気のデータです。表②は同期間の1枠全体のデータとなります。

今から7～8年ほど前は、多くの競馬専門家が「中山の内枠は絶望的で買えない」などと、雑誌メディアで声高に叫んでいました。確かに15年や16年のデータだけを見ると、絶望的な数字が出ています。おそらく多くの専門家は、このデータを見ていたのだと思います。

しかし私は中山の内枠でも問題なく収支を上げていたので、専門家諸氏のいう「中山の内枠は絶望的で買えない」が間違いであることに気づいていました。

中山芝1600mの1枠は、馬場状態の変化の影響を受けやすいため、有利・不利の変動があります。芝が整っているときは有利ですが、芝が荒れ出すと不利になります。そしてコーナーのきついトリッキーなコースなので、器用さのある馬でないと内枠をこなせません。

また、気性的に馬群を苦手にする馬も同じく内枠はダメです。1枠で出遅れると包まれて挽回できないコースであり、表③にあるように、出遅れた馬（全コース）の回収率は、平均値である80％を大きく下回っています。小回りでリカバーの効きにくい中山の1600mで出遅れた場合は、さらに回収率が低くなります（表④）。

このコースは、馬場状態の有利不利、馬の個性・特性、スタート力などの要素が複雑に重なっています。内有利の馬場で器用さとスタート力

表③出遅れた馬【1～3番人気】成績（集計期間：2022年）

人気	着別度数	勝率	連対率	複勝率	単回値	複回値
1～2人気	314- 249- 217- 810/1590	19.7%	35.4%	49.1%	60	70
1～3人気	393- 346- 322-1421/2482	15.8%	29.8%	42.7%	57	66

表④中山芝各コース・出遅れた馬【1～3番人気】成績（集計期間：2022年）

コース	着別度数	勝率	連対率	複勝率	単回値	複回値
中山・芝1200	3- 2- 4- 27/ 36	8.3%	13.9%	25.0%	33	42
中山・芝1600	8- 10- 8- 51/ 77	10.4%	23.4%	33.8%	34	52
中山・芝1800	2- 4- 3- 18/ 27	7.4%	22.2%	33.3%	32	52
中山・芝2000	4- 8- 2- 15/ 29	13.8%	41.4%	48.3%	48	78
中山・芝2200	1- 0- 2- 4/ 7	14.3%	14.3%	42.9%	111	98
中山・芝2500	2- 3- 1- 4/ 10	20.0%	50.0%	60.0%	50	94

のある馬が1枠に入れば上位に来る確率は高くなるし、その逆の馬なら敗戦の確率が高くなる。そもそも、1枠単体の有効性を話すこと自体、おかしな話です。

中山内枠絶望論が語られた数年後には、1枠の成績が上昇しました。原因として、先に述べたように、特殊コースなので結果に起因する要因が多く、その要因が複雑に絡み、振り幅が大きくなるためだと思っています。メディアには、極端に低い数字、極端に高い数字は、記事になりやすいという特徴があります。そのため結果から後付けしたような、間違った情報が世に出ることがけっこうあります。自分で吟味せずに、データの数字を鵜呑みにするのは危険なのです。

私が中山芝1600m内枠絶望論に惑わされなかった理由は、ひとつひとつの情報を丁寧に検証していったからです。もう少し詳しくいうと、中山マイル内枠のプラス要素（有利な条件）と、マイナス要素（不利な条件）を整理したことです。

●中山芝1600mの内枠がプラスになる条件……内が利く馬場、小回り性能の高い馬、スタート力のある馬や騎手

●中山芝1600mの内枠がマイナスになる条件……内が利かない馬場、不器用な馬、スタート力のない馬や騎手

スタートしてすぐにコーナーがある中山マイルのような極端なコースほど、プラスとマイナスの振り幅は大きくなります。プラス要素が強ければ投資でき、マイナス要素が高い条件の人気馬を危険視する。世間がデータを見て嫌っている中でも、当方は馬券で大きく勝負できます。ちなみに現在も、中山マイルはチーム真田の高回収の場所です。

ひとつひとつの情報を丁寧に検証していけば、第1章に挙げたように血統データに反するインディチャンプで勝負することもできるし、第2章に挙げた勝利数の少ない秋山真騎手や中井騎手も買うことができます。

データは重要ですが、データをつくっているのは、ひとつひとつのレースの積み重ねです。つまりデータの基になっている、レースで起こった事象を検証することのほうがより重要であると私は考えます。

——この考え方はスロプロ時代に培ったものです。

私が現役当時、全国チェーンのG店は、通常営業時の店長権限ではスロットの設定を4までしか入れることができないルールがありました（パチスロの設定は1～6まであり、5や6は勝てる確率が高くなる）。これは店員と少し仲よくなれば教えてもらえる内容でした。

つまりG店のパチスロには通常営業で設定5や6はありません。とある知り合いのプロがたくさんメダルを出しており「この出玉とこの挙動なら設定6の可能性が高い」と私に笑顔で伝えてきたのですが、私が「G店の店長権限で入れられる設定は4までだよ」と伝えると、そのプロはハッとして我に返り、設定5・6の可能性がないことを悟り、稼働をやめて帰って行きました。

高い数値と低い数値で騒ぐ専門家を目にするたび、この出来事を思い出すのです。大切なのは、過去の高い数値や低い数値ではなく、これからの数値を予測することです。

競馬の話では、福永祐一騎手を思い出します。彼が逃げたときは期待値が高くなるというデータがあります。しかし、いつ逃げるかの予測が難しい騎手でした。

私は福永騎手になったつもりで考えてみました。福永騎手はロジカルなジョッキーで、血統を熱心に勉強している戦略家であることが、過去のインタビューなどからわかります。なぜジョッキーが血統を勉強するかというと、レースに活かすためでしょう。つまり、血統やコースにより騎乗を変化させてくる確率が、他の騎手よりも高いのです。

この考えに至った後で、データを調べてみると、モーリス産駒に騎乗したときに前へ行く確率が高く期待値も高いということがわかります。実際にレース映像を見ても、積極的に前へ行く姿が見て取れます。「先行力のあるモーリス産駒」なら前へ行くことが多く、馬券につながりやすいという結論が出ます。福永騎手だけを見ていては、この結論に到達することはできなかったかもしれません。

建築家アントニオ・ガウディが設計したサグラダ・ファミリアは、着工してから140年以上経った馬もまだ完成していません。現在、サグラダ・ファミリアの建築には、日本人棟梁の外尾悦郎氏が関わっているのですが、彼はこんな言葉を語っています（日本でいえば、東大寺建設の棟梁が外国人＝外尾氏のようなイメージです）。

「ガウディを見ていたのでは答えは出ない。ガウディが見ていた方向を見て、彼のやりたかったことは何だったのかを考え、近い知識を持ちガウディの立っていた所に立つ。（要約）」

建築と競馬、まったく分野は違いますが、私は共通するものを感じます。外尾氏の言葉は、まさに**【分析の真理】**に近いことだと考えます。今の数字に一喜一憂するのではなく、当事者の立場になって将来的にどうなるかを考えるのが、統計データを見るときに大切なことです。

データ分析の神髄は**「要因となる事象を見つけ、未来の値を予測すること」**にあるのです。

カバーのフレーズにもある「手の内すべて晒(さら)します」の真意は勝負条件もそうですが、データ分析の考え方の部分でもあります。本書が皆さんの、よき競馬の糧となるように祈っております。

最後に、私の連載を毎回載せていただいている月刊競馬誌「競馬の天才！」（メディアボーイ）編集部の方々、我がチーム真田の面々、資料作成を頑張ってくれたキッカワくん、本書の編集スタッフ、特に構成を手伝っていただいたライター姫園淀仁氏、そして読者の皆さんに感謝いたします。まことにありがとうございました。

真田　理

●著者紹介

真田 理（さなだ・おさむ）

西日本某県在住。学生時代よりスロットを始め、後にスロプログループを率いて荒稼ぎする。7年弱で1億円超を」稼いだ後、2006年から未経験のまま競馬の道へ。レースリプレイで「馬を診る」ことを繰り返す中で、独自の競馬理論を構築。1億円超えのWIN5を二度的中するなど、10～14年の5年間で3億8971万円の馬券収入を得る。15年、税務署から馬券の払戻金の税金未納の指摘を受け、延滞税・重加算税を加えた総額1億2774万円を納税。「チーム真田」を率いて競馬に投資する一方、専門誌「競馬の天才！」での連載やホームページ「「SANADAISM」やツイッター（@sanadaosamu）で競馬情報を発信中。著書に『馬券億り人』（双葉社）、『馬券億り人のコース戦略！』（秀和システム）。

▼公式サイト【SANADAISM】
https://win-oku-keiba.com/
▼馬券億り人のオンラインサロン
【DMMオンラインサロン】→【馬券億り人のサロン】
https://lounge.dmm.com/detail/4657/
チーム真田の予想コンテンツ（レース予想、WIN5予想、オリジナル出馬表）を、毎月定額ですべて閲覧できる。不定期で週中の狙い目や不利のあった馬などを紹介。

馬券億り人の勝負手！

発行日　2023年2月22日　第1版第1刷

著　者　真田　理

発行者　斉藤　和邦
発行所　株式会社　秀和システム
〒135－0016
東京都江東区東陽2-4-2　新宮ビル2F
Tel 03-6264-3105（販売）　Fax 03-6264-3094

印刷所　三松堂印刷株式会社　Printed in Japan

ISBN978-4-7980-6947-0 C0075